ALS DEUTSCHLANDS DÄMME BRACHEN

DIE WAHRHEIT ÜBER DIE BOMBARDIERUNG DER MÖHNE-EDER-SORPE-STAUDÄMME 1943

HELMUTH EULER

Als Deutschlands Dämme brachen

MOTORBUCH VERLAG STUTTGART

Umschlagzeichnung: Carlo Demand
Einband und Schutzumschlagkonzeption: Siegfried Horn

Die Umschlagzeichnung von Carlo Demand zeigt den Augenblick des Abwurfs der Rollbombe: Die zur Aufnahme dieser über vier Tonnen schweren Spezialbombe umgebauten Lancaster-Bomber flogen die Staumauern in genau 18 Metern Höhe über dem Wasser mit einer Geschwindigkeit von 380 km/h an. Die Bombe wurde dabei bereits auf eine Umdrehungszahl von 500 U/min gebracht (nach rückwärts). 383 Meter vor der Mauer wurde die Bombe ausgelöst, fiel ins Wasser und hüpfte in mächtigen 60 Meter-Sprüngen, über die ausgelegten Netzsperren hinweg, bis sie an der Mauerkrone anschlug. Der Rolleffekt ließ sie dann in dauerndem Kontakt mit der Mauer nach unten gleiten, bis sie in der vorbestimmten Wassertiefe von 10 Metern detonierte – wenn alles zusammenstimmte. Die Einhaltung der Höhe wurde durch zwei Scheinwerfer ermöglicht, die so justiert waren, daß ihre Strahlen eine liegende Acht auf dem Wasser bildeten, wenn die Flughöhe 18 Meter betrug. Die Rollachse der Bombe mußte im Augenblick des Abwurfs absolut waagerecht sein. Erfüllte die Fluglage der Maschine diese Voraussetzung nicht – wie auf dem Titelbild – dann fiel die Bombe verkantet auf das Wasser, wurde dadurch am exakten Springen gehindert und brach aus der vorausberechneten Flugbahn aus. Sie landete dann entweder in Ufernähe oder übersprang die Sperrmauer, um als Fehlwurf zu detonieren.

ISBN 3-87943-367-4

6. Auflage 1979

Eine Abteilung des Buch- und Verlagshauses Paul Pietsch GmbH & Co. KG.

Satz und Druck: SV-DRUCK, 7302 Ostfildern 1
Bindung: Verlagsbuchbinderei Karl Dieringer, 7000 Stuttgart
Printed in Germany

Inhaltsverzeichnis

Einleitung

DIE NACHT DER KATASTROPHE

Der 16. Mai 1943 war ein Sonntag. Im Tal der Möhne, an den Ufern des Stausees, war es ein Maitag, wie er hier zwischen Haarstrang und Arnsberger Wald zu den Seltenheiten zählte: ein warmer, sonniger Tag, voll idyllischen Friedens, weit entfernt von der Bombengefahr der Städte, von der drohenden Zerstörung, wie sie die feindlichen Flugzeuge jetzt fast Tag und Nacht über die Industriestädte an der Ruhr brachten. Hier draußen durfte man sich sicher fühlen, durfte den Krieg und sein Elend vergessen. Hier, an den Wassern des Möhnesees, war einer der wenigen Plätze, wo ein Fliegeralarm nur selten ernst genommen wurde, wo es kein Hetzen in die Luftschutzbunker gab, und keine Zerstörungen. Hier war die Welt noch heil geblieben, die anderswo durch den Wahnsinn des Krieges zerstört und zertreten worden war.

Aber die Nacht, die diesem stillen, sonnigen Maitag folgte, sollte in einem kurzen Augenblick zwei Flußtälern in diesem Bergland eine größere Zerstörung bringen als mancher Stadt, die Monate hindurch Bombenangriffe über sich ergehen lassen mußte. In dieser Nacht vom 16. zum 17. Mai 1943 kam auch in die Täler von Möhne und Eder der Schrecken des Krieges.

Nie vorher und nie mehr danach hat es solche Zerstörungen und solches Leid hier gegeben. Als die Dämme von Möhne- und Edersee in den ersten Stunden des 17. Mai brachen, mußte die Reichsregierung in Berlin erkennen, wie wenig militärische Macht ihr bereits 1943 mitten in Deutschland noch verblieben war. Die »Festung Europa« war ohne schützendes Dach.

Für die andere Seite aber, für die britische Luftwaffe, war es die Nacht des Triumphes. Ein Unternehmen war erfolgreich beendet worden, das über Monate hin Techniker und Militärs bis zum Letzten gefordert hatte. Jedermann, auch erfahrene Fachleute, hatten die

Mauern der Talsperren für absolut unzerstörbar gehalten. Man kannte keine Waffen, die, von Flugzeugen herantransportiert, die gewaltigen Bauwerke der Staumauern hätten vernichten können.
Auf der englischen Insel aber gab es einen Mann, der von der Idee besessen war, diese scheinbar unzerstörbaren Anlagen zu vernichten. In diese zweifelhafte Aufgabe wurden Intelligenz und Geld in einem Maße investiert, wie es nur ein Krieg rechtfertigt.
Das technische Problem der Zerstörung wurde gelöst. Der militärische Erfolg des gesamten Unternehmens blieb aus. Denn die Zerstörung von Möhne- und Ederdamm zeigte keinen Einfluß auf den Verlauf des Krieges. Nur denen wurde unsagbares Leid gebracht, die von der Flut heimgesucht wurden. Und sie hatten diesen Krieg gewiß als Letzte gewollt.
Der deutschen Führung war der Zwischenfall peinlich. Sie verschwieg ihn weitgehend und organisierte einen raschen Wiederaufbau der zerstörten Objekte. Das Schicksal der Betroffenen war ihr im Grunde gleichgültig.
In England münzten die Militärs das Ereignis in propagandistische Münze um. Es galt durchzuhalten, nachdem der Erfolg dem Aufwand und den Erwartungen nicht entsprach.
Heute kommen an sonnigen Tagen Tausende von Besuchern an die Sperrmauern von Möhne und Eder. Die Geschichte der Staudammzerstörung wird als Ausflugserlebnis nachempfunden. Aber bis heute wissen nur Wenige, wie sich damals alles zutrug.
Die Zerstörungen der Staudämme von Möhne und Edersee blieben »geheime Katastrophen«.

Staumauern an Möhne, Eder und Sorpe

Die alte Kunst des Talsperrenbaus – Wasserkraft für die Eisenindustrie des Sauerlandes – Ein Gesetz zwingt zur Kooperation – Streit um das Wasser der Ruhr – Der Ruhrtalsperrenverein – Großprojekt Möhnetalsperre – Wasser für den Mittellandkanal – Keine Einweihungsfeier für den Edersee – Ein Steindamm mit hartem Kern - Touristenattraktion Talsperren

Wer heute vom Talsperrenbau spricht, denkt sofort an die riesigen Dämme, die das Wasser von Nil und Euphrat aufstauen, an den 510 Kilometer langen Nassersee in Oberägypten mit seinem gewaltigen Staudamm bei Assuan, an die in der Osttürkei und Syrien entstehenden Euphratstauseen. Ohne Wasser ist Leben, auch das eines Staates, nicht möglich.
Der Mensch war schon früh auf den Gedanken gekommen, den ungeregelten Wasserhaushalt der Natur durch den Bau von Talsperren in geordnete Bahnen zu zwingen. Ägypter und Inder, die Römer in Byzanz und die Mauren in Spanien setzten ihrer Baukunst mit gewaltigen Stauanlagen Denkmäler. Ägyptische Ingenieure bauten in der zwölften Dynastie zur Zeit Amenemhets III. ein kunstvolles Bewässerungssystem, den Möris-See, um den Überschuß des Nilhochwassers für die Trockenzeit zu speichern, eine bis dahin unerreichte Leistung der Wasserbautechnik.
In Deutschland hatte man schon im 16. und 17. Jahrhundert begonnen, kleine Waldtäler, vor allem im Harz, durch Dämme und Mauern abzusperren, um Bäche und Flüßchen in Weihern und Teichen zu speichern. Talsperren größeren Fassungsvermögens mit gemauerten Staudämmen wurden allerdings erst nach den 80er Jahren des vergangenen Jahrhunderts errichtet.
In jener Zeit stand die Kleineisenindustrie an der oberen Ruhr und ihren zahlreichen Nebenzuflüssen in hoher Blüte. Hammer- und Walzwerke, Schmieden, Drahtziehereien und Papiermühlen

nutzten an den schnellfließenden Bächen und Flüßchen des Berglandes die Kraft des Wassers durch einfach arbeitende Wasserräder. Erst als die Großindustrie am unteren Lauf von Ruhr, Emscher und Wupper zu einem ernsten Konkurrenten herangewachsen war, der, mit moderner Technik ausgerüstet, günstiger zu den neu erschlossenen Kohlefeldern lag, da begann ein neuer Abschnitt in der Nutzung der Wasservorräte des Sauerlandes.
Die alte Wasserradtechnik lag während der jahreszeitlich bedingten Trockenheit, vor allem im Sommer und Herbst, still, wenn nicht überhaupt die neue Dampfmaschine sie bereits abgelöst hatte. Außerdem mangelte es diesen Gebieten während der Trockenzeiten an Trinkwasser, welches auch durch den Bau von Grundwasserbrunnen nicht in ausreichender Menge gewonnen werden konnte. Anfang der 80er Jahre des vorigen Jahrhunderts wurde der Wassermangel so drückend, daß einige Gewerbebetriebe die Abwanderung aus diesem Gebiet erwogen.
Nach einer außergewöhnlich langen Trockenperiode im Jahre 1883 setzten sich die Besitzer von wassergetriebenen Werken an der Füelbecke und Rahmede, zwei Zuflüssen der Lenne, zusammen, um über den Bau eines Wasserreservoirs zu beraten. Die Wasserüberschüsse der regenreichen Monate, die bisher als Hochwasser nur Schaden angerichtet hatten, sollten in einem Staubecken gespeichert und während Zeiten der Trockenheit nach und nach abgegeben werden. Aber trotz der drückenden Notlage, in der sich die Betriebe befanden, konnten sich die Besitzer der vom Wasser abhängigen Kleinindustrie nicht zu einer gemeinsamen Aktion zusammenfinden.
Im April 1891 war das preußische Wassergenossenschaftsgesetz geändert und der Beitragszwang auch auf gewerbliche Unternehmen ausgedehnt worden, wozu früher nur landwirtschaftliche Betriebe herangezogen wurden. Erst als dieses Gesetz wirksam wurde, schlossen sich auch die Triebwerksbesitzer zu Genossenschaften zusammen. So entstanden schließlich kurz vor der Jahrhundertwende die ersten Wassersammelbecken im Niederschlagsgebiet der Ruhr, die Füelbecke- und Heilenbecketalsperre. Die Städte Altena und Gevelsberg hatten sich am Bau beteiligt, da sie für ihre Einwohner eine sichere Trinkwasserreserve suchten.
Die neuen Talsperren galten trotz ihres geringen Fassungsvermögens von nur 700000 bzw. 450000 Kubikmeter als hervorragende

Ingenieurleistung, da sie die auf sie gesetzten Hoffnungen und Erwartungen in wasserwirtschaftlicher Hinsicht voll erfüllten. Um so verwunderlicher war, daß nach dem Bau dieser Staubecken, nach diesem vielversprechenden Beginn, ein völliger Stillstand im Talsperrenbau des Einzugsgebietes der Ruhr eintrat. Die Ursache war finanzwirtschaftlicher Art. Den Beteiligten am Bau der beiden Talsperren brachten Verzinsung und Tilgung des geliehenen Baukapitals so viel Schwierigkeiten, daß andere Bauvorhaben undiskutabel erscheinen mußten.

Das änderte sich, als auch die Wasserwerke am mittleren und unteren Lauf der Ruhr sich für den Bau von Talsperren zu interressieren begannen. Diese Wasserwerke hatten zunehmend Schwierigkeiten, den Wasserbedarf der schnell wachsenden Großindustrie und der immer größer werdenden Städte im wasserarmen Emschergebiet zu decken. In rascher Folge waren im Ruhrtal Wasserwerke entstanden, die schon 1897 gemeinsam eine jährliche Förderleistung von 137 Millionen Kubikmeter aufweisen konnten. 75 Prozent dieser geförderten Menge gelangten nach ihrer Nutzung durch Städte und Industrie als Abwasser in die Einzugsgebiete von Lippe, Wupper und vor allem Emscher und gingen dadurch dem Ruhrtal verloren. Das führte zu Streitigkeiten mit der Industrie am Lauf der Ruhr, die sich bald über die mangelhafte Wasserführung des Flusses und die damit verbundenen Nachteile für ihre Betriebe beschwerte.

So kam es ein Jahr vor der Jahrhundertwende zur Gründung des sogenannten Ruhrtalsperrenvereins. Er setzte es sich zum Ziel, das neue Industrierevier, das Ruhrgebiet, so mit Wasser zu versorgen, daß die vorhandenen Wassermengen dem Bedarf entsprechend verteilt werden konnten. Das bedeutete den Bau von großen Wasserreservoirs, damit der Fluß, der dieser Industrielandschaft den Namen gab, jederzeit in ausreichender Menge Wasser führte.

Zunächst entstanden durch die Bemühungen des Ruhrtalsperrenvereins mehrere kleine Stauanlagen, dann aber, 1906, beschloß man das Großprojekt Möhnetalsperre (Stauinhalt 135 Mill. cbm). Die Möhne, ein kleiner Nebenfluß der Ruhr, sollte gut zwölf Kilometer oberhalb ihrer Mündung aufgestaut werden. Dazu mußten mehr als 700 Menschen umgesiedelt und rund 200 Gebäude abgerissen werden, unter ihnen Schulen, eine Molkerei, eine Zementfabrik, eine Ziegelei und eine Reihe von Wassermühlen. Über zwölf Quadratkilometer groß war das Gelände, auf dem die Talsperre entstehen

sollte. Diese Flächen mußten vom Ruhrtalsperrenverein erworben werden, was bei 258 Hektar nur durch ein Enteignungsverfahren möglich wurde. Das Bauvorhaben war das größte Projekt dieser Art, das damals in Europa in Angriff genommen wurde. 1908 begann schließlich der Bau der Staumauer. Die Pläne lieferte der Kölner Architekt Franz Brantzky. Die Gesamtleitung des Bauvorhabens übernahm ein Baudirektor Dr. Link.
Die Staumauer bildet das Herzstück der neuen Möhnetalsperre. Sie ist 40 Meter hoch, 34 Meter breit am Fuß und an der Krone noch sechs Meter breit: ein 650 Meter weiter Bogen, der sich über den Talgrund spannt. Die Mauer folgt der Linie einer Parabel mit der mathematischen Formel $y^2 = 1000 x$, einer Linie mit einer stärkeren Krümmung in der Mitte, mit abgeschwächter Krümmung zu den Seiten hin, damit der Anschluß an die gegenüberliegenden Talhänge nahezu rechtwinklig erfolgen kann. Diese Grundrißform, die im Prinzip nahezu bei allen späteren in Deutschland gebauten Talsperren angewandt wurde, verhindert die Bildung von Rissen im Mauerwerk, wie sie durch den Druck des Wassers oder Bewegungen des Baumaterials auftreten könnten. Die Mauer entstand aus Granit- und Grauwackequadern, einer Masse von 267.000 Kubikmeter Gestein.
Das Bauvorhaben Möhnetalsperre kostete 24.660.000 Goldmark einschließlich des Grunderwerbs. In der damaligen Zeit war dies eine gewaltige Summe. Allerdings war darin nicht der Aufwand enthalten, den der Bau des elektrischen Kraftwerkes kostete. Die Elektrizitätswerke der Möhnetalsperre haben über den lokalen Bereich des Stausees hinaus jedoch kaum Bedeutung. Zwar hält die Talsperre hinter ihrer Mauer eine potentielle elektrische Energie von einigen zehn Millionen Kilowattstunden zurück, aber wegen des sich stets verändernden Wasserstandes und der damit verbundenen wechselnden Gefällhöhe für die Kraftwerksturbinen ist die Gewinnung von elektrischem Strom in wirtschaftlich interessantem Ausmaß nicht möglich. Diese Tatsache war den Engländern während des Krieges offensichtlich unbekannt. Ihr militärisches Interesse an einer Zerstörung der Möhneseestaumauer war nicht zuletzt deshalb so groß, weil sie vermuteten, die Kraftwerke des Möhnesees seien der Hauptlieferant von elektrischer Energie für die Ruhrindustrie.

Schon 1912, ein Jahr vor dem vertraglich festgesetzten Termin, war der Bau der Staumauer beendet, konnte damit begonnen werden, den Möhnefluß aufzustauen. Aber erst ein Jahr später, am 12. Juli 1913, fand die offizielle Einweihung der neuen Talsperre statt. Auf dem halb gefüllten See unternahmen Herren der Bauleitung mit Ehrengästen und hohen Regierungsbeamten in den neuen, geschmückten Motorbooten, wie sie künftig auf dem See verkehren sollten, eine erste Rundfahrt.

Rund 70 Kilometer südöstlich der Möhnetalsperre liegt, schon auf hessischem Gebiet, der Edersee, auch er ein künstlich geschaffener Stausee, mit dessen Anlage man 1911 begonnen hatte. Die Edertalsperre verdankt ihre Entstehung einem preußischen Gesetz aus dem Jahre 1905, das Planung und Bau des Mittellandkanals zum Inhalt hatte, einem Gesetz, wie es hieß, »zur Hebung der Landeskultur, zur Verminderung von Hochwasserschäden und zur Ausgestaltung des Wasserstraßennetzes«. Um dem neu angelegten Mittellandkanal eine ausreichende Wasserversorgung zu sichern, mußte man der Weser große Wassermengen entnehmen können und zwar zu allen Jahreszeiten, ohne die Schiffahrt zu gefährden. Das hieß, man mußte den Wasserstand des Flusses so regulieren, daß über das ganze Jahr hin eine bestimmte Wassermenge garantiert werden konnte. Diese Regulierung erforderte den Bau von Talsperren im Zuflußgebiet der Weser. So entstanden der Diemelsee und die große Edertalsperre.

Der Ederstausee hat ein Fassungsvermögen von 202 Millionen Kubikmeter. Die Wassermassen werden zurückgehalten von einer 400 Meter langen Staumauer von 48 Meter Höhe. Obwohl das Bauwerk über 200 Meter kürzer ist als die Mauer der Möhnetalsperre, stauen sich hinter ihr doch 70 Millionen Kubikmeter Wasser mehr.

Ähnlich, wie im Möhnetal, mußten auch bei der Anlage des Ederstausees Dörfer wie Berich, Brinkhausen und Asel weichen. Die Bewohner, rund 150 Familien mit 900 Personen, mußten umgesiedelt werden. 150 Höfe und Häuser wurden abgetragen, Kirchen und andere größere Bauwerke gesprengt. Auf den alten Friedhöfen hatte man vor der Überflutung die Gräber mit Betonplatten abgedeckt. Als einzige Bauten waren die alten Flußbrücken unversehrt belassen worden.

In den Herbstmonaten sinkt der Wasserspiegel der Edertalsperre auf seinen niedrigsten Stand. In sehr trockenen Jahren tauchen die

Grundmauern der Häuser wieder aus dem Wasser auf, ebenso die alten Friedhöfe und Flußbrücken. Dann besuchen die einstigen Dorfbewohner mit ihren Familien die Gräber ihrer Vorfahren, dann kann die Ederbrücke bei Asel wieder benutzt werden, unter der im alten Flußbett dann wie früher die Eder fließt.
In der Nähe von Niederwerbe taucht bei so niedrigem Wasserstand dann das Modell der Edersperrmauer wieder auf, wie man es damals zur Demonstration aufgebaut hatte, heute eine zusätzliche Attraktion für die zahlreichen Touristen. Aber im Frühjahr, wenn die Schneeschmelze einsetzt, erreicht der See schnell wieder seinen normalen Wasserstand. Die Ruinen der alten Dörfer, die Friedhöfe und Brücken, versinken von neuem im Wasser.
Neben der wasserwirtschaftlichen Aufgabe erfüllt der Edersee eine zweite: die Gewinnung von elektrischer Energie. Ein System von Kraftwerken, Ausgleichsweihern und Hochspeicherbecken, von der Preußen Elektra AG betrieben, garantiert eine gleichmäßige Stromerzeugung das ganze Jahr hindurch. Noch immer werden diese Anlagen erweitert. Die Elektrizitätswerke sind dem großen Verbund aller deutschen Kraftwerke zwischen Alpen und Nordsee angeschlossen.
Als die Edertalsperre 1914 endgültig fertiggestellt war, sollte am 25. August die festliche Einweihung des Bauwerkes stattfinden. Der deutsche Kaiser und die Kaiserin, das Waldecksche Fürstenpaar und zahlreiche Prominente aus Politik, Wirtschaft und Kultur hatten sich zu den Festlichkeiten angekündigt. Die Einweihungsfeier fand aber nicht statt. Am 1. August hatte der erste Weltkrieg begonnen.

Nur knapp 20 Kilometer von der Möhnetalsperre entfernt liegt ein zweiter großer Stausee des Sauerlandes, die Sorpetalsperre (Stauinhalt: 70 Mill. cbm). Sie wurde erst 1935 fertiggestellt, um das Netz der übrigen Talsperren im Zuflußgebiet der Ruhr zu ergänzen, als Reservestauraum für sogenannte Doppeltrockenjahre, falls zwei Jahre hintereinander die Niederschlagsmenge unter dem Jahresdurchschnitt bleibt und die anderen Staubecken zur Versorgung des Ruhrgebiets nicht mehr ausreichen.
Im Gegensatz zur Möhne- und Ederstaumauer handelt es sich beim Sorpedamm um einen abgeflachten Erdwall aus Steinschüttung mit einem inneren 69 Meter hohen Betonkern. Diese Konstruktion er-

wies sich bei den Luftangriffen im zweiten Weltkrieg als unzerstörbar.
Die Möhnetalsperre, der Eder- und Sorpestausee, zur Zeit ihrer Entstehung als ungewöhnliche Leistungen der Ingenieurbaukunst gefeiert, sind heute längst durch andere spektakuläre Wasserbauwerke im In- und Ausland in ihrer Größe und Bedeutung übertroffen. Aber durch ihre herrliche Lage mitten in den Wäldern des Sauerlandes und des Waldecker Landes zählen sie heute zu den bevorzugten Zielen von Touristen und Ausflüglern vor allem aus dem Ruhrgebiet, dem zumindest Möhne- und Sorpesee ihr Entstehen verdanken. Die Edertalsperre entstand zur Sicherung der Wasserführung des Mittellandkanales, der wichtigen Wasserstraße zwischen Rhein und Elbe, die die Industrie des Ruhrgebietes mit der Mitteldeutschlands verbindet.

Die Nacht, in der die Dämme brachen

Goebbels verkündet den totalen Krieg – Luftangriffe auf das Ruhrgebiet – Ruhe an den Talsperren – Wachdienst gegen Saboteure – Essens Oberbürgermeister macht sich unbeliebt – Kein Schutz für die Talsperren – Englische Aufklärer über der Möhne – Ein Flakunteroffizier erinnert sich – Trotz Zerstörung EK II – Goebbels wittert Verrat

Das Kriegsjahr 1943 begann. Der von Hitler angezettelte verheerende Krieg war für Deutschland zu diesem Zeitpunkt eigentlich schon verloren. In Stalingrad waren deutsche Soldaten sinnlos geopfert worden. Der russische Vormarsch war noch einmal am Dnjepr zum Stehen gebracht worden. Der Afrikafeldzug war verloren, von dort her rückte die zweite Front über Italien näher.

Im Februar kündigte Propagandaminister Josef Goebbels im Berliner Sportpalast der Bevölkerung den totalen Krieg an. Was dies bedeutete, wußten die Deutschen längst, deren Städte jetzt fast schutzlos den Bombenangriffen der alliierten Streitkräfte ausgesetzt waren. Über dem Ruhrgebiet tobte der Luftkrieg.

Über den Wäldern des Sauerlandes aber und über den blinkenden Spiegeln der Talsperren blieb es verhältnismäßig ruhig. Hier machte man sich eigentlich wenig Sorgen über die Sicherheit der Staudämme. Man nahm an, daß keine Bombe existiere, deren Sprengkraft ausgereicht hätte, die riesigen Bauwerke der Talsperren zu zerstören, und daß es kein feindliches Flugzeug gäbe, das solche Bomben, wären sie entwickelt worden, hätte transportieren können.

Schon während des ersten Weltkrieges hatte man an den sauerländischen Talsperren einen Wachdienst eingerichtet, der auch nach dem Ausbruch des neuen Krieges wieder organisiert wurde, auch an der Möhnetalsperre. Von den Polizeistationen in Soest und Werl waren Beamte abgestellt worden, die in Räumen des Kraftwerkes unterhalb der Sperrmauer ältere, nicht mehr frontverwendungsfähige

Die Möhnesperrmauer stemmt sich in einem gewaltigen Bogen gegen 135 Millionen Kubikmeter Wasser. Diesen Blick hatte der Besucher vor dem Krieg von der Sperrmauer, ihrer Umgebung und dem Kraftwerk(rechts)

Die Ederstaumauer liegt versteckt zwischen den Bergen des Waldecker Landes und hält 202 Millionen Kubikmeter Wasser zurück, die einen 27 km langen See bilden. Am Fuß des Dammes die beiden Kraftwerke.

Der Sorpesee mit 70 Millionen cbm Wasser wird von einem Erdwall aus Steinschüttung aufgestaut. Diese Bauart mit einem inneren Betonkern widerstand allen Bomben des zweiten Weltkrieges.

Die Möhnetalsperre läuft über. Ein Bild, das einen Eindruck vermittelt von der Kraft der hinter der Mauer gebändigten Wassermassen.

Der »Wellington« Bomber wurde von Wallis entwickelt. Die damals neuartige geodätische Bauform erwies sich als besonders beschußfest. Mit einer Maschine dieses Typs wurden die ersten Tests mit der Rollbombe geflogen.

Männer zu Hilfspolizisten ausbildeten. Diese Wachleute, die zum Teil Feuerwehruniform trugen, sollten vor allem Sabotagevorhaben im Bereich des Sperrdammes verhindern. Man glaubte, daß man mit dieser Bewachung des wichtigsten Punktes einer Talsperre die gesamte Anlage des Sees am besten schützen würde.

Der damalige Vorsitzende des Ruhrtalsperrenvereins allerdings, der Essener Oberbürgermeister Justus Dillgardt, war anderer Ansicht. Ihm erschien die Bewachung der sauerländischen Talsperren allein zu kümmerlich, um die Stauseen wirksam vor feindlichen Angriffen schützen zu können. Immer wieder warnte Dillgardt die Wehrmachtsbehörden in Münster vor diesen unzureichenden Abwehrmaßnahmen, weil er im Mai mit Flugzeugangriffen auf die Talsperren rechnete, da zu dieser Zeit wegen des hohen Wasserstandes in allen Stauseen eine Zerstörung den größten Schaden anrichten müßte.

Um Dillgardt zu beruhigen, wurden im Frühjahr 1940 auf der Wasserseite des Möhnesees Torpedonetze angebracht, die 18 Meter tief in das Wasser vor der Staumauer hineinreichten. Zwölf Sperrballons, an langen Stahlseilen befestigt, sollten Tiefflieger abwehren. Zusätzlich postierte man rings um den See mehrere Batterien leichter 2 cm Flak.

Der Edersee und die Sorpetalsperre waren gänzlich ohne Schutz. Für sie hatte man weder Flak noch Torpedonetze oder Fesselballons als notwendig erachtet, obwohl viele Bewohner in den Tälern von Möhne, Eder und Sorpe immer wieder warnend auf den hohen Wasserstand in den Talsperren hingewiesen hatten. Aber die Militärbehörden sahen keinen Anlaß, den Wasserspiegel zu senken und damit die potentielle Gefahr für die Talbewohner zu verringern. Denn die Rüstungswerke der Ruhrindustrie brauchten die großen Wasserreserven, die man in den Talsperren bereit hielt.

An den Vorsitzenden des Ruhrtalsperrenvereins, der immer wieder mehr Schutz für seine Talsperren forderte, schrieben die Wehrmachtsbehörden vom Luftgau Münster schließlich einen verärgerten Brief, in dem es hieß: »Es besteht keine weitere Notwendigkeit mehr, regelmäßig Berichte über den Wasserstand in den Talsperren an uns zu senden!«

Justus Dillgardt hatte darauf hingewiesen, daß seiner Ansicht nach eine große Bombe, die dicht an der Sperrmauer detonieren würde, durchaus wegen des entstehenden Explosionsdruckes ein Loch in das

Mauerwerk reißen könnte. Aber die Briefe des Essener Oberbürgermeisters, die inzwischen in Münster zu einer umfangreichen Akte angeschwollen waren, konnten die Militärs nicht überzeugen, sondern nur noch weiter reizen. Für sie galt die Mauer als unzerstörbar, gerade die der Möhnetalsperre, denn das hatte eine Kommission von Fachleuten aus Berlin doch festgestellt.

So verzichteten die Wehrmachtsbehörden sogar darauf, wenigstens ein Warnsystem an der Möhnetalsperre einzurichten, mit dem man die Zivilbevölkerung im Tal von Möhne und Ruhr hätte warnen können.

Dabei hätte das Interesse der britischen Luftwaffe gerade an der Möhnetalsperre eigentlich auffallen müssen. Ein Luftschutzwart aus dem direkt am See gelegenen Dörfchen Günne beobachtete im Frühjahr 1943 fast täglich britische Aufklärer, die aus verschiedenen Richtungen wie zufällig die Talsperre überflogen und, wie sich nach dem Krieg herausstellen sollte, regelmäßig dabei fotografierten. Ihre Kameras, von der deutschen Abwehr sehr unterschätzt, lieferten lupenscharfe Bilder von der jeweiligen Situation am Möhnesee.

Anfang 1943 versuchte man von deutscher Seite, die Staumauern durch den Aufbau von künstlichen Bäumen als eine Landzunge zu tarnen. Mit diesen eigentlich geheimen Arbeiten wurden aber unverständlicherweise dienstverpflichtete Niederländer beauftragt. Die englischen Luftbildauswerter rätselten lange an diesen merkwürdigen Gebilden und vermuteten in ihnen zunächst eine neue Art von Abwehrraketen.

Ende März 1943 wurde der militärische Schutz der Möhnetalsperre drastisch verringert. Die leichten Flakeinheiten rund um den See wurden bis auf einen kleinen Rest abgezogen und die Fesselballone entfernt. Nur noch sechs 2 cm Geschütze blieben, drei auf der Sperrmauer bzw. ihren Türmen, drei im Tal unterhalb des Dammes. Niemand rechnete mit einem Angriff. Bei den Landsern hieß diese Einsatzstelle wegen der absoluten Ruhe »Flaksanatorium Möhnesee«. Hinter der Mauer jedoch stauten sich 135 Millionen Kubikmeter Wasser, die jedermann gut beschützt und sicher wähnte.

Einer der wenigen Soldaten an den sechs verbliebenen Flakgeschützen am Möhnestaudamm war der Unteroffizier Karl Schütte. Er hat den Krieg und die Nacht zum 17. Mai 1943 überlebt, in der er als Geschützführer an exponierter Stelle auf dem Nordturm der Staumauer mit ansah, wie der Damm zerbrach.

Dies sind seine Erinnerungen an die Nacht der Katastrophe: »Wir lagen mit unseren Geschützen am Möhnesee wie im tiefsten Frieden. Nur nach dem Abzug der übrigen Batterien und der gesamten Sperrballone, die anderswo im Reich und an den Fronten dringender gebraucht wurden, mahnte uns unser Batterieführer Leutnant Widmann: »Kinders, Kinders, Ihr glaubt gar nicht, was für 'ne Verantwortung ihr tragt, was alles von der Möhnetalsperre abhängt. Das ganze Ruhrgebiet wird von ihr gespeist!« - Widmann konnte es einfach nicht glauben, daß ein solch schwacher Schutz ein derart wichtiges Ziel verteidigen sollte.«

In der Nacht vom 16. zum 17. Mai saß Karl Schütte zusammen mit seinen Kameraden in der Unterkunft im Nordturm auf der Möhnestaumauer in Alarmbereitschaft. Er berichtet:

»Es ist sehr still. Außer den gleichmäßig dumpfen Schritten des über uns im offenen Geschützturm stehenden Wachtpostens ist nichts zu hören. Doch dann schrillt der Fernsprecher vom Flakleitstand. Im Schloß Schwansbell bei Lünen hatte man Fliegeralarm ausgelöst! Der Wachtposten alarmiert also die Mannschaften, und in Sekunden sind die Geschütze feuerbereit. Wir warten und schauen gelangweilt auf den glitzernden Möhnesee, in dem sich der Mond spiegelt. Plötzlich nähert sich Motorengeräusch von Norden aus Richtung Soest, und wir glauben, daß es sich um eine vorbeifliegende Maschine handelt, die sich am See orientieren will.

Da die tieffliegende Maschine noch nicht zu sehen ist, schießen wir Sperrfeuer in der Mischung: zwei Sprenggranaten/eine Panzergranate, da es sich herausgestellt hat, daß die Flugzeuge sehr stark gepanzert sind und durch Sprenggranaten allein nicht abzuschießen sind. Die erste Salve ist noch nicht verschossen, da setzt auch schon Gegenfeuer des angreifenden Flugzeuges ein, das in etwa 1800 Meter Entfernung jetzt als schwarzer Schatten zu erkennen ist. Schon kreisen mehrere Maschinen um den See, und die Geschütze schießen wütendes Sperrfeuer in alle Richtungen.

Plötzlich sehen wir, wie eine Maschine zwei starke Lampen einschaltet und im Tiefflug auf die Mauermitte zurast. Dadurch ergibt sich für uns ein guter Anhaltspunkt und wir brauchen nicht mehr nach Gehör oder dem Schatten zu zielen. Die Schüsse liegen sofort besser im Ziel. Trotzdem ist der Flug des riesigen schwarzen Körpers nicht mehr zu stoppen, der donnernd und feuerspeiend in etwa zwanzig Meter Höhe zwischen den beiden Türmen

der Mauer durchfliegt und beinahe mit den Tragflächenenden die Geschützstellungen rammt.
Einige Zeit später gibt es eine fürchterliche Detonation und eine Wassersäule, bis 300 Meter hoch, steigt donnernd aus dem Möhnesee. Haushohe Wogen schlagen über die Dammkrone. Nun wissen wir es, der Angriff gilt uns! Doch wir haben keine Zeit, dieses einmalige Schauspiel zu bewundern. Im Vorbeiflug dahinbrausende Maschinen werden unter Feuer genommen. Zielwechsel, neuer Anflug! Wie ein Ungeheuer kommt es aus mondheller Nacht auf uns zugebraust, so, als wolle es uns auf dem Turm rammen. Doch man denkt nicht an die Gefahr! Endlich, nach langer Zeit, darf man schießen! Während mein Richtkanonier das Geschütz der Höhe nach richtet, stehe ich hinter ihm, gebe Korrekturen und richte der Seite nach. Wir schießen was das Zeug hält. Dem Angreifer peitschen die Geschosse nur so ins Gesicht! ›Tiefer, tiefer!‹ rufe ich meinem Richtkanonier zu. Die Schüsse liegen gut! Und dann sehe ich deutlich, wie die Geschoßgarben am Flugzeug einschlagen und wenig später eine Flamme herausschlägt. ›Es brennt, es brennt!‹ rufe ich noch meinem Kameraden zu, während die Maschine mit einem Feuerschweif an uns vorbeirast.
Doch dann gibt es auf einmal eine fürchterliche Detonation! Staub nimmt uns fast den Atem! Steine wirbeln umher und ein starker Schlag wirft mich zu Boden. Als ich mich wieder erhebe, sehe ich, daß vom Kraftwerk nichts mehr steht. Im Nordwesten ein starkes Aufblitzen. Die folgende Detonation bestätigt den Absturz der Maschine.
Doch es bleibt keine Zeit, uns groß umzusehen! Das heiß geschossene Geschützrohr wird ausgewechselt, die Waffe schnell etwas geölt. Außer dem Richt- und Munitionskanonier ist alles am Magazinieren, denn die vorher magazinierte Munition ist fast verschossen. Jeder tut, was er kann! Da kommt die Meldung vom Südtürm: Geschütz ausgefallen! Es ist vom Sockel geschleudert worden. Nun sind es nur zwei winzige Geschütze, die wasserseitig die Maschinen bekämpfen, denn die Geschütze drunten im Tal können nur hinter den abdrehenden Flugzeugen herschießen.
Das Motorengeräusch schwillt wieder an, nachdem sich der Rauch verzogen hat. Die kurvenden Maschinen zeigen auf einmal ihre Positionslichter, um das Feuer auf sich zu lenken. Wir eröffnen das Feuer, das von den Maschinen sofort erwidert wird. Jetzt

setzt die dritte Maschine zum direkten Angriff an. Zielwechsel auf die anfliegende »Viermot« und wieder peitschen die Geschosse dem Angreifer entgegen und wieder erhält die Maschine zahlreiche Treffer. Doch was können solch leichte Zwei-Zentimeter-Geschosse an solch einem Großflugzeug schon anrichten? Da können nur Zufallstreffer helfen! Der Bordschütze feuert nach uns. Wie auf einer Perlenschnur kommen die Leuchtspurgeschosse auf unseren Turm zu. Man könnte diesen vergrößerten Glühwürmchen fast ausweichen, doch hier geht Pflicht vor eigenem Schutz.

Dann eine starke Detonation und eine riesige Wassersäule! Wieder bebt der Möhnesee und wieder schlagen große Wogen über die Dammkrone! Wir wissen nicht, ob die Mauer noch steht, wir schießen und schießen! Nachdem sich der Wasserspiegel wieder beruhigt hat, setzt die vierte Maschine zum Angriff an. Unsere Leuchtspurgeschosse treffen sich am Flugzeugkörper und erzeugen zusammen mit dem Feuer des Angreifers bizarre geometrische Figuren, die sich auf dem Wasser des Sees spiegeln. Mehr kann man nicht wahrnehmen, denn zu stark ist das Motorengebrumm gemischt mit dem Schießen und den Detonationen, die sich als Echo im Tal verdoppeln und von allen Seiten zu kommen scheinen. Da wir nur die Maschine vor Augen haben, sehen wir nicht, wann und wie die Bombe ausgeklinkt wird. Zum Glück übersteht die Mauer auch den vierten Angriff.

Bald wissen wir nicht mehr, welche Maschine zuerst bekämpft werden soll, denn die viermotorigen Ungeheuer fliegen seitliche Scheinangriffe. Werden wir es schaffen, den Feind weiterhin am gezielten Bombenabwurf zu hindern? Schon werden wir wieder von einigen Maschinen von der Talseite her beschossen. Wir erwidern das Feuer – und dann fällt plötzlich unser Geschütz aus. Die Waffe feuert nicht mehr, der Verschluß klemmt! Krampfhaft versuchen wir, die Ladehemmung zu beseitigen. Doch ohne Erfolg! Ein Frühkrepierer hat den Verschlußblock beschädigt. Es ist zum Verzweifeln!

Da steht man hoch oben auf dem Turm, vor mir der See und hinter mir das Tal, und kann sich nicht mehr wehren! Angriffe aus allen Richtungen! Man wartet auf das Ende. Nun setzt die fünfte Maschine zum Angriff an. Nur das Geschütz unten am Maueranfang feuert noch. Unheimlich schnell fliegt der Bomber auf die Mauermitte zu. Er hat jetzt leichtes Spiel. Die Maschine ist zum

Greifen nah, ja, ich glaube noch heute, die Umrisse des Piloten in der Kanzel zu sehen. Aber unser Geschütz schweigt. Und jetzt tun wir das, was wir so oft geübt haben: Flugabwehr mit dem Karabiner aus reiner Selbstverteidigung. Es wirkt fast lächerlich, aber man schießt und denkt so wenigstens nicht an die Gefahr, in der man schwebt!

Und wieder bebt der Möhnesee und eine Riesenwoge stürzt über die Mauer. Als die Sichtverhältnisse etwas besser werden, sehe ich, daß die Mauer einen Bruch aufweist, und rufe dem Leutnant zu: ›Die Mauer ist kaputt!‹ – ›Nein, das stimmt nicht!‹ erwidert er. Aber ich sehe, wie das Wasser von den Seiten zur Mitte strömt und das Loch in der Mauer sich vergrößert. Ich denke, wenn jetzt noch ein Angriff erfolgt, liegen wir alle da unten in der tosenden Flut.

Durch die geborstene Mauer strömt das Wasser unaufhaltsam zu Tal, und die Luft ist so erfüllt von Gischt, daß fast jegliche Sicht genommen ist. Die kurvenden Maschinen drehen ab. Feuerpause! Vom zweiten Zug in Günne wird eine Waffe heraufbeordert und auf dem ersten Turm die Feuerbereitschaft wieder hergestellt. Im Morgengrauen zieht nochmals eine feindliche Maschine in 2000 Meter Höhe vorbei. Sie wird sofort von uns unter Feuer genommen. Es muß sich dabei um einen Aufklärer handeln, der seinerseits das Feuer erwidert und eine Scheune in Brand schießt. Zum Abschuß dieser Maschine kommt es allerdings nicht.

Inzwischen ist es heller Tag geworden, und wir können an die Aufräumungsarbeiten gehen. Zum Glück ist niemand von den Geschützbedienungen verwundet, obwohl die Geschütze zum Teil getroffen wurden. Unsere Unterkunft ist nur noch ein Trümmerhaufen, die Balken zerbrochen, Betten und Schränke von Bordwaffen durchsiebt, Treppen heruntergeschleudert, Decken eingestürzt.

Am frühen Morgen trifft als erster Vertreter der Führung der General Schmidt vom Luftgau Münster mit einem Fieseler Storch ein, um die Schadensstelle zu besichtigen. Der Batterieführer Widmann erhält sofort das EK I. Wir beglückwünschen ihn dazu. Am Nachmittag müssen wir antreten, und ich bekomme mit sechs anderen Kameraden das EK II verliehen. Allerdings wundern wir uns darüber, denn wir sagen uns: wofür sollen wir das haben, die Mauer ist doch zerstört! Aber anscheinend sieht man das »oben« mit anderen Augen. Am folgenden Tag findet eine Besichtigung durch den Chef der gesamten Luftverteidigung, Generaloberst Weise, statt. Dessen anerkennende Worte sind für uns eine Beruhigung. Und wegen des Abschusses der einen Maschine glauben wir, unser Möglichstes getan zu haben.«

Soweit der Flakunteroffizier Karl Schütte.

Noch am Tag nach dem Angriff begann man, die Talsperren im Sauerland zu Festungen auszubauen. Auf einmal sind die vorher abgezogenen Fesselballoneinheiten wieder da, zusätzlich Nebelanlagen und Scheinwerfer. Sogar 8,8 cm Flak wird einsatzbereit gemacht, die zu dieser Zeit in vielen Städten des Reiches bereits fehlte. Vor dem Angriff in der Nacht vom 16. zum 17. Mai 1943 war an der Möhnetalsperre keine schwere Flak eingesetzt.

Die Nachricht von der Zerstörung der Talsperren muß in Berlin wie eine Bombe eingeschlagen haben. Im privaten Tagebuch von Josef Goebbels liest man unter dem Datum vom 18. Mai 1943: »Die vergangene Nacht hat uns im Luftkrieg schweren Schaden zugefügt. Der Angriff der britischen Bomber auf unsere Talsperren war von großem Erfolg begleitet. Bei der Möhnetalsperre wurde der Damm durch Lufttorpedos von innen her gesprengt. Das Kraftwerk wurde weggerissen. Dadurch wurde eine empfindliche Schädigung der Trink- und Löschwasserversorgung des Ruhrgebietes verursacht; ebenso ist ein beträchtlicher Stromausfall zu verzeichnen. Es werden zuerst sehr dramatische Berichte von den betroffenen Gauen durchgegeben; die Auswirkungen der Angriffe stellen sich dann aber im Laufe des Tages als nicht ganz so verheerend heraus. Man spricht zweitweilig von mehreren tausend Opfern. Die Produktionsschäden, die angerichtet worden sind, können als über das Übliche hinausgehend angesehen werden. Natürlich sind die Gauleiter in den Gauen, in denen noch nicht angegriffene Talsperren sind, außerordentlich besorgt, da die Luftschutzmaßnahmen an den Talsperren gänzlich unzulänglich sind. Der Führer ist über die mangelnde Vorbereitung seitens unserer Luftwaffe außerordentlich ungeduldig und böse!«

Am 19. Mai liest man in Goebbels Tagebuch:

»Die Amerikaner und Engländer machen natürlich aus der Überschwemmung eines großen Teils der Umgebung der Talsperren die tollste Sensation, die man sich überhaupt nur denken kann. Die Totenzahlen sind gottseidank nicht so hoch, wie wir anfangs befürchtet hatten. Die Engländer und Amerikaner sprechen bereits von 10.000 Toten. In Wirklichkeit hält sich die Totenzahl zwischen 1.000 und 2.000. Daß bei dem ganzen Angriff auch im Reichsgebiet selbst Verrat am Werke war, scheint für mich festzustehen, denn die Engländer waren so genau orientiert und haben auch nach ihrem Angriff eine so genaue Kenntnis dessen, was sie an Schäden angerichtet haben, daß man kaum annehmen kann, sie hätten das allein durch ihre Luftaufklärung festgestellt.

Die Verheerungen stellen sich als nicht ganz so schlimm heraus, als wir zuerst erwartet hatten. Aber immerhin genügen sie noch, um unserer Rhein- und Ruhrindustrie erhebliche Schwierigkeiten zu bereiten. Man hatte zuerst von etwa 5.000 bis 7.000 Toten gesprochen; jetzt stellt sich heraus, daß es im Ganzen nur etwa 700 sind, davon sind die Hälfte russische Kriegsgefangene. Die Berichte von Berndt, die mir am ersten Tag soviel Kopfschmerzen bereitet haben, stellen sich nun als gänzlich übertrieben und aufgebauscht heraus. Offenbar hat Berndt seine Informationen von Radio London bezogen. Man sieht hieran aber wieder, wie unpraktisch und unrationell es ist, derartige Alarmberichte an die höheren Führungsstellen weiterzugeben. Erstens einmal belasten sie diese in ungeheurem Maße und zweitens sind sie in den meisten Fällen nicht richtig. Ich gebe eine knappe Erklärung über die Menschenverluste bei dem Angriff auf die Stauwerke heraus, vor allem auch, weil die Engländer und Amerikaner aus dieser Angelegenheit eine Riesensensation machen und von tausenden von Toten und kaum wieder gutzumachenden Verheerungen sprechen. Wahrscheinlich wird das von uns herausgegebene Kommuniqué eine kalte Dusche auf diese Illusionen darstellen.«

Einen Tag später, am 20. Mai 1943, findet sich folgende Eintragung in Goebbels Tagebuch:

»Abends ruft Speer mich an und gibt mir einen Bericht über das Talsperrenunglück. Er ist sofort hingeflogen und hat sich die angerichteten Schäden angesehen. Gottseidank sind sie nicht so groß, wie auch Speer zuerst angenommen hatte. Er hat eine Reihe von weitgehenden Maßnahmen getroffen, insbesondere ein großes Arbeiterkontingent vom Atlantikwall abgezogen und zur Beseitigung der angerichteten Schäden eingesetzt. Im Ganzen handelt es sich um 6.000 bis 7.000 Mann, die schon auf dem Wege sind und schon sehr bald zum Einsatz gelangen werden. Speer gibt der Hoffnung Ausdruck, daß es ihm gelingen werde, bis Anfang nächster

Woche die Produktion wieder halbwegs in Gang zu bringen. Bis Ende nächster Woche soll sie wieder auf vollen Touren laufen. Speer ist ein richtiges Organisationsgenie. Er läßt sich auch durch schwere Unglücksfälle nicht verblüffen und aus der Ruhe bringen, trifft gleich die geeigneten Maßnahmen und schreckt auch nicht vor diktatorischen Regelungen zurück, wenn sie der Sache dienen. Der Führer hat ihm absolute Vollmacht gegeben, und er hat diese auch weidlich ausgenutzt.«

Wer war Barnes Wallis?

Adelstitel für einen Bombenkonstrukteur – Vom Luftschiff zum Prothesenbau – Superbomben auf feindliche Talsperren – Das Dammzerstörungs-Kommitee tritt zusammen – Vom Kieselstein zur Rotationsbombe – Flakbeschuß beim Probewurf – Ein Film entscheidet über das Schicksal von Talsperren – Die Rollbombe will nicht springen – Eine deutsche Wunderwaffe mit Namen Kurt I

Im Jahre 1969 erhob die englische Königin Elisabeth II. einen hervorragenden Wissenschaftler und Techniker in den Adelsstand, der diese Ehrung für seine Verdienste um die Luftfahrt des Inselreiches erhielt: Sir Prof. Dr. Barnes Wallis. Jedermann in England aber wußte, daß dies im besonderen eine Auszeichnung dafür war, daß diesem Mann während des zweiten Weltkrieges eine Reihe von erfolgreichen Erfindungen gelungen war. Wallis hatte neuartige Bomben entwickelt, die entscheidend zum Ausgang des Krieges beitrugen. Selbst heute noch bringen die Engländer mit dem Namen Barnes Wallis auch den Namen eines erfolgreichen Fliegers in Verbindung, nämlich Guy Gibson von der 617. Staffel. Und das bedeutet gleichzeitig die Erinnerung an die Zerstörung von Möhne- und Ederdamm in der Nacht zum 17. Mai 1943.
Barnes Neville Wallis wurde am 26. September 1887 in Ripley, Derbyshire, geboren. Sein Name ist von ihrem Anfang bis heute fest mit der britischen Luftfahrt verbunden. Länger als ein halbes Jahrhundert bemühte sich Wallis, mit luftfahrttechnischen Erkenntnissen und Erfindungen seinem Land zu dienen.
Er war ein Wissenschaftler, der im Gegensatz zu vielen anderen erst gewissenhaft die theoretischen Möglichkeiten einer neuen Idee oder Technik prüfte, bevor er nach einer praktischen Lösung suchte. 1913 hatte Wallis als 26jähriger Marineingenieur den ersten Kontakt mit der Luftfahrt. Zu diesem Zeitpunkt hatte England die ersten Mißerfolge im Bau eigener Luftschiffe zu verzeichnen gegenüber

einer deutschen Konkurrenz, die wesentlich erfolgreicher war. Die Schöpfungen des Grafen Zeppelin wurden in der gesamten Welt bewundert, während das erste englische Luftschiff, die »Mayfly« aus dem Jahre 1911, so schwer war, daß sie sich erst gar nicht vom Boden erhob. Es war Englands Fehlstart im Luftschiffbau. Den deutschen Vorsprung auf diesem Sektor der Luftfahrt suchte das britische Königreich mit allen Mitteln aufzuholen.
Kurz nach dem Ende des ersten Weltkrieges wurde bei der Firma Vickers unter der technischen Leitung von Barnes Wallis das Luftschiff R 80 fertiggestellt, das aerodynamisch eine idealere Form als die ersten deutschen Zeppeline hatte. Diesem erfolgreichen Modell folgten verbesserte Typen, die R 100 und R 101. Durch die großen Katastrophen, die zwischen den Kriegen eine Reihe von Luftschiffen der verschiedensten Konstruktionsprinzipien vernichteten, schwand in England, wie auch in Deutschland, schließlich das Interesse an der Finanzierung und dem Bau weiterer Luftschiffe.
Wallis wechselte deshalb 1930 vom Luftschiffbau zum Flugzeugbau. Er entwickelte bei der Firma Vickers die einfach zu bauende, wegen der geodätischen Form sehr stabile »Wellesly«, Vorläuferin des »Wellington« Bombers, der sich beim Einsatz im zweiten Weltkrieg als äußerst unempfindlich gegen feindlichen Beschuß erwies, was auf seine besondere Zellenkonstruktion zurückzuführen war. Wellington-Bomber flogen an der Spitze des ersten 1.000-Bombereinsatzes im Mai 1942 gegen die Stadt Köln.
Aber auch an den Planspielen der Militärs beteiligte sich Wallis. In einer wissenschaftlichen Untersuchung schon vor dem Beginn des zweiten Weltkrieges, an der er fast ein Jahr gearbeitet hatte, wies Wallis nach, wo die »Achsenmächte« Deutschland und Italien im Falle einer militärischen Auseinandersetzung mit England am empfindlichsten zu treffen wären. Er nannte die Rüstungszentren, Ölraffinerien, den Bergbau, Kraftwerke, Werften und auch Staudämme als mögliche Ziele, die von einer schon damals aus großer Höhe operierenden Luftspionage, der sogenannten »Fernhöhenaufklärung», festgestellt worden waren. Zur Zerstörung dieser Objekte forderte Wallis die Entwicklung von Zehn-Tonnen-Bomben und den Bau von Großflugzeugen, die diese Waffen transportieren konnten.
Als Praktiker begann er selbst mit Untersuchungen, um die eigenen Forderungen auch technisch zu bewältigen. Er untersuchte die

chemischen und physikalischen Eigenschaften von Sprengstoffen mit dem Ziel, ihre Sprengkraft zu vergrößern. Er testete Sprengsätze mit hoher Sprengkraft, ließ sie zu diesem Zweck tief in den Boden eingraben und registrierte die bei den Explosionen frei werdenden Schockwellen und ihren Weg durch verschiedene Materialien. Alles, was er dabei herausfand, bestätigte seine Theorie des Einsatzes von Großbomben zur Vernichtung der Industriezentren der Achsenmächte.
Damals hielten die englischen Militärs nichts von der »Großbomben-Theorie«. Die einen waren von ihr nicht zu überzeugen, die anderen hielten sie technisch für nicht durchführbar.
Aber die Zehn-Tonnen-Bombe, die der Phantasie von Barnes Wallis entsprungen war, wurde später doch gebaut. Unter dem Namen »Grand Slam« wurde sie die schwerste Bombe des zweiten Weltkrieges. Die Engländer setzten sie gegen Ende des Krieges ein gegen die Startrampen der deutschen V-Waffen, gegen U-Boot-Bunker, Tunnelbauten und Eisenbahnviadukte – mit Erfolg zum Beispiel bei Bielefeld und Arnsberg. Transportiert wurden diese Bomben durch »Lancaster« Bomber, die gefürchtetsten viermotorigen Flugzeuge des letzten Krieges.
Auch nach dem zweiten Weltkrieg blieb Wallis der Militär-Luftfahrt treu. Er beschäftigte sich mit Überschallflugzeugen, die mit Schwenkflügeln ausgestattet werden sollten. Experimente mit solchen Flugzeugen hatte er schon früh begonnen. Sie basierten auf dem Typ »Wild Goose«, der schon gegen Ende des zweiten Weltkrieges als militärisches Flugzeug entwickelt worden war. Ab 1952 lief dieses Projekt schließlich unter dem Namen »Swallow« zur Entwicklung eines Überschall-Verkehrsflugzeuges.
Prototypen wurden zwar gebaut und auch erfolgreich erprobt, aber finanzielle Schwierigkeiten brachten schließlich das Unternehmen »Swallow« zum Erliegen. Die Schwenkflügelidee des Barnes Wallis, die er »wing controlled aerodynes« nannte, wurde schließlich in den USA und in der UdSSR verwirklicht.
Selbst im hohen Alter von 70 Jahren interessierte sich Wallis noch für Neuentwicklungen im Flugzeugbau. So widmete er sich der Konstruktion von Langstreckenflugzeugen, die mit sehr hohen Geschwindigkeiten im Bereich der fünffachen Schallgeschwindigkeit fliegen sollten. Damit wären Flüge zwischen London und der australischen Stadt Sydney in drei Stunden möglich. Wallis

entwickelte auch Pläne für Unterwasser-Handelsschiffe, die mit der relativ hohen Geschwindigkeit von 30 Knoten in der Stunde sehr große Entfernungen hätten überbrücken können.
Heute im Alter von über 86 Jahren verbringt Sir Barnes Wallis immer noch Stunden am Zeichentisch. Der Wissenschaftler und Erfinder, dessen Ideenreichtum man durchaus mit dem des genialen Edison vergleichen könnte, konstruiert heute Prothesen für gehbehinderte Kinder. Einige Jahre nach dem Krieg hatte er von einer staatlichen Kommission, die hervorragende Erfindungen zu bewerten hatte, die Summe von 10.000 Pfund zugesprochen bekommen, was damals ungefähr der Summe von 100.000 DM entsprach. Diesen Betrag, den er für seine Verdienste um die Entwicklung neuer Bomben erhalten hatte, stiftete er seiner ehemaligen Schule, in der die Kinder gefallener oder verstorbener Soldaten der Royal Air Force erzogen werden.
Doch zurück zu dem Plan, den der begabte Techniker Barnes Wallis schon vor Beginn des Krieges entwickelt hatte und mit dem er das Deutsche Reich militärisch entscheidend treffen wollte. Die Idee, die Industrie- und Rüstungszentren der Achsenmächte Deutschland und Italien mit Hilfe von Bomben außerordentlich großer Sprengkraft zu vernichten, schloß auch die Zerstörung von Staudämmen ein. Durch die Vernichtung der großen Wasserreserven sollte vor allem die Stahlproduktion behindert oder zumindest über einen längeren Zeitraum erschwert werden. Wallis ging von der Überlegung aus, daß bei der Herstellung einer Tonne Stahl die hundertfache Menge an Wasser benötigt wurde. Vor allem die Möhnetalsperre sah er als den wichtigsten Wasservorrat der Stahlindustrie im Ruhrgebiet an, so daß vor allem durch ihre Zerstörung – wie er meinte – die Rüstung Deutschlands empfindlich getroffen werden könnte.
Basierend auf seiner Schrift »Note on the method of attacking the Axis Power« verfaßte er eine genaue Studie, die sich eingehend mit den Möglichkeiten zur Zerstörung von Staudämmen in Deutschland und Oberitalien befaßte. Dadurch gewann er das Interesse der zunächst mißtrauischen Militärs und Politiker, die Wallis nun ein sogenanntes »Dammzerstörungs-Kommitee« zur Seite stellten, dem Wissenschaftler und Waffenexperten angehörten.
Am 11. April 1941 trat dieses »Air attacks on Dams«-Kommitee zusammen. Wallis legte seine ersten Pläne zur Realisierung des Unternehmens vor. Technische Unterlagen über die deutschen

Talsperren entnahm Wallis der archivierten Weltpresse, denn spätestens bei der Einweihung einer neuen Talsperre hatten die deutschen Bauherren es aus verständlichem Stolz nie versäumt, die Konstruktion ihrer Bauwerke bis in die feinsten technischen Einzelheiten zu veröffentlichen.
Die notwendigen Kenntnisse über die Möhnetalsperre fand Wallis in der deutschen Fachzeitschrift »Das Gas- und Wasserfach«, in der der Erbauer Dr. Link im Juli 1932 einen ausführlichen Artikel mit allen Details der Konstruktion der Sperrmauer veröffentlicht hatte. Der Autor hatte auch nicht versäumt, auf die große Bedeutung der Möhnetalsperre für die Industrie im Ruhrrevier hinzuweisen. Gerade diese Abschnitte des Artikels bestärkten Wallis in der falschen Annahme, daß das gesamte Ruhrgebiet vor allem auf das Wasser des Möhnesees angewiesen sei. Wallis übersah bei seinen Überlegungen, daß das westliche Revier sein Wasser aus dem Rhein, das nördliche aber aus dem Raum Haltern erhielt.
Wallis erklärte den Mitgliedern seines Kommitees, daß er gedenke, die Sperrmauern und Staudämme mit Hilfe von Schockwellen zu zerstören, aber die Militärs schenkten ihm keinen Glauben. Wallis versuchte deshalb, seine Theorie an Modellen von Talsperren durch das Experiment zu beweisen. Mit Hilfe eines Dr. Glanville, der in einem staatlichen Versuchslabor für Straßenbau tätig war, wurde eine Reihe von maßstabgetreuen Sperrmauern aufgebaut. Das erste Testmodell entsprach der Mauer des Möhnesees, dem Hauptziel aller Überlegungen von Wallis. Die Kopie im verkleinerten Maßstab 1 : 50 war so genau, daß man sogar das Bruchsteinmauerwerk des Möhnedammes imitierte. Aber diese Bauweise nahm zu viel Zeit in Anspruch und so goß man später weitere Modelle in Beton.
Monatelange Experimente folgten, aber selbst enge Mitarbeiter von Wallis wie Dr. Collins zweifelten daran, daß die echten Dämme überhaupt zerstört werden könnten. Denn die Experimente bewiesen zunächst nur, daß zum Beispiel zur Zerstörung der Möhnesperrmauer eine Bombe von fast 30 Tonnen Gewicht im Wasser direkt vor der Mauer zur Explosion gebracht werden müßte. Eine solche Bombe und ein Flugzeug, das sie hätte transportieren können, existierten aber noch nicht einmal auf dem Reißbrett.
Barnes Wallis gab nicht auf. Er ließ Spezialapparaturen zur Messung seismischer Schwingungen, wie sie durch die Schockwellen einer Explosion ausgelöst werden, an den Damm-Modellen installieren.

In Diagrammen wurden durch diese Versuchsanordnung die Schwingungen des Mauerwerkes auf der Wasser- und der Talseite erfaßt. Diese Versuche brachten Wallis auf die Idee, die Schockwellen, die auf der Wasserseite durch die verdämmende Wirkung des Wassers noch verstärkt werden, für die Zerstörung der Dämme zu nutzen.

Die Versuchssprengladungen bei den Dammodelltests hatten Gewichte von 56 g, 112 g und 224 g Dynamit, die in verschiedenen Abständen und Wassertiefen vor der Modellwand und mit Wandkontakt gezündet wurden.

Versuche an fünfzehn verschiedenen Modellen bewiesen, daß hierzu relativ leichte Bomben mit einem Gewicht von nur 3,5 Tonnen ausreichten. Voraussetzung war allerdings, daß die Detonation direkt an der Mauer erfolgte. Zahllose Sprengversuche, mit wissenschaftlicher Genauigkeit durchgeführt, brachten schließlich den endgültigen Beweis für seine Theorie: Die riesigen Staumauern können vernichtet werden, wenn eine Spezialbombe in einer bestimmten Wassertiefe und in direktem Kontakt mit dem Mauerwerk explodiert und in dem Mauerwerk eine Schockwelle auslöst. Die Mauer wird in Schwingungen versetzt ähnlich den Schwingungen bei einem Erdbeben und dadurch zum Einsturz gebracht. Ein ähnlicher Vorgang ist, wenn ein hoher Ton schließlich ein Sektglas zum Zerspringen bringt.

Ein Großtest an einem ausgedienten Staudamm, dem Nant-y-Gro-Damm, mit 55 Meter Länge und 9 Meter Höhe, ungefähr ein Zehntel der Möhnesperrmauer, überzeugte schließlich die verantwortlichen Militärs und Wissenschaftler. Von diesem Augenblick an standen die Dämme der deutschen Talsperren auf den Listen strategisch wichtiger Ziele obenan. Aber noch waren viele Probleme, wie die Konstruktion einer Bombe, die so zielgenau abgeworfen werden konnte, wie es erforderlich war, und ihr Transport, völlig ungelöst. Auch hierbei entwickelte Wallis neue Ideen.

Vorbild war ihm der Kieselstein, der, im richtigen Winkel auf eine Wasseroberfläche geworfen, einigemale auf ihr hüpft, bevor er versinkt. Die Bombe sollte deshalb die Form einer Kugel erhalten, die – mit der richtigen Geschwindigkeit abgeworfen und vorher in Rotation versetzt – wie ein Stein über das Wasser hüpft und dabei eventuelle Hindernisse, wie zum Beispiel Torpedonetze, überspringt. Wegen solcher Hindernisse war der Einsatz eines Torpedos, der (vom Flugzeug abgeworfen) sich unter Wasser sein Ziel sucht, nicht möglich. Wallis wußte natürlich, daß die Mauer des Möhnesees durch tief ins Wasser reichende stählerne Fangnetze gesichert wurde. Die springende Bombe sollte die zu zerstörende Mauer oberhalb der Wasserlinie treffen, sollte, durch ihre Rotation bedingt, am Mauerwerk herunterrollen und in einer bestimmten Wassertiefe durch einen hydrostatischen, also auf Wasserdruck ansprechenden Zünder zur Explosion gebracht werden. Dies war für Englands Waffenexperten aber so neu, daß sie eine Realisierung sehr bezweifelten.

So neu allerdings war die springende Bombe gar nicht. Schon der englische Seeheld Nelson hatte bei seinen Seegefechten die Reichweite seiner Schiffsgeschütze dadurch vergrößert, daß er in einem flachen Winkel auf die Wasseroberfläche schießen ließ. Zwei deutsche Mathematiker, Cranz und Becker, hatten 1921 diese Praktiken in eine mathematische Formel gefaßt.

Wallis begann mit ersten Experimenten zur Neuentwicklung der Bombe in seinem eigenen Garten. Mit einem kleinen Katapult schoß er Golfbälle auf die Wasseroberfläche eines gefüllten Regenfasses und zog daraus Schlüsse auf die Reichweite des Geschosses.

Bald wurden diese Versuche auf einem großen Wassertank des National Physical Laboratory Teddington fortgesetzt. Alle Tests, die äußerst mühselig waren, wurden genau registriert und auch gefilmt, sobald sie neue Erkenntnisse brachten. Wallis benutzte zunächst eine massive Kugel von zwei Zoll, gleich etwa fünf Zentimeter Durchmesser, für seine Versuche. Auf der Oberfläche des Wassers konnten diese etwa tennisballgroßen Geschosse 150 Meter weit hüpfen, wenn sie vorher in eine entsprechende Rotation versetzt worden waren. Wallis hatte herausgefunden, daß man die Kugel in eine Rückwärtsdrehung versetzen mußte, um sie eine Strecke über das Wasser hüpfen zu lassen. Bei einer Vorwärtsdrehung wäre die Kugel sofort versunken. Wallis erklärte diese Tatsache mit einem Beispiel aus dem Tennissport: Der mit Rückwärtsdrall (backspin) geschlagene Ball steigt senkrecht hoch, während der mit Vorwärtsdrall (topspin) geschlagene Ball zum Boden hin abgefälscht wird.

Auf Grund dieser gelungenen Experimente in Teddington genehmigten die militärischen Stellen endlich den Bau mehrerer kleiner Versuchsbombenkörper. Wallis sagte nach dem Krieg zu diesen Versuchen:

Die beiden schwersten Bomben des zweiten Weltkrieges, »Grand Slam« 10 Tonnen und »Tallboy« 5 Tonnen, beides Wallis Entwicklungen. Sie stehen heute vor dem Forschungszentrum in Weybridge England. Hier konnte Wallis seine Ideen verwirklichen. Die »Grand Slam«, aus 10000 Meter Höhe abgeworfen, erreichte eine Fallgeschwindigkeit von 1400 kmh, drang dabei bis zu 40 Meter tief in das Erdreich ein und erzeugte bei der Explosion erdbebenartige Druckwellen.

Austausch von Informationen bei Sir Barnes Wallis, dem Konstrukteur der Talsperren-Bombe. Von links: Tonmeister Klaus Leber, der Autor Helmuth Euler, der Wallis unbekanntes Fotomaterial vom Torso der Möhnemauer zeigt. Rechts: Wilhelm Nölke.

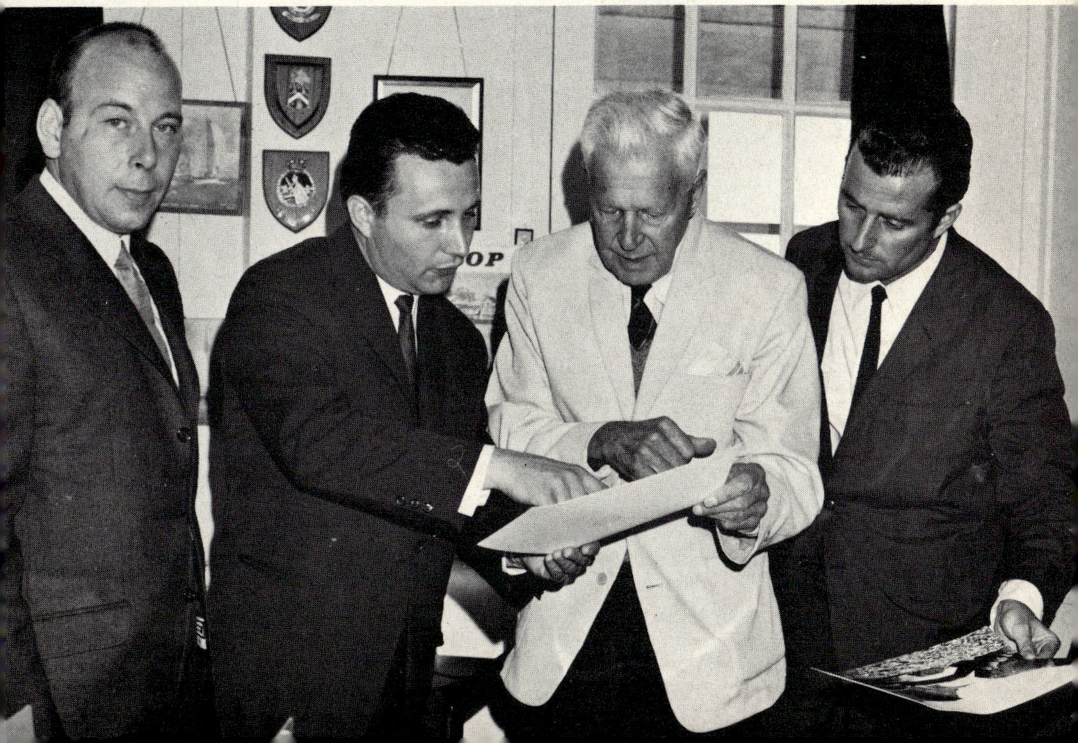

Das erste Möhnedammodell hatte man noch naturgetreu aus Steinblöcken gebaut, doch dann lief die Serienproduktion in Beton. Die mit Schablonen gefertigten Miniaturmauern zeigten bei den Versuchen das gleiche Verhalten wie der gemauerte Damm. Insgesamt entstanden 15 Modelle.

Ein Modell des Möhnedamms, für die Sprengung vorbereitet. In der Mitte ein Seismograph mit einem Fühler an der Dammwand, der das Verhalten der Mauer bei den Tests registriert.

Ausschnitt aus einem Zeitlupenfilm einer geglückten Sprengung an einem Dammodell mit verstärkter Mauerkrümmung. Die Filmgeschwindigkeit betrug 222 Bilder pro Sekunde. Auch die Großversuche am Nant-y-Gro Damm wurden gefilmt, doch versagten im entscheidenden Moment die Kameras.

Die erste nach der Wallis Theorie gesprengte große Beton-Sperrmauer war der ausgediente Nant-y-Gro Damm in Wales, 9 Meter hoch und 55 Meter breit. Nach der Sprengung mit einer in ihrer Ladung genau berechneten Wasserbombe 112 kg TNT stürzte das Wasser ohne Schaden anzurichten in das tiefer gelegene Coban-coch-Staubecken. Der gesprengte Damm ist noch heute zu sehen.

Der gefährlichste britische Bomber des zweiten Weltkrieges, die »LANCASTER«, wurde zum Träger der Rollbombe. Erst Anfang 1943 in Dienst gestellt, baute man 23 Maschinen dieses Typs für das Unternehmen gegen die deutschen Talsperren um. Rolls Royce lieferte die »Merlin 28« Motore, die 1460 PS in 3500 Meter Höhe entwickelten. Daten der Maschine: Besatzung 7 Mann. Höchstgeschwindigkeit 435 kmh. Reichweite 3600 km.

Die Aufhängung für die Talsperrenbombe in V Greifern ist gleichfalls eine Wallis Entwicklung. Bei den Avro Flugzeugwerken lief der Einbau dieser Vorrichtung unter dem Decknamen: »Type 464 Provisioning«. Die Grafik zeigt noch in der Aufhängung die Kugelbombe, den Vorläufer der Zylinderform.

Grafische Darstellung der Bombenaufhängung mit Rotationsantrieb an einer Lancaster. Ein Wallis Design.

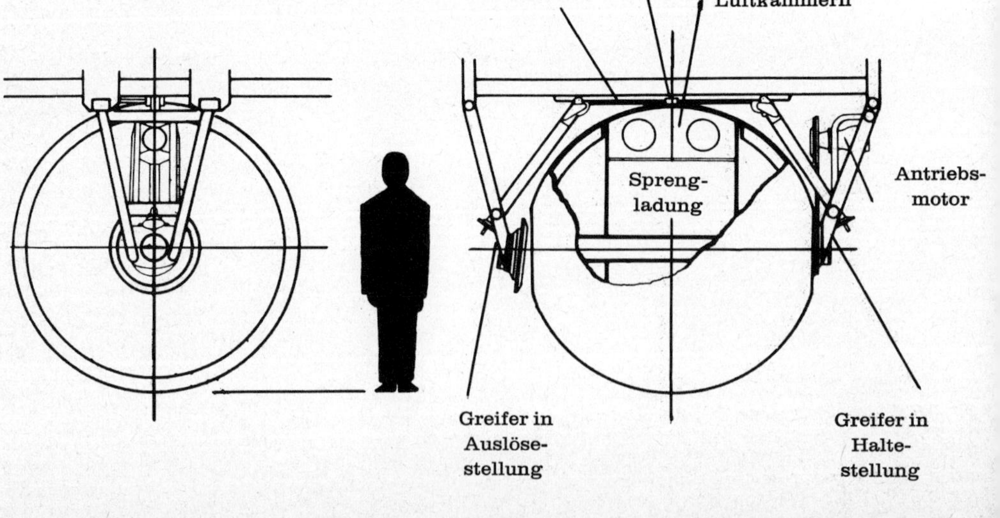

»Hätte die Regierung sofort auf meinen Vorschlag gehört und das Projekt gefördert, so glaube ich, daß der Krieg vorzeitig beendet worden wäre. Denn wir hätten die Dämme sprengen und die Stahlindustrie des Ruhrgebietes ausschalten können, bevor die Deutschen imstande gewesen wären, ihre Schwerindustrie in die Tschechoslowakei und andere osteuropäische Länder auszulagern, außerhalb der Reichweite unserer schweren Bomber.«
Das Oberkommando der Royal Air Force hatte zu diesem Zeitpunkt die deutschen Staudämme als Ziel von hoher militärischer Bedeutung erkannt, aber die englischen Wasserwirtschaftsexperten glaubten immer noch an die Unzerstörbarkeit solch gigantischer Bruchsteinmauern, und die englischen Politiker waren unglücklicherweise nicht genügend wissenschaftlich gebildet, um die große Bedeutung der Talsperren für die deutsche Industrie zu erkennen.«
Ende 1942 schließlich konnte man die ersten Rotationsbomben aus einem Flugzeug abwerfen. Mit seinem Testpiloten Mutt Summers startete Wallis als Bombenschütze am 4. Dezember 1942 in einer umgebauten, schnellen Wellington zu einem Übungswurf an der Küste »Chesil Beach«. An der Maschine hatte man die Bombenschächte teilweise aufschneiden müssen, damit die merkwürdige Bombe geladen werden konnte. Durch diesen Umbau war das typische Flugbild der Wellington so verändert, daß die Flakkanoniere der englischen Küstenwacht die Testmaschine für ein feindliches Flugzeug hielten und das Feuer auf sie eröffneten. Nur mit einigem Glück entging die Maschine auf diesem ersten Flug dem Abschuß.
Über der See drückte Wallis den Auslöser für den Bombenabwurf, nachdem die Bombe vorher in ihrer Halterung durch einen hydraulischen Motor auf eine sehr hohe Umdrehungszahl gebracht worden war. Aber diese erste und einige weitere Versuchsbomben zerplatzten beim Aufschlagen auf der Wasseroberfläche. Höhe und Geschwindigkeit des Flugzeuges sowie die Rotationsgeschwindigkeit der kugelförmigen Bombe waren noch nicht aufeinander abgestimmt.
Zwischen dem 12. und 15. Dezember 1942 fanden erneut Probeabwürfe mit verbesserten Bomben statt, die zwar beim Aufprall auf das Wasser nicht mehr zerplatzten, aber beschädigt wurden. Erst Ende Januar 1943 gelang vor militärischen und wissenschaftlichen Beobachtern mit einem kleinen Versuchsmodell ein zufrieden-

stellender Abwurf. Die Bombe hüpfte wie vorgesehen in weiten Sprüngen über das Wasser.
Ein Beobachter der englischen Marine, der bei diesem Versuch dabei war, erkannte als einer der ersten die großen Möglichkeiten, die in dieser neuen Waffe steckten. Er sorgte dafür, daß Wallis vom Ministerium für Flugzeugproduktion den Auftrag erhielt, zwei Mosquito-Flugzeuge zum Abwurf von kleineren Kugelbomben umzubauen. Auch bei den Versuchen mit verbesserten Bombenmodellen gerieten einzelne immer wieder außer Kontrolle, was dem Kameramann J. Woolls, der die Versuche filmte, fast das Leben gekostet hätte. In knapper Entfernung sauste eine Bombe an ihm und seiner Filmkamera vorbei, während er glaubte, daß dieses aus der Bahn geratene Projektil, das er durch ein Teleobjektiv verfolgte, weit von ihm entfernt seinen Weg nehmen würde. Dieses ungewöhnliche Filmdokument überdauerte den Krieg.
Die zeitraubenden Tests, die zahlreichen Experimente und Versuche im Freien an den Modellen, die Luftbilderkundung am Original-Staudamm und schließlich die Probeabwürfe und Demonstrationen auf See, sowie die zwangsläufig immer größer werdende Zahl von Mitarbeitern und Mitwissern an dem geheimen Unternehmen, dies alles vergrößerte das Risiko, daß auch die deutsche Spionage von den Versuchen und ihrem Ziel hätte erfahren können.
Hinzu kam, daß die Royal Navy die neue Waffe, die eigentlich der Zerstörung der deutschen Talsperren dienen sollte, vorzeitig gegen die großen deutschen Schlachtschiffe »Scharnhorst«, »Admiral Scheer« und »Tirpitz« einsetzen wollte. Diese Schiffe operierten aus dem Schutz norwegischer Fjorde heraus. Dort lagen sie versteckt, von Netzkästen, Nebelanlagen, Flak und Jagdbombern geschützt. Die Navy hoffte, daß ein Angriff aus der Luft mit der neuen Bombe die Schlachtschiffe in ihrem Versteck zerstören könnte.
Die Navy führte Versuche durch, die unter dem Decknamen »Highball« liefen. Als Zielschiff diente die ausgediente »Bonaventura«, die auf Loch Cairnbarn lag. Ein Schiff ist wie ein Damm an seinem Fuß am verwundbarsten, also unterhalb der Wasserlinie. Für solche Angriffe, das zeigten die Versuche, eignete sich besonders gut ein kleineres Modell der Wallis-Bombe, die sogenannte »Sphäre«, die sich funktionssicherer als die großen Bomben erwies, die für die Zerstörung der Dämme gedacht waren. Auch diese Versuche sind in einer Filmdokumentation erhalten. Durch einen weißen

Strich auf den Versuchsbomben konnte genau verfolgt werden, wie im Flugzeug der Bombenkörper in Rückwärtsrotation versetzt wurde und schließlich nach dem Abwurf über die Wasseroberfläche sprang, die Schiffswand traf und in der vorgesehenen Wassertiefe explodierte.

Die von der Marine getesteten Rotationsbomben kamen allerdings zunächst nicht zum Einsatz. Man befürchtete, daß durch ihren Abwurf auf deutsche Schiffe dem Gegner das Geheimnis der neuen Waffe hätte bekannt werden können, was wiederum auf deutscher Seite eine verstärkte Sicherung der Talsperren gebracht hätte. Der Angriff auf die deutschen Staumauern sollte aber wegen der Bedeutung dieser Ziele zum ersten Einsatz für die neue Waffe werden.

Die englische Marine konnte – wenn auch später – trotzdem einen großen Erfolg mit einer Wallis-Bombe feiern. Am 12. November 1944 gelang ihr im Tromsö-Fjord die Vernichtung der »Tirpitz«, des größten deutschen Schlachtschiffes. 28 fünf Tonnen schwere, sogenannte »Tallboys« wurden auf die »Tirpitz« abgeworfen. Zwei von ihnen trafen und zerstörten das Schiff.

Am 2. Februar 1943 endlich erhielt Wallis die Erlaubnis, einige der neuen schweren Lancasterbomber für seine Zwecke umzubauen. Nur dieses Flugzeug war geeignet, die große Rollbombe bis nach Deutschland hinein zu transportieren. Zu diesem Zeitpunkt stand Barnes Wallis bereits unter erheblichem Zeitdruck. Er wußte aus jahrelangen Studien, daß die Talsperren in den Monaten März bis April bis zum Überlaufen gefüllt waren und dies also die beste Zeit für einen wirkungsvollen Angriff sein mußte. Da kam am 10. Februar eine für Wallis enttäuschende Nachricht: Alle seine Versuche und das gesamte Unternehmen wurden von höchster Stelle gestoppt.

Wallis überlegte, wie er die Militärs und Politiker trotzdem noch einmal für sein Vorhaben gewinnen könnte. Er kam auf den Einfall, über seine Tests in der Versuchsstation in Teddington einen Film herstellen zu lassen und die Gegner seines Planes damit zu überzeugen.

In den Wassertank der Versuchsanlage wurden zwei Kammern eingebaut, eine für die Scheinwerfer, die zweite für die Kamera, die das Verhalten der Versuchskugel an der Modelldammwand festhalten sollte. Nach dem Katapultstart hüpfte die Kugel wie vorgesehen über die Wasseroberfläche, prallte gegen die Wand und rollte im Wasser an ihr herunter. Das alles wurde in der Zeitlupe aufgenommen. In das Filmdokument nahm Wallis auch die erfolgreichen Abwurfversuche über der See auf, um zu beweisen, daß auch die Praxis hielt, was der Modellversuch versprach.

Am 19. Februar war der Film fertiggestellt und erlebte seine Premiere vor höchsten Militärs der Seestreitkräfte und der Luftwaffe. Unter den Zuschauern waren der Erste Seelord Admiral Sir Dudley Pound und der Chef der britischen Luftstreitkräfte, Marshal of the RAF, Sir Charles Portal. Auf der Leinwand erschien der Titel des Films: »Streng geheimer Versuch Nummer eins«. Dann sah man einen Wellington-Bomber im Tiefflug über der See, in der Nähe eines Strandes. »Das ist Chesil Beach«, erklärte Wallis, »bitte achten Sie auf die rotierende Kugel unter dem Rumpf der Wellington«. Ein Blitz leuchtete im Cockpit auf und signalisierte den Abwurf der Stahlkugel, die jetzt auf die Meeresoberfläche fiel und in zwölf Sprüngen über das Wasser hüpfte, bevor sie versank.

Eine zweite Vorführung des Films fand am 22. Februar 1943 in High Wycombe statt, dem Hauptquartier des Bomberkommandos. Air Marshal Arthur Harris, auch »Bomber«-Harris genannt, wollte den Film erst nicht sehen und sagte, daß er keine Zeit für diese »verdammten Erfinder« habe. Seine Abneigung gegen den Plan von Wallis ließ sich so erklären, daß Harris selbst zur Strategie des Flächenangriffs mit großen Bomberflotten neigte und nicht, wie Wallis, zu Präzisions-Angriffen auf Einzelziele, wie zum Beispiel die Talsperrendämme.

Auch diese Filmvorführung war so geheim und vor so ausgewähltem Kreis durchgeführt worden, daß kein Geringerer als der Air Vice Marshal Saundby den Filmprojektor bediente. Bei der Vorführung wurden viele Zwischenfragen zu technischen Einzelheiten des Projektes gestellt. Eine endgültige Entscheidung über die Weiterführung fiel noch nicht.

Erst am 26. Februar 1943 gab es von oberster Stelle endlich den Befehl zur Fortsetzung des Unternehmens, das von diesem Augenblick an unter dem Decknamen »Chastise«, das heißt »Züchtigung«, lief. Selbst Winston Churchill, Premier des Kriegskabinetts, hatte begeistert zugestimmt.

Jetzt wurde auch der Termin festgelegt, wonach die Dämme im Mai bombardiert werden sollten, obwohl bis dahin noch viele Probleme

zu lösen waren. So mußte in einem Zeitraum von nur acht Wochen die neue Bombe getestet und produziert werden, außerdem eine Spezialstaffel, aus Bombern vom Typ Lancaster gebildet, Zeit genug haben, um genügend Übungsflüge durchführen zu können.
Die erste große Rollbombe, bei Flut am Strand von Reculver ausprobiert, versank sofort beim Aufprall auf das Wasser. Anfang April arbeitete die neue Rollbombe, die jetzt den Namen »Upkeep« trug, immer noch nicht einwandfrei. Da inzwischen auch in England hochwertiger Stahl, wie er zur Herstellung der Kugelbombe gebraucht wurde, knapp war, mußte man von der eigentlich geeigneteren Kugelform zu einer zylindrischen Form übergehen. Die neue Form erforderte wegen der Genauigkeit beim Abwurf ein tieferes und deshalb gefährlicheres Anfliegen der Abwurfstelle.
Um dem Metallzylinder der Bombe wieder eine Kugelform zu geben, ummantelte man ihn zunächst mit Holz. Aber beim Aufschlag zerplatzten diese Modelle, manche wurden deformiert oder sprangen nicht einwandfrei über das Wasser. Mit immer neuen Materialien wurden die Versuche fortgesetzt. Bei einigen Abwürfen zerbrach die Bombe sogar, weil die Flughöhe nicht stimmte. Die Mißerfolge lassen sich im Tagebuch von Wallis nachlesen, aber auch die Begeisterung und Freude bei gelungenen Abwürfen.
»18. April: Drei Bombentests am Strand von Reculver.
Erster Test: taucht ein - taucht wieder auf - versinkt komplett.
Zweiter Test: Flachläufer - bricht auseinander - versinkt komplett.
Dritter Test: taucht ein - läuft voll Wasser - bricht nicht auseinander, aber der Zylinder beschädigt!«
Einen Tag vorher, am 17. April, war Wallis nach einem mißglückten Versuch ins kalte Meer hinausgewatet, um Wrackteile eines geborstenen Modells einzusammeln.
Die Testabwürfe mußten schließlich aus immer niedrigerer Höhe durchgeführt werden, da, wie sich herausstellte, Versuche nur dann Aussicht auf Erfolg hatten, wenn die Lancaster-Bomber in einer Höhe von nur 18 Meter flogen und die rotierenden Testbomben möglichst weich, das heißt in einem spitzen Winkel zur Wasseroberfläche, aufsetzen konnten. Das brachte neue Schwierigkeiten bei der genauen Bestimmung der Flughöhe. Erst am 18. April stellten die Probeabwürfe die Beteiligten zufrieden. Am 19. April schrieb Wallis in sein Tagebuch:

»Zwei weitere Tests! Der erste zufriedenstellend, der zweite eine sehr gute Schau der kleineren Kugelbomben!«
Ein weiterer Abwurf durch eine Mosquito der Navy versetzte Wallis in Begeisterung:
»Ein sehr feiner Lauf! 1.600 Yards, Laufzeit 13 Sekunden, Geschwindigkeit 360 Meilen pro Stunde, 700 Umdrehungen pro Minute, genau wie im Versuchstank, zwölf Aufsetzer!«
Am 29. April, drei Wochen vor dem geplanten Angriff endlich, wurde die jetzt perfekt arbeitende große Zylinderbombe zum erstenmal mit einer scharfen Ladung ausprobiert. Auch mit dem Zünder, der die Bombe in einer bestimmten Wassertiefe zur Explosion bringen sollte, hatte es Schwierigkeiten gegeben. Einmal war der Zünder nicht robust genug, um den Aufschlag der Bombe auf der Wasseroberfläche und gegen die Mauer zu überstehen. Wenn er diesen Erschütterungen jedoch standhielt, dann war er nicht empfindlich genug, um in der gewünschten Wassertiefe zu funktionieren. Schließlich war auch dieses Problem gelöst worden.

Nach dem Abwurf sprang die Zylinderbombe, ein Monstrum von 4,2 Tonnen Gewicht, 152 Zentimeter Breite und 127 Zentimeter Durchmesser in hohen Sätzen sechs bis acht Mal über die Wasseroberfläche, bevor sie im Wasser versank und in der eingestellten Tiefe von 9,70 Meter explodierte. Eine fast 300 Meter hohe Wassersäule stieg aus dem Meer empor und zeigte die ungeheure Sprengkraft, die in der neuen Bombe steckte. Dieses Ereignis, die Premiere der Rotationsbombe, wurde vom Strand und von einem Begleitflugzeug aus im Film festgehalten.
Auch die Aufhängung der Bombe im Lancaster-Bomber war eine Wallis-Entwicklung. Zwei V-förmige Greifer hielten die Bombe so sicher, daß sie auch bei der hohen Rotationsgeschwindigkeit von 500 Umdrehungen in der Minute, in die sie über einen Keilriemen vor dem Abwurf versetzt wurde, nicht ausbrach. Die Auslösung aus den starren Greifern, also der Abwurf, erfolgte über eine elektromagnetische Steuerung. Wallis hatte in die Bombe einen zusätzlichen Zünder eingebaut, der auf eine Laufzeit von 90 Sekunden eingestellt war und die Bombe nach dem Ausklinken vernichten sollte, falls der hydrostatische Zünder versagte. Durch diese zweite Zündvorrichtung sollte verhindert werden, daß in-

takte Rotationsbomben dem Feind in die Hände fallen konnten und einen Nachbau möglich machten.
Schließlich berechnete Wallis auch noch die Zeitspanne, die vergehen mußte, bis sich die Wasseroberfläche nach einem Bombenabwurf wieder beruhigt hatte. Ein zweiter Abwurf war nämlich nur möglich, wenn das Wasser wieder einigermaßen glatt war. Zu hohe Wellen, wie von einer Explosion hervorgerufen, verhinderten das Springen der nachfolgenden Bombe.
Wallis hatte seine Idee von der rotierenden Bombe in die Wirklichkeit umgesetzt. Auf dieser seiner Erfindung basierten später Entwicklungen weit erfolgreicherer Waffen.
Auch in Deutschland hatte man sich schon zu Beginn des Krieges mit der Entwicklung von Wasserrollbomben befaßt. Professor Wagner, der zunächst bei den Junkers-Flugzeugwerken gearbeitet hatte, plante eine rotierende, kegelförmige Bombe. Dieses etwa 600 Kilogramm schwere Projektil sollte aus einem Werfer mit gezogenem Lauf verschossen werden, dadurch seine Drehung erhalten und in einem möglichst kleinen Winkel auf die Wasseroberfläche treffen. Mit dieser Bombe sollte eine Strecke von 550 Meter erreicht werden, die aber für ihren Zweck, die Beschießung feindlicher Schiffe, zu gering war. Deshalb wurde dieser Entwurf nicht weiter verfolgt. Professor Wagner übernahm bei den Henschel-Werken schließlich die Entwicklung der sogenannten Gleitbombe. Der Bau von Rotationsbomben wurde auch deshalb nicht weiter verfolgt, weil man sie vor allem für eine »Schön-Wetter-Waffe« hielt, die bei hohem Seegang 30 bis 50 Prozent ihrer Reichweite verlor und durch die Wellen in ihrer Seitenstabilität ungünstig beeinflußt wurde, was eine große Zielungenauigkeit bedeutete.
Nach dem englischen Angriff auf die deutschen Talsperren förderte das Reichsluftfahrtministerium die Untersuchung und Entwicklung von Rotationsbomben. Eine erste Entwicklung in dieser Richtung war die »Walze«, ein zylindrischer Körper, der an einer gabelartigen Aufhängung einen Raketenmotor trug. Mit einem Elektromotor auf 1000 Umdrehungen in der Minute gebracht, rollte die »Walze« rund 700 Meter auf der Wasseroberfläche, bevor sie versank und in der vorausbestimmten Tiefe detonierte. Weitere Entwicklungen waren die Diskus- und Prismenbombe und schließlich die Kugelbombe »Kurt I«. Diese Waffe sollte Entfernungen von 5.500 Meter in der kurzen Zeit von 24 Sekunden überbrücken. Bei dieser

Geschwindigkeit wäre das Ausweichen eines feindlichen Schiffes unmöglich gewesen. Zwar wurden von dieser Bombe rund 560 Stück hergestellt, doch kamen sie nicht mehr zum Einsatz, da die für ihren optimalen Abwurf notwendigen Hochgeschwindigkeitsflugzeuge nicht mehr fertiggestellt werden konnten.

Guy Gibson und seine 617. Staffel

Die besten Piloten für den großen Angriff – Beschwerden gegen Tiefflug und Fluglärm – Die Möhnesperrmauer in den Midlands – Ein Sperrholzdreieck als Visier – Hilfe vom Variété – Flugplan B 976 – Der Fehlgriff des weiblichen Geheimdienstoffiziers – Der Erfinder darf nicht mitfliegen

Während in England Barnes Wallis die letzten Versuche mit seiner neuen Waffe machte, überflogen in Deutschland Aufklärungsflugzeuge der Royal Air Force regelmäßig die Talsperren und Stauanlagen des Sauerlandes. Im Verlauf dieser fast täglichen Beobachtung fanden die Luftbildauswerter heraus, daß an der Möhnestaumauer die Reihe der Torpedonetze verstärkt und leichte Flak auf den Türmen der Mauer installiert wurde. Die Luftbilder zeigten außerdem, daß der Wasserspiegel des Sees von Tag zu Tag anstieg. Am 20. März 1943 hatte Wallis die Nachricht erhalten, daß für die Zerstörung der deutschen Talsperren eine spezielle Bomber-Staffel aufgestellt werden sollte, die den Stützpunkt Scampton, Lincolnshire, zugewiesen erhielt. Die Avro-Flugzeugwerke hatten den Auftrag erhalten, 23 Lancaster-Bomber für diese Staffel entsprechend den Anforderungen für die neue Rotationsbombe umzubauen.
Schon am 24. März wurde der neue Staffelkapitän, Guy Penrose Gibson, 1918 im indischen Simla geboren und 1943 einer der erfolgreichsten Bomberpiloten der englischen Luftwaffe, Barnes Wallis vorgestellt. Wallis faßte sofort zu diesem mehr als zwanzig Jahre jüngeren Mann Vertrauen, der in 173 Feindeinsätzen bewiesen hatte, daß er fliegen konnte, mutig war und das Glück bisher auf seiner Seite hatte. Wallis schrieb nach dem Zusammentreffen mit Gibson in sein Tagebuch: »Gibson is doing the big job!«
Welches Vertrauen und Ansehen dieser Mann bei der RAF genoß,

geht aus der Tatsache hervor, daß es ihm in nur zwei Tagen gelang, für das geplante Talsperrenunternehmen die Elite der englischen Bomberpiloten in seiner neuen Staffel zu vereinigen. Diese Staffel, die Squadron X, erhielt später die Nummer 617.
Gibson konnte seinen Leuten zunächst nicht verraten, welche Aufgabe sie übernehmen sollten. Er erklärte ihnen lediglich, daß es sich um eine Operation höchster Wichtigkeit, aber auch äußerster Geheimhaltung handele, die möglicherweise den Krieg beenden könnte. Gibson selbst hatte von Wallis zwar in Theorie und Praxis die Funktion der neuen Waffe erläutert bekommen, welche Ziele jedoch damit zerstört werden sollten, das blieb auch dem Chef der Staffel zunächst verborgen.
In Scampton wurden 21 Bomberbesatzungen gebildet, deren Piloten durchweg nicht älter als 25 Jahre waren. Als erstes wurde der Tiefflug mit den Lancaster-Bombern geübt. Es war wie bei der Erstausbildung, nur viel schärfer. Den Besatzungen standen nur acht Wochen Übungszeit zur Verfügung, und so donnerten Tag für Tag und Nacht für Nacht die schweren Maschinen immer dicht über den Baumwipfeln durch die stillen Täler und über die klaren Seen Englands und Schottlands. Wegen des nie endenden Flugbetriebes hagelte es Proteste aus der Bevölkerung, aber auch von militärischen Stellen, die sich über den enormen Lärm und die Gefährdung von Menschen und Maschinen durch den Tiefflug beschwerten.
Der Angriff auf die deutschen Talsperren sollte in einer mondhellen Nacht geflogen werden. Da solche Nächte auf der britischen Insel selten sind, verfiel man auf die Idee, für das Training die Verglasungen der Flugzeugkanzel mit blauer Farbe abzudunkeln, um so am Tage die Nachteinsätze simulieren zu können. Fast täglich wurden auf den Staudamm des Derwent Lakes, nahe Sheffield in den englischen Midlands, Scheinangriffe geflogen. Dazu baute man auf diesem Damm zwei künstliche Türme auf, die die Breite des Ziels darstellen sollten. In einiger Entfernung davor schwamm eine Boje mit einer Fahne, die den Punkt anzeigte, an dem die Übungsbombe abgeworfen werden mußte. Das brachte zunächst einige Probleme, denn von dem Prototyp der Bombe, die zu diesem Zeitpunkt immer noch in der Entwicklung war, wußte man nicht, wie er sich beim Aufschlag auf das Wasser verhalten würde, und ob dabei möglicherweise die eigene Maschine in Gefahr kommen könnte, bei einer

Fluggeschwindigkeit von immerhin 355 Stundenkilometern und einer Abwurfhöhe von nur 18 Metern durchaus denkbar.
Schwierigkeiten beim Zielen und Anvisieren des genauen Abwurfpunktes, dessen Entfernung vom Ziel genau berechnet war, wurden mit Hilfe eines einfachen Sperrholzdreieckes behoben. Schaute man durch ein Loch und sah die beiden Türme auf dem Staudamm deckungsgleich mit Nägeln, die in den Ecken des Dreiecks eingeschlagen waren, so stimmte die Entfernung für den Bombenabwurf. Jeder der 21 Bombenschützen in der Staffel übte so mit dem neuen Visiergerät den exakten Abwurf der Exerzierbomben.
Noch ein Problem blieb für die Piloten der Lancaster-Bomber zunächst ungelöst: genaue Bestimmung und Einhaltung der Flughöhe, die vor dem Abwurf der Bombe eine ganze Weile konstant bleiben mußte. Die bisher gebräuchlichen barometrischen Höhenmesser zeigten Flughöhen unter der 30-Meter-Marke nicht mehr genau an, und die gerade entwickelten Reflexions-Höhenmesser arbeiteten zwar auf offener See genau, nicht aber in von Bergen umschlossenen Tälern. Auch diese Schwierigkeit wurde gelöst, und zwar auf eine verblüffend einfache Weise. Zwei Piloten der neuen Staffel hatten an einem dienstfreien Abend ein Variété besucht. Als während der Show eine Tänzerin von den Lichtkegeln zweier Bühnenscheinwerfer angestrahlt wurde, erkannten sie den Ausweg aus ihrem Problem.
An einer der Maschinen wurde am Bug und am Heck je ein starker Punktscheinwerfer so montiert, daß sich die Lichtkegel in einer Entfernung von 18 Meter schnitten. Wenn die Scheinwerferstrahlen auf der Seeoberfläche unter dem Flugzeug eine Acht bildeten, war die vorgeschriebene Flughöhe erreicht. Auch die anderen Bomber wurden nach den erfolgreichen Versuchsflügen des scheinwerferbestückten Modells nach dem neuen Verfahren ausgerüstet. Zum gleichen Zeitpunkt entdeckte ein Mister Lockspeiser aus dem englischen Luftfahrtministerium nach mathematischen Überlegungen ein ähnliches Verfahren. Er erinnerte sich der Triangulation, der Winkelberechnung, und kam zum gleichen Ergebnis. Die englischen Bomberpiloten allerdings waren über die neue Beleuchtung ihrer Maschinen zunächst garnicht glücklich, denn so bildeten sie in der Nacht für die deutsche Flakabwehr, mit der sie ja rechnen mußten, ein klar zu erkennendes Ziel.
Die Trainingsflüge in England, Schottland und Wales wurden mit

hohem Einsatz durchgeführt. Bei über 2000 Flugstunden fiel eine große Anzahl Übungsbomben. Während der Nachtflüge galt das Hauptinteresse markanten Orientierungspunkten in der Landschaft, wie Eisenbahn- und Straßenbrücken über Flüssen und Kanälen, die sich besonders plastisch in der Dämmerung und dem Gegenlicht des Mondes abzeichnen.

Anfang April trafen Gibson und Wallis abermals zusammen und erst jetzt erfuhr der Chef des neuen Verbandes das Geheimnis der neuen Waffe. Er hatte Gelegenheit, den Testfilm zu sehen, mit dem Barnes Wallis im Februar die letzten Zweifel der Militärs ausgeräumt hatte. Gibson sah in Zeitlupenaufnahmen, wie die Versuchskugel an der Dammwand nach unten rollte. Und in einem anderen Film war auch schon die schwere zylindrische Bombe zu sehen, die aus einer Lancaster fiel.

Jetzt erfuhr Gibson als erster Mann der 617. Staffel endlich, welchem Ziel alle Bemühungen galten. Wallis führte ihn in ein Nebenzimmer, in dem ein Modell der Möhnetalsperre aufgebaut war, der See mit der gesamten Umgebung, maßstabgerecht modelliert nach Kartenmaterial und den Aufnahmen der Luftaufklärung. Gibson war überrascht, daß es sich bei dem Ziel um die deutschen Talsperren handelte und nicht um die großen deutschen Schlachtschiffe wie die »Tirpitz«. Gibson erhielt auch Gelegenheit, dem Test mit scharfen Bomben beizuwohnen.

Seine Besatzungen hatten bisher nur mit Attrappen geübt und auch auf die umgebauten Lancaster-Bomber zunächst verzichten und sich mit einer anderen Version dieses Typs, der Standard Lancaster MK 3, begnügen müssen. Am 2. Mai schließlich gaben drei der umgebauten Bomber eine Generalprobe am Strand von Reculver. Wallis beobachtete die fehlerfreien Abwürfe der neuen Bombe, die seine theoretischen Überlegungen und praktischen Tests voll bestätigten.

Nach und nach trafen sämtliche umgebaute Lancaster-Bomber in Scampton ein, bei denen die Bombenschachttüren entfernt und die Haltevorrichtungen für die Zylinderbomben eingebaut worden waren. Das Flugzeug erhielt die Typenbezeichnung B III Special. Inzwischen bereitete Gibson gemeinsam mit dem Bomberkommando unter Vice Air Marshal Cochrane den Angriff vor. Mit den Navigatoren der einzelnen Schwärme der Staffel wurden die Routen zu den Zielen in Deutschland festgelegt.

Den Flugplan, der die Operationsnummer B 976 trug, hatte man beim Bomberkommando bis in die kleinsten Details ausgearbeitet, damit der Präzisionsangriff, wie er in dieser Größe bisher von der englischen Luftwaffe noch nicht geflogen worden war, möglichst erfolgreich abgeschlossen werden konnte.
Der Plan sah vor, daß 19 von den ursprünglich 21 vorgesehenen Maschinen endgültig zum Einsatz kommen sollten. Zwei Maschinen konnten wegen der Erkrankung der Piloten nicht eingesetzt werden. Gibson selbst sollte an der Spitze von neun Maschinen fliegen, die von den besten Piloten der Staffel gesteuert wurden. Diese neun Maschinen hatten die Aufgabe, zunächst die Mauer des Möhnestausees zu zerstören und anschließend die der Edertalsperre. Eine zweite Gruppe mit fünf Maschinen bekam den Auftrag, einen Ablenkungsangriff gegen den Sorpesee zu fliegen, dessen Damm möglichst zu zerstören und durch auffälliges Verhalten und den Abwurf von Leuchtbomben die deutschen Nachtjäger im Raum um die Sorpetalsperre zu binden. Die dritte Formation schließlich, die ebenfalls aus fünf Maschinen bestand, sollte sich in Reserve halten, später starten als die übrigen und wenn nötig, für sie einspringen.
Aber der Tag des Angriffs, oder besser gesagt, die Nacht des Angriffs, ließ zunächst auf sich warten. Sicht und Wetter entsprachen nicht den erforderlichen Bedingungen. Auch hatte die englische Luftaufklärung festgestellt, daß die Talsperren immer noch nicht vollständig gefüllt waren.
Auf dem Rollfeld in Scampton standen die Lancaster-Bomber bereit, gewartet, vollgetankt und mit ihrer tödlichen Last beladen. Für die Bordwaffen hatte man ausschließlich Leuchtspurmunition geladen, um die deutsche Flakabwehr auf der Staumauer des Möhnesees eher einschüchtern zu können.
Die schweren zylindrischen Rollbomben, die gerade aus der Fabrik kamen, wurden mit äußerster Sorgfalt in die V-förmigen Spezialhalterungen eingehängt. Beinahe wäre es bei diesen Arbeiten zu einer Katastrophe für den Flugplatz Scampton gekommen, durch die das ganze Kommandounternehmen hätte scheitern können. Der aus Britisch-Kolumbien stammende Bombenschütze John Fraser, in der Maschine des Piloten Hopgood, berichtete später über diesen Zwischenfall:
»Jedermann auf dem Flugplatz war fleißig bis zur letzten Minute,

einschließlich eines weiblichen Geheimdienstoffiziers. Als wir die schweren Bomben in die anderen Maschinen einhingen, kletterte diese attraktive blonde Dame, eine Freundin des Piloten Mickey Martin, in dessen Maschine, um auf ihn zu warten. Aus Langeweile spielte sie an verschiedenen Hebeln und zog auf einmal den Griff für den sofortigen Bombennotwurf. Die 4,2 Tonnen schwere Bombe schlug aus eineinhalb Meter Höhe hart auf die Betonpiste auf und hinterließ eine tiefe Spur im Erdreich. Die 200 Mann liefen um ihr Leben, aber die Bombe explodierte nicht, auch nicht durch den eingebauten Zeitzünder. Die Bombe war noch nicht scharf gemacht! Nur langsam und zögernd kamen die Leute wieder aus den Splittergräben zum Vorschein. Die Bombe wurde erneut eingehängt.«

Am 15. Mai war Barnes Wallis von Weybridge aus in einer Rot-Kreuz-Wellington nach Scampton geflogen. Schon auf dem Rollfeld wartete Gibson auf ihn, um mit ihm die gerüsteten Maschinen zu besichtigen. Mit den weit aus dem Rumpf herausragenden Bomben glichen die Flugzeuge Dampfwalzen und wurden auch vom Bodenpersonal scherzhaft so genannt. »Scampton Steamrollers«.

Die Wettersituation besserte sich, und der Angriff wurde auf den 17. Mai festgelegt. Über dem Flugplatz in Scampton lag schon seit Wochen eine totale Nachrichtensperre, aber erst jetzt, einen Tag vor dem Angriff, wurden auch die Besatzungen mit dem Ziel in Deutschland vertraut gemacht. Gibson erklärte seinen Leuten auf einer letzten Lagebesprechung die Angriffsziele anhand von Karten, Fotos und Modellen. Alle hatten noch einmal Gelegenheit, sich die Details genau einzuprägen. Hinter verschlossenen Türen berichtete Wallis persönlich den Besatzungen über die Wirkungsweise der Bomben und ihre Zerstörungskraft an den Staumauern. An diesem Tag, dem 16. Mai, traf auch die letzte der umgebauten Lancaster-Maschinen in Scampton ein und konnte für den Angriff vorbereitet werden. Noch am Abend dieses Tages sollten die Bomber starten. Wallis wäre am liebsten selbst in der Maschine von Gibson mitgeflogen, was ihm aber von höchster Stelle untersagt wurde. Die Militärs fürchteten die mögliche Gefangennahme dieses Mannes, der über so viele Kenntnisse verfügte.

Die Lancaster-Bomber warteten in ihren Bereitstellungen in den Formationen, die der Plan für sie vorsah, die erste Formation mit neun Maschinen, die in drei Wellen und in zehnminütigem Abstand starten sollten. Die ersten drei Flugzeuge mit den Piloten Gibson,

Hopgood und Martin, die nächsten drei mit Young, Astell und Maltby, und die letzten drei Maschinen schließlich mit Maudslay, Knight und Shannon. Diese Neun hatten den Möhnedamm anzugreifen. Nach dessen Zerstörung sollten diejenigen, die noch über eine Bombe verfügten, einen Angriff gegen die Edertalsperre fliegen.

Die zweite Formation aus fünf Maschinen sollte dicht hintereinander starten. Ihre Piloten hießen McCarthy, Byers, Barlow, Rice und Munro. Sie sollten die feindliche Küste auf einer nördlichen Route überfliegen, die Sorpe angreifen und dort die deutsche Abwehr binden.

Die dritte Formation von Lancaster-Bombern schließlich sollte sich als Reserve bereithalten, erst später starten und dort eingreifen, wo Maschinen der ersten und zweiten Formation ausfielen. Die Piloten der fünf Maschinen waren Townsend, Brown, Anderson, Ottley und Burpee.

Der Augenblick des Starts rückte immer näher. Kurz vorher hatte Commander Gibson sich mit seiner Mannschaft noch einmal vor seiner eigenen Maschine, sie trug den Buchstaben G, für ein Foto bereitgestellt, das ein Kriegsberichterstatter aufnahm, ein Dokument dieses bevorstehenden Fluges, von dem so viele nicht zurückkehren sollten.

Der Angriff

133 Mann auf dem Weg nach Deutschland – Hochspannungsleitungen als Flugzeugfallen – Guy Gibsons Bericht – Die Möhnesperrmauer zerbricht – Erfolg am Edersee – Briefe für 56 Tote – Statistik einer Katastrophennacht

Die Nacht vom 16. zum 17. Mai 1943 auf dem englischen Luftwaffenstützpunkt Scampton. Um 21.39 Uhr stieg aus der Lancaster von Guy Gibson eine rote Leuchtkugel hoch, das Zeichen zum Start. Der Angriff gegen die deutschen Staudämme hatte begonnen.

Die erste Formation von neun Maschinen rollte aus der Bereitstellung auf die Startbahn. Zuerst hoben drei Maschinen mit den Codebuchstaben G, M und P ab, geführt von Gibson selbst. Um 21.47 Uhr folgten die Bomber A, J und L, um 21.59 Uhr die mit den Buchstaben Z, B und N.

Kurze Zeit vor dieser ersten Gruppe waren bereits die vier Lancaster gestartet, die als zweite Formation im Zielgebiet eintreffen sollten, aber wegen eines längeren Anflugweges schon eher Scampton verlassen mußten, die Maschine E um 21.28 Uhr, K um 21.30 Uhr, H um 21.31 Uhr, W um 21.39 Uhr. Schließlich um 22.01 Uhr, nachdem sämtliche Flugzeuge der ersten und zweiten Angriffswelle Scampton bereits verlassen hatten, startete mit Verspätung die fünfte Lancaster T.

Die Maschinen der dritten Formation, die sich als Reserve beim Ausfall von Maschinen der beiden ersten Wellen zur Verfügung halten sollten, starteten kurz nach Mitternacht: die Lancaster mit der Codebezeichnung C um 00.09 Uhr, S um 00.11 Uhr, F um 00.12 Uhr, O um 00.14 Uhr und Y um 00.15 Uhr.

Die englische Flugleitung hatte aus Gründen der Geheimhaltung selbst bei den eigenen Stellen als Grund für diesen Start ein falsches Ziel angeben. Angeblich sollte die 617. Staffel zu einem wichtigen Übungsflug starten, der als Abschluß eines langen Trai-

Die kugelförmige dammbrechende Bombe, der Vorläufer der Zylinderform, löst sich aus einer Lancaster bei einem Versuch an der Küste von Reculver. Mit diesen Filmaufnahmen als Beweis der Richtigkeit seiner Theorien konnte Barnes Wallis die Militärs überzeugen.

Luftbild der Möhnetalsperre mit dem Kraftwerk vor der Mauermitte, das durch den Bombenfehlwurf Hopgoods zerstört wurde.

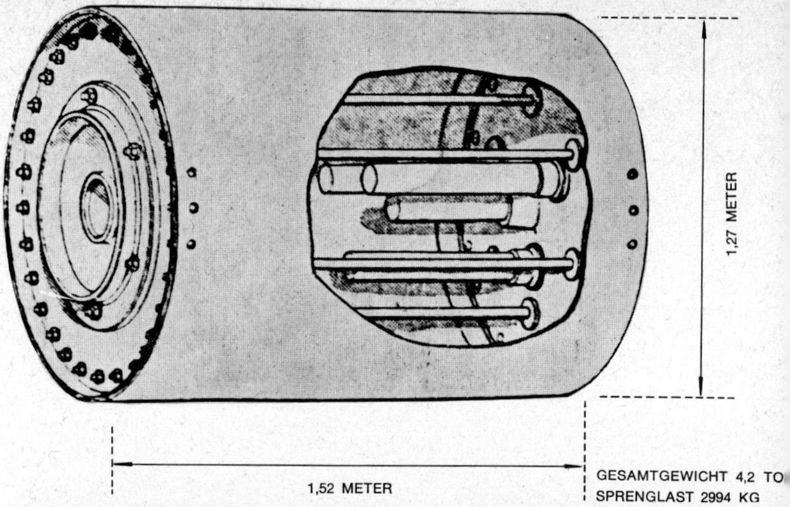

Querschnitt durch die Wallisbombe mit den hydrostatischen Zündern. 50 dieser Bomben sind produziert worden.

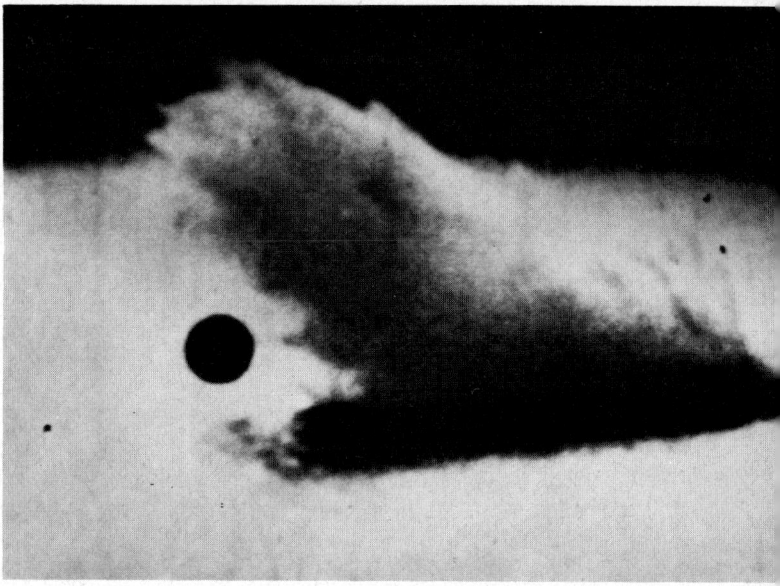

Nach der Berührung mit der Wasseroberfläche steigt die Wallis Bombe wieder auf und überbrückt in gewaltigen Sätzen hunderte von Metern.

Die Grafik zeigt die Angriffsmethode der springenden Rollbomben.

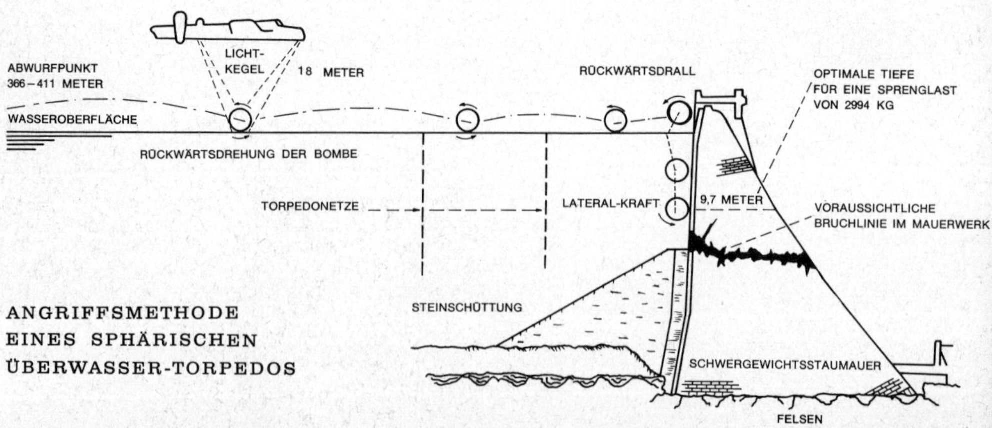

ANGRIFFSMETHODE
EINES SPHÄRISCHEN
ÜBERWASSER-TORPEDOS

Der Leiter des Angriffs: Guy Penrose Gibson, höchst dekorierter Bomberpilot des zweiten Weltkrieges. Als er Barnes Wallis vorgestellt wurde, schrieb dieser in sein Tagebuch: »He ist doing the big job«.
Wing Commander Guy Gibson Träger des V.C.,D.S.O. AND BAR, D.F.C.˙ AND BAR

Von links Pilot Offizier D.W. Clayton, Squadron Führer D. J. Maltby, der den Möhnedamm zerstörte, und rechts Flight Lieutenant H.B.Martin.

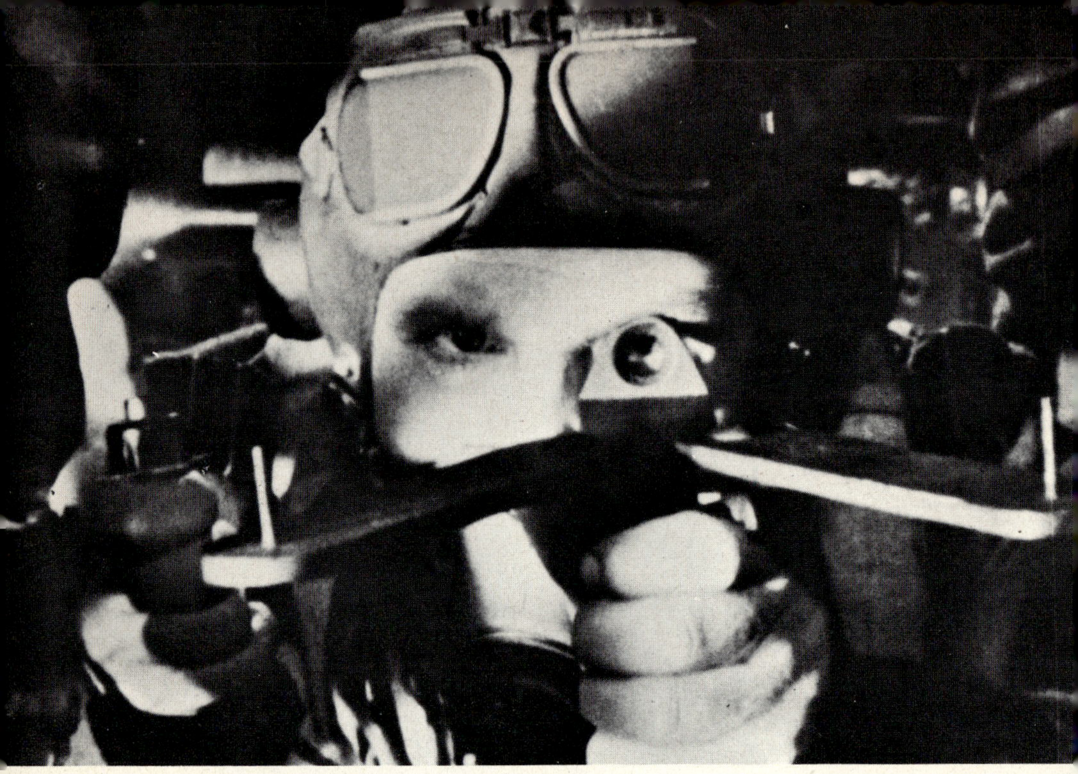

Ein einfacher Sperrholzwinkel mit 2 Bolzen an den Enden diente den Bomberpiloten als Zielvisier. Links der Auslöser für den Bombenabwurf.

Nach mir die Sintflut. Dieser der Madame Pompadour zugeschriebene Ausspruch umrahmt das Wappen des 617. Squadron. Sein Symbol ein gesprengter Damm.

Die Flieger der RAF, die die deutschen Dämme bombardierten. Das Bild zeigt von links nach rechts australische Flieger: F/Leutn.R.C.Hay, DFC ..P/O C.L.Howard.. F/Leutn.D.J.Shannon D.F.C...F/Leutn.J.F. Leggo D.F.C...P/O F. M.Spafford D.F.M. F/Leutn.H.B.Martin, D. F.C...P/O Les Knight, er zerstörte die Edermauer, und Sgt. Kellow.

Wallis »springende Bombe« in der Spezialaufhängung an Gibsons Maschine G. Mit Hilfe eines Keilriemens wurde sie an Bord in Rotation versetzt. Dies ist das einzige Foto einer Originalbombe, deren Konstruktion bis 1963 geheim gehalten worden war.

Guy Gibson (auf der Leiter) und seine Mannschaft kurz vor dem Start, ein Dokument dieses historischen Fluges.

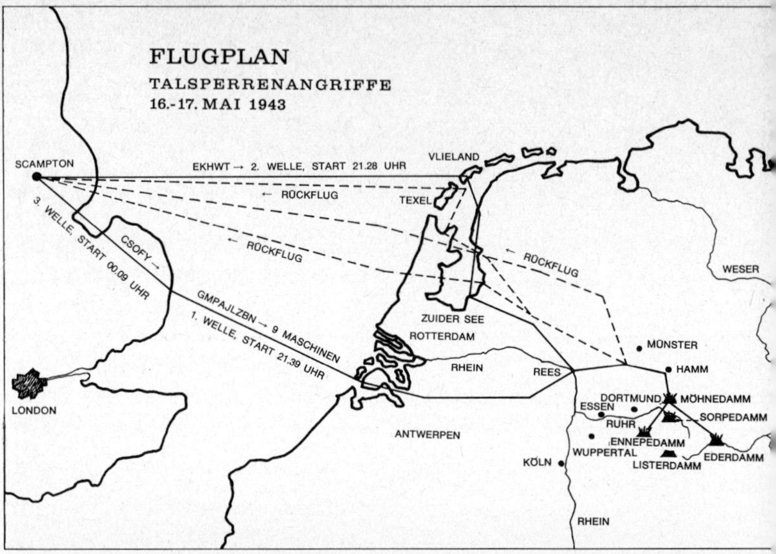

Der Flugplan zeigt den An- und Rückflug der 19 Lancaster Bomber gegen die Talsperren. Perfektes Timing war die Voraussetzung für den Angriff. Die Nähe der Staudämme zueinander begünstigte das Kommandounternehmen.

Auf dem Nordturm des Möhnedamms steht aufgelehnt am 2 cm Flakgeschütz Unteroffizier Karl Schütte. Nach der Verleihung des E.K.2 für den Abschuß eines Lancaster Bombers (weißer Ring am Geschützrohr) entstand dieses Foto für das Familienalbum. Am Talrand liegen die durch die Mauerbresche herausgespülten Torpedofangnetze.

Links der Autor der »Geheimen Katastrophen« Helmuth Euler beim Interview auf dem Möhnesee mit dem damaligen Flakunteroffizier Karl Schütte, der die Lancaster Hopgoods abschießen konnte.

ningsprogramms zur Zerstörung des deutschen Schlachtschiffes Tirpitz gedacht sei.
Langsam, schwerfällig und scheinbar nur zögernd hatten sich die schweren Flugzeuge von der Rollbahn erhoben. Jeder der Lancaster-Bomber war mit einem Gewicht von zehn Tonnen beladen worden, mit 5.000 Liter Flugbenzin, mit Munition und der schweren Rollbombe, beladen bis an die Grenze des Möglichen. 133 Männer aus verschiedenen Teilen des Commonwealth, Engländer, Kanadier, Neuseeländer und Australier begaben sich auf den Flug, für den sie monatelang hart trainiert worden waren. Für alle war es ein Himmelfahrtskommando, für dessen guten Ausgang jede einzelne Besatzung eine Portion Glück brauchte. Dröhnend hingen die schweren Viermotorigen in der Luft, näherten sich schnell der englischen Küste. Über dem Ärmelkanal stieg, jetzt noch rötlich schimmernd, vor ihnen der Mond empor, der sie auf dem Weg zu den deutschen Talsperren begleiten sollte. Die Lancaster Bomber rasten zu dritt nebeneinander in gefährlich tiefem Flug über das Wasser, um den Radarstrahlen der deutschen Abwehr zu entgehen und um sich vor den deutschen Nachtjägern zu verstecken.
In dieser sehr hellen Mondnacht hatte das englische Bomberkommando auf jeden weiteren Einsatz seiner großen Bomberflotte verzichtet. Nur ein kleiner Mosquitoverband flog, über die Nordsee kommend, einen Angriff gegen die Reichshauptstadt Berlin. Gegen ein Uhr früh explodierten im Berliner Stadtgebiet einige große Luftminen.
Um 23 Uhr erreichten die anfliegenden Lancaster-Bomber an drei verschiedenen Punkten die holländische Küste. Die verschiedenen Einflugpunkte in das von Deutschen besetzte niederländische Gebiet hatte man gewählt, um die Abwehr zu verwirren. Doch die deutschen Radargeräte hatten die Flugzeuge schon längst erfaßt, schon längst waren Einsatzbefehle an die Flakstellungen und die Einsatzhäfen der Nachjägereinheiten ergangen. Einige vor den Küsten liegende Flakfähren waren bei einem ersten Beschuß ohne Erfolg geblieben. Im Zentrum der deutschen Luftabwehr, in Gilze-Rijen, blieb es völlig unklar, welches Ziel die englischen Maschinen wohl anfliegen würden.
Und schon hatten die englischen Formationen die ersten Ausfälle. Der Bomber mit dem Buchstaben W, der zu der zweiten Gruppe zählte, stellte einen völligen Ausfall seines Funksystems fest und

mußte daraufhin umkehren. Die Maschine H, ebenfalls zur zweiten Formation gehörend, bekam über dem Wattenmeer Wasserberührung und verlor ihre Bombe. Zwei Motore fielen bei diesem Unfall aus, das bedeutete auch hier die Umkehr.
Über der Insel Texel verloren die Engländer die erste Maschine. Gegen 23 Uhr schoß der Flaksoldat Mantell die Lancaster mit dem Codebuchstaben K mit einer Flak des Kalibers 10,5 Zentimeter ab. Seine Kameraden hatten Mantell gewarnt, mit dem schweren Geschütz auf ein so tieffliegendes Flugzeug zu schießen, da er dadurch eine benachbarte Ortschaft gefährden könnte. Die getroffene Lancaster, die von dem Piloten Byers gesteuert wurde, stürzte in das Wattenmeer. Die Bombe explodierte allerdings erst vier Wochen später, sehr zum Schrecken der Bevölkerung von Texel.
Die weiter nach Deutschland vordringenden Flugzeuge orientierten sich an Kanälen und Flußläufen und umflogen dabei die auf ihren Karten eingezeichneten feindlichen Flakschwerpunkte. Unterdessen erhielt ein Landkreis nach dem andern Fliegeralarm, nachdem ein Flaksender die ersten Luftlagemeldungen ausgestrahlt hatte. Über Drahtfunk wurde die Bevölkerung über die Einflüge der englischen Bomber informiert. In den Städten des Münsterlandes und des Ruhrgebietes packten die Menschen ihr Luftschutzgepäck zusammen und suchten in den Kellern Schutz oder machten sich auf den Weg in die großen Luftschutzbunker.
Guy Gibson und die erste Formation, die er führte, waren zunächst vom Glück begünstigt. Die Route dieser Lancaster-Bomber hatte über die Scheldemündung geführt und entlang des Wilhelmina-Kanals bis nach Rees am Niederrhein..
Die größte Gefahr außer der deutschen Flak bildeten für die mit fast 400 km/h dicht über dem Erdboden dahinrasenden Maschinen die Hochspannungsleitungen. Als der Pilot Barlow mit seinem Flugzeug den Scheinwerfern der Flugabwehr ausweichen wollte, rammte er in der Nähe der Ortschaft Haldern südwestlich von Bocholt einen Hochspannungsmasten. Die Lancaster explodierte in einem riesigen Feuerball. Aber die Wallis-Bombe explodierte nicht und blieb unbeschädigt. Halderns Bürgermeister, der den zylindrischen Bombenkörper für ein großes Benzinfaß hielt, stellte sich triumphierend auf die Bombe. Als er später erfuhr, daß er auf 3 Tonnen hochexplosivem Sprengstoff gestanden hatte, soll ihm noch nachträglich übel geworden sein. Politische Gefangene legten die dunkelrot gestri-

chene Bombe frei, Feuerwerker Hauptmann H. Schweizer entschärfte sie und fertigte eine Skizze an. Die Luftwaffenerprobungsstelle Berlin testete diese Rollbombe in Rechlin-Müritzsee.
Auch Flight Lieutenant Bill Astell und seiner Besatzung wurde eine Hochspannungsleitung zum Verhängnis. Bei dem Dorf Marbeck südlich von Borken raste die Maschine in eine 100000 V Starkstromleitung, die in die Niederlande führt. Der Bauer Tücking, der in der Bauernschaft Marbeck einen Hof besitzt, wurde Augenzeuge dieses Unglücks. Er berichtet:
»Es war so gegen halb zwölf Uhr nachts, als ich durch das Geräusch eines tief fliegenden Flugzeuges, das beinahe das Hausdach mitgenommen hätte, aus dem Bett gerissen wurde. Ich lief in den Garten und sah dann, wie ein anderes Flugzeug gegen einen Hochspannungsmasten flog und in Flammen aufging. Der obere Teil des Mastens wurde auf die Wiese des Nachbarhofes Thesing geschleudert. Es gab einen Knall und alles wurde hell. Gleichzeitig gingen bei dem brennenden Flugzeug alle Bordkanonen los. Das Flugzeug schlidderte gerade noch über den Nachbarhof rüber und explodierte dann in einer Wiese. Leuchtmunition ging in alle Richtungen los und unsere Stute mit ihrem Fohlen durchbrach die Zäune. Dann sah ich aus meinem Versteck hinter einer Wand, wie sich aus dem aufgeschlagenen Flugzeug eine feuerrote Kugel löste und 150 Meter weit rollte. (Wahrscheinlich die mit Benzin überflossene und brennende Wallis-Bombe!) Im nächsten Moment gab es eine starke Detonation, als wenn das ganze Haus umfallen würde. Erst nach einer halben Stunde konnten wir uns der Absturzstelle nähern, an der immer noch Munition explodierte. Als wir uns heranwagten, sahen wir in der Nähe des Wracks einen Mann in gebückter Haltung, auf die Hände gestützt, steif und ganz verkohlt. Ein gräßlicher Anblick! Dann gingen wir weiter zu der Stelle, wo die Bombe explodiert war. Auf dem Weg dahin war nichts zu sehen.
Am Rande des Kraters, 150 Meter vom Wrack entfernt, fanden wir drei oder vier junge Flieger tot in dünnem Zeug, ohne äußerliche Verletzungen. Der Bombentrichter war zwölf Meter breit und wahnsinnig tief. Ein in unmittelbarer Nähe stehendes Denkmal mit der Figur des Heiligen Josef wurde wie durch ein Wunder nicht zerstört. Aber im Umkreis von drei Kilometern waren die Dächer abgedeckt, Scheiben und Türen zertrümmert.«
Noch heute finden die Bauern beim Pflügen auf ihren Äckern in

der Umgebung der Absturzstelle Aluminiumteile der verunglückten Maschine. Die Landwirte Thesing und Tücking bestätigten, daß die englischen Maschinen auch auf dem Rückflug so tief flogen, daß man sie mit einem Jagdgewehr hätte abschießen können. Dabei hatten sie hier weder Flak noch Scheinwerfer zu fürchten.

Beim Anflug ins Ruhrgebiet, das die englischen Piloten sarkastisch »Happy Valley« – »glückliches Tal« – nannten, erwischte es auch die Maschine des Kanadiers Burpee. Er wurde von der leichten Flak in der Nähe des Nachtjägereinsatzhafens Gilze-Rijen abgeschossen.

Die südliche Anflugroute der englischen Maschinen hatte über die Oosterschelde auf Roosendaal zu, über Gilze-Rijen, entlang des Wilhelminakanals bis nach Aarle-Rixtel, von dort bis zu einem Treffpunkt mit den nördlicher anfliegenden Maschinen südlich von Rees am Niederrhein geführt. Die nördliche Route verlief über Vlieland, Texel, Stavoren, das Ijsselmeer, Harderwijk in Richtung Rees. Hier vereinigten sich die Wege der Formationen über Dülmen, nördlich an Hamm vorbei in Richtung auf die Talsperren zu.

Trotz aller Vorsicht gerieten die Bomber immer wieder in starkes Abwehrfeuer der leichten 2 cm Flak und in die Sperriegel der Scheinwerferbatterien. Die schweren Geschütze vom Kaliber 8,8 und 10,5 cm konnten jedoch nicht eingesetzt werden, da die Lancaster zu tief flogen. Die alarmierten deutschen Nachtjäger wiederum erwarteten die englischen Maschinen in zu großer Höhe und konnten sie dort nicht finden. Die Bomber waren dunkel gestrichen worden, damit sie aus höher fliegenden Flugzeugen nicht über dem dunklen Erdboden erkannt werden konnten. Vor allem zwischen Dorsten und Haltern gab es einen stark ausgebauten Sperrgürtel, bei dessen Überfliegen die Engländer immer wieder von starken Scheinwerfern erfaßt wurden.

Zu dieser Zeit herrschte auf Schloß Schwansbell in der Nähe von Lünen, wo eine Flakleitzentrale untergebracht war, Hochbetrieb. Hier vermutete man, daß die vom Niederrhein anfliegenden Maschinen den Auftrag haben könnten, Kanäle und Schleusen anzugreifen. Als diese Nachricht schließlich die schwache deutsche Abwehr an der Möhnetalsperre erreichte, wurde sie gar nicht für ernst genommen. Zu oft schon hatte es in der Vergangenheit ähnliche Meldungen gegeben, die sich dann später als unzutreffend herausstellten. Am Möhnesee vermutete man, daß für dieses Gebiet keine Gefahr bestand, zumal auf dem nahegelegenen Flughafen Werl die Nachtflugschulung weiterlief, bei voller Beleuchtung des Fluggeländes. Hier hätte man den Flugbetrieb sicherlich eingestellt, so dachte man an der Möhnesperrmauer, wenn mit ernsthaften Angriffen gerechnet worden wäre.

Zu diesem Zeitpunkt flog Gibson im Raum von Borken, flankiert von den Maschinen von Mickey Martin und Hoppy Hopgood. Plötzlich erfaßte Scheinwerferlicht die Maschinen. Gibson konnte an den neben ihm fliegenden Bombern deutlich wie eine Lichtreklame deren Kennzeichen ausmachen. Einen Moment später aber hatten die Bordkanonen von Hopgood die deutschen Scheinwerfer zum Erlöschen gebracht.

Bald darauf näherten sich die Lancaster der Stadt Hamm, deren großer Verschiebebahnhof vorher schon oft das Ziel englischer Bombenangriffe gewesen war. Im Abschnitt zwischen Werl und Soest blieb es ruhig, aber Gibson mußte sich daran erinnern, daß er im Jahre 1940 hier fast einmal abgeschossen worden wäre. In rasendem Tiefflug näherten sich die Maschinen dem Möhnesee, dicht über den Wipfeln der Bäume, so daß durch die Luftwirbel, die die Flugzeuge verursachten, Äste aus den höheren Bäumen herausgebrochen wurden. Über den ersten Bergen des Sauerlandes schließlich sammelten sich die englischen Bomber zum Angriff.

Alle Flugzeuge standen untereinander in Funkkontakt, hier allerdings zum erstenmal über UKW-Sprechfunk, wobei sämtliche Gespräche, Befehle und Meldungen unverschlüsselt in vollem Klartext durchgegeben wurden. Die sogenannte Masterbomber-Technik wurde hier über den Staudämmen zum erstenmal von der englischen Luftwaffe praktiziert. Sie sollte später bei Angriffen auf viele deutsche Städte wieder verwendet und auch Gibson selbst einmal zum Verhängnis werden.

Wing Commander Guy Gibson schilderte später den Angriff in seinen Erinnerungen, die unter dem Titel »Enemy Coast ahead« – »Feindküste in Sicht« 1946 gedruckt erschienen. Dieses Buch enthält manchen Fehler, sowohl in technischer wie auch in militärischer Hinsicht. Vieles davon ist auf die 1946 noch geforderte Geheimhaltung und die damals auch Gibson noch unbekannten Einzelheiten zurückzuführen. In diesen Erinnerungen schreibt Gibson:

»Nachdem wir eine Anhöhe überflogen hatten, tauchte zuerst der Möhnesee im glitzernden Mondlicht auf und dann auch der Damm. In diesem Licht sah er gedrungen und schwer aus, uneinnehmbar.

Unbeweglich, grau gezogen wirkte er wie ein Teil der Landschaft selbst, mit einer Konstruktion wie ein Schlachtschiff, das mit der ganzen Breitseite feuerte. Aus der Nähe des Kraftwerkes griffen Leuchtspuren nach uns. Zum Glück waren keine Scheinwerfer da. Es war leichte Flak, die mit grüner, gelber und roter Leuchtspur schoß, deren Lichter sich auf der Wasseroberfläche spiegelten. Diese Reflexionen ließen die Abwehr doppelt so stark erscheinen, als sie in Wirklichkeit war. Er war sehr schwer zu sagen, wieviele Geschütze aufgestellt waren, denn die Leuchtspuren schienen aus fünf verschiedenen Positionen zu kommen. Es war auch schwer festzustellen, mit welchem Kaliber geschossen wurde, aber nachdem einer der Jungens getroffen worden war, informierte man uns über das Radio-Telefon, daß es sich um zwanzig- oder dreißig-Millimeter-Geschosse handeln müsse, und das sind bekanntlich scheußliche kleine Dinger.«
»Wir umkreisten vorsichtig den See. Ich rief alle Mitglieder meiner Formation und mußte zu meinem Erstaunen feststellen, daß sie alle das Zielgebiet erreicht hatten mit der Ausnahme von Bill Astell. Weiter südlich hatte gerade Joe McCarthy an der Sorpe mit dem Ablenkungsangriff begonnen. Für den gleichzeitigen Sorpeangriff hatte es schon Ausfälle gegeben, denn auf dem Anflug waren Byers und Barlow von der leichten Flak abgeschossen worden. Diese Verluste wurden sofort durch die fliegende Reserve ersetzt.«
»Unter uns jetzt der Möhnesee, still schwarz und tief! Und ich sprach an meine Männer: ›Nun gut Boys, wir wollen den Ball rollen lassen, leidenschaftslos! Piloten, Achtung, ich starte den Angriff! Seien Sie bereit und greifen Sie auf meinen Befehl an!‹ Dann zu Hoppy Hopgood in der Maschine M: ›Stehen Sie bereit, wenn mir irgendetwas passiert!‹ Hoppys klare und ruhige Stimme kommt zurück: ›Okay Chef, viel Glück!‹ Dann verschwinden die anderen Maschinen in den vorher abgesprochenen Verstecken über den Bergen des Arnsberger Waldes, so daß sie weder aus der Luft noch vom Boden aus zu sehen waren.«
»Wir drehten nun auf Angriffsposition und zogen eine weite Schleife herunter auf das Ostufer des Sees. Wir flogen jetzt geradeaus und sanken immer tiefer auf das dunkle Wasser, das vor uns lag. Durch die Kanzelverglasung sah man jetzt immer deutlicher die Dammsilhouette im Dunst des Möhnetales und dann auch die Türme auf uns zurasen. ›Wir kommen gut herein!‹ sagte der Bombenschütze Spam, der ein wenig Angst bekam, als die Maschine fast einige

Bäume streifte. ›Es ist alles in Ordnung, Spam!‹ sagte ich ›Wir haben jetzt ungefähr die Höhe! Probier mal die Höhe, Terry!‹ – ›Exakt 18 Meter!‹ kam die Antwort. Zu Pulford, dem Flugingenieur: ›Geschwindigkeitskontrolle!‹ Zu Trevor: ›Alle Waffen bereit!‹ Terry schaltete die Scheinwerfer an und gab dann von seinem Beobachtungsposten Anweisung: ›Tiefer, tiefer, tiefer! Ruhig, ruhig!‹ Und dann hatten wir genau 18 Meter Höhe!«

»Die Flaksoldaten sahen uns jetzt kommen, da sie uns aus einer Entfernung von zwei Meilen mit den leuchtenden Scheinwerfern erkennen konnten. Nun begannen sie zu schießen, und die Leuchtspur schwirrte uns entgegen, einige Geschosse sprangen sogar über das Wasser. Das war ein furchtbarer Moment! Wir wurden vorwärts gestoßen mit fast vier Meilen Geschwindigkeit pro Minute, fast gegen unseren Willen, den Dingen entgegen, die wir zerstören sollten.«

»In diesem Moment glaubte ich, die anderen würden diesen Angriff nicht riskieren. Auch ich war einen Moment unschlüssig, ich dachte darüber nach: In einer Minute sind wir alle tot! Und ich dachte es noch ein zweites Mal. Es ist schrecklich dieses Angstgefühl, und es ist Angst!«

»Jetzt waren wir noch einige hundert Meter vom Ziel entfernt. Ich sagte schnell noch zu Pulford durch meine Sauerstoffmaske: ›Laß besser den Gashebel weit offen und steh bereit, um mich aus meinem Sitz zu ziehen, wenn ich getroffen werde!‹«

»Die Lancaster flog unheimlich schnell! Der Bombenschütze Spam hatte das Zielgerät vor Augen und die Hand am Bombenauslöser. Ein Spezialmechanismus an Bord der Maschine hatte bereits die Bombe in Rotation versetzt. Es war etwas Unheimliches an der ganzen Operation: Mein Flugzeug war so winzig klein gegen den riesigen Damm!«

»Der Bombenschütze sagte: › Links, ein bißchen mehr links! Ruhig, ruhig, jetzt kommts...‹ Von den nächsten wenigen Sekunden erinnere ich mich nur noch an eine Serie kaleidoskopischer Eindrücke: Das Rattern von Joes Cockpit-Kanone, die den linken Dammturm mit Geschossen eindeckt. Pulford kriecht zu mir. Der Geruch von verbranntem Pulver, der kalte Schweiß unter meiner Sauerstoffmaske! Leuchtspur zischt am Kabinenfenster vorbei, jetzt alles die gleiche Farbe, und die ungenauen Schüsse der Flak unterhalb der Sperrmauer, die alle in der falschen Richtung liegen. An die Nähe des Dammes, Spams Ausruf: ›Bombe ausgelöst!‹ Hutches Leuchtrakete, um die

Leute auf den Geschützen zu blenden, die Geschwindigkeit der ganzen Operation und wie jemand über Bordfunk sagt: ›Gute Show, Chef, nette Arbeit!‹ Und dann war alles vorbei und wir waren schnell aus der Reichweite der Flak!«

»Ein tiefes Gefühl des Vertrauens und der Zuversicht überfiel uns alle. Trevor beschoß den Damm noch aus dem Heckstand, während wir abdrehten. Noch im Moment des Abdrehens sahen wir eine 300 Meter hohe Wassersäule aus dem Möhnesee aufsteigen, die längere Zeit in der Luft hing, da wo unsere Mine explodierte. Zuerst dachten wir, der Damm sei gebrochen, da sich große Wassermassen über die Dammkrone schoben, wie bei einem überlaufenden gigantischen Schwimmbassin. Es gab einige Verzögerungen, denn wir mußten warten, bis sich das Wasser wieder beruhigt hatte. Die Rollbomben konnten nur bei ruhigem Wasser abgeworfen werden. Wir warteten zehn Minuten, die uns wie Stunden erschienen!«

»00 Uhr 27 explodierte die erste Bombe am Möhnesee. Jetzt war Hoppy Hopgood mit M an der Reihe, als nächster anzugreifen. Hopgood, ein ruhiger Engländer, begann seinen Angriff genau da, wo auch wir vor wenigen Minuten über den Baumwipfeln begonnen hatten. Wir sahen seine Spotscheinwerfer ganz deutlich, wie sie sich auf der Wasserfläche immer mehr näherten und eine Acht bildeten. Die deutsche Flak eröffnete wieder das Feuer, zumal sie jetzt wußte, aus welcher Richtung der Angriff geflogen wurde. Und sie feuerte aus allen Rohren! Und als er noch einige hundert Meter vom Damm entfernt war, rief jemand über Sprechfunk: ›Verdammt noch 'mal! Er ist getroffen!‹ Ein unglücklicher Schuß traf den inneren Benzintank und eine lange orangefarbene Flamme züngelte aus der Maschine. Ich sah noch, wie er seine Rollbombe auslöste, doch der Bombenschütze mußte verwundet gewesen sein, denn die Auslösung erfolgte zu spät. So übersprang die Bombe den Damm und traf voll das Kraftwerk, das in einer grellen Stichflamme explodierte.«

Hopgood versuchte übrigens verzweifelt, mit der brennenden Maschine noch Höhe zu gewinnen, um so wenigstens der Besatzung den Absprung zu ermöglichen! Aber es reichte nur für wenige Kilometer, und die Lancaster schlug brennend bei dem Dorf Ostönnen auf. Wie durch ein Wunder konnten sich zwei Besatzungsmitglieder aus niedriger Höhe mit dem Fallschirm retten, Burcher und Fraser, sie gerieten in Gefangenschaft. Gibson fährt in seinem Bericht fort:

»Wieder mußten wir einige Minuten warten, bis sich die Detona-

tionswolke verzogen hatte, Minuten, die zu einer Ewigkeit werden! Dann griff Mickey Martin an. Auch er wurde stark beschossen. Geschosse trafen einen Flügel mehrmals und auch einen Benzintank, der zum Glück nicht brannte sondern nur auslief. Aber diese Gewichtsverlagerung genügte, um die Bombe abzulenken. Wieder stieg eine gigantische Explosion auf, die die ganze Oberfläche des Sees schüttelte, und dann in weißen Kaskaden in sich zusammenfiel.«
»Noch einmal mußten wir eine Zeitlang warten, bis daß sich das Wasser beruhigt hatte. Und dann war Melvin Young in der Maschine A an der Reihe. Ich rief ihm zu: ›Paß auf die Flak auf, die ist ganz schön heiß!‹«
Young flog den vierten Angriff. Er trug den Spitznamen Dinghy, weil er schon zweimal beim Rückflug vom Einsatz über dem Ärmelkanal aus seiner Maschine aussteigen mußte und stets im Schlauchboot, im Dinghy, die englische Heimatküste erreichte. Aber dieser Angriff war für ihn der letzte. Beim Rückflug wurde er bei Ijmuiden in Holland abgeschossen. Diesmal blieb sein Schlauchboot leer.
Gibson flog bei Youngs Angriff zur Täuschung der deutschen Flak einen seitlichen Scheinangriff, wobei er sämtliche Positionslichter eingeschaltet hatte, um das Abwehrfeuer auf sich zu lenken. Wieder sprang die Bombe, 400 Meter vor dem Damm ausgelöst, in gewaltigen sechzig-Meter-Sätzen über die Sperrnetze hinweg auf die Mauer zu. Wütendes Abwehrfeuer schlug Young entgegen. Und dann bebte der Möhnesee zum vierten Mal und die Wallis-Bombe jagte erneut einen gewaltigen Wasserberg in die Luft. Auch Young glaubte, er habe getroffen und der Damm sei gebrochen. Aber die Mauer stand immer noch!
Das Flakfeuer war inzwischen schwächer geworden, denn mehrere Geschütze waren getroffen und ausgefallen. Die Möhnetalsperre wurde zu diesem Zeitpunkt schon seit über einer halben Stunde angegriffen, deutsche Nachtjäger aber ließen sich aus unerklärlichen Gründen immer noch nicht sehen. Wieder warteten die englischen Maschinen, bis sich das Wasser beruhigt hatte. Über die ganze Zeit des Angriffs standen die Bomber mit der Zentrale in Grantham in Verbindung, um über den Erfolg der einzelnen Abwürfe zu berichten. Bisher aber hatte Gibson nur das Wort »Goner« melden können, das er als Deckname für einen Fehlwurf benutzte.
Den fünften Angriff übernahm jetzt Flight Lieutenant Maltby in der Maschine J. Im englischen Sprachgebrauch buchstabiert man J mit

dem Wort Joker, und es sollte sich zeigen, daß hier tatsächlich der Joker das schreckliche Spiel entscheiden sollte. Gibson und Martin begleiteten Maltbys Maschine links und rechts, um das letzte noch feuernde Geschütz auf der Mauer zu bekämpfen. So konnte Maltbys Bombenschütze seelenruhig zielen, fast wie bei den Probeabwürfen auf dem Derwent Stausee. Ungeduldiges Warten. Und wieder schoß eine hohe Wassersäule empor. Aber Gibson glaubte in diesem Moment nicht so recht an einen Erfolg, denn er befahl bereits die nächste Maschine zum Angriff, die Dave Shannon steuerte. Doch lassen wir Gibson selbst weiter berichten:

»In diesem Moment drehte ich und flog ganz nah auf den Damm zu, und plötzlich sah ich, was geschehen war: Die Mauer brach zwischen den beiden Schiebertürmen in der Mitte zusammen. Aber ich konnte meinen Augen nicht trauen, bis ich hörte, wie jemand rief: ›Ich glaube, sie ist hin! Ich glaube, sie ist hin!‹ Ein Stimmengewirr im Kopfhörer. Sie alle schrien:

›Die Mauer ist gebrochen!‹«

Gibson stoppte sofort den im Anflug befindlichen Shannon. Er berichtet weiter:

»Nun gab es keinen Zweifel mehr: Deutlich war das über dreißig Meter breite Loch in der Mauer zu erkennen, durch welches das Wasser im Mondschein auslief wie gekochte Hafergrütze. Die Flak hatte jetzt aufgehört zu schießen und die anderen Boys kamen jetzt auch, um sich die getane Arbeit aus der Nähe anzusehen. Dann begannen wir über Funk wie die Verrückten vor Freude zu schreien. Es war ein erschütternder Anblick, ein Schauspiel, wie es niemand mehr erleben sollte!«

»Um 00.49 Uhr sagte ich zu Hutch: ›Sende das vereinbarte Codewort »Nigger« zur Einsatzleitung!‹ Es bedeutete die erfolgreiche Dammzerstörung. Drei Meilen weiter nordwestlich des Dammes brannten noch immer die Wrackteile von Hopgoods Maschine. Für einen Moment saß ich entspannt und unwirklich im warmen Cockpit meiner Lancaster, und schaute auf diese gewaltige Kraft, die wir losgelassen hatten und die nun in das Herz des Ruhrgebietes vordrang. Als wir die großen Wassermassen sahen, wußten wir, daß diese Schlacht nicht den Krieg entscheiden, aber daß es eine große Katastrophe für Deutschland bedeuten würde!«

»Wir kreisten etwa noch drei Minuten um den Möhnesee, dann schickte ich zwei Maschinen nach Hause. Young und drei Piloten mit den noch verfügbaren Bomben forderte ich auf, mir zum Edersee zu folgen. Wir flogen über die Südspitze des Möhnesees, der sich bereits leerte, über kleine Städte und Dörfer im Morgennebel hinweg, die ruhig und malerisch aussahen. Nach ungefähr zehn Minuten erreichten wir die Gegend des Edersees und es war sehr schwer, die Staumauer zu finden, da der Morgennebel bereits in den Tälern aufstieg und das Wasser des Sees und der Nebel sehr schwer zu unterscheiden waren.«

»Ich kreiste einige Minuten und wartete auf Dave Shannon, Henry Maudslay und Les Knight. Wir hatten sie auf dem Weg verloren und ich rief sie über UKW-Sprechfunk zusammen: ›Hallo, könnt ihr das Ziel ausmachen?‹ Dave antwortete: ›Ich glaube, ich bin da, aber ich kann den Damm nicht finden!‹ – ›Paß auf, ich schieße eine rote Leuchtkugel genau über den Damm!‹ Nach ein paar Minuten waren wir ungefähr da. Trotz Vollmondnacht und langsam beginnender Dämmerung von Osten her war es sehr schwer, die Mauer und den langgestreckten See einwandfrei auszumachen. Lange mußten die Navigatoren suchen, bis sie die Orientierung wiedergefunden hatten.«

Besonders die Staumauer selbst lag ziemlich versteckt zwischen den Bergen des Waldecker Landes. Dann plötzlich tauchte vor den Maschinen das Waldecker Schloß auf, eine wichtige Orientierungshilfe. Hier sammelten sich eine Zeitlang die Maschinen. Sie durften sich in Sicherheit wiegen, denn im Gegensatz zur Möhne lag hier keine Flak. Nicht einmal ein Torpedonetz schützte die Mauer. Nur ein paar Wachtmänner, die Karabiner umgehängt, beobachteten die anfliegenden Bomber.

Für die aber bildete die bergige Umgebung des Sees ein natürliches Hindernis. Gibson begann schon daran zu zweifeln, ob die drei restlichen Bomben nach den Erfahrungen an der Möhnetalsperre ausreichen würden, die Staumauer des Edersees zu zerstören. Der einzig erfolgversprechende Angriff führte nur in steilem Sturzflug aus 400 Meter Höhe über das Waldecker Schloß hinab auf die erforderliche Flughöhe von 18 Meter über dem Wasserspiegel. Nach dem Abwurf der Bombe mußte die Maschine sofort wieder steil aus dem Talkessel herausgezogen werden, um eine Kollision mit den Bergen jenseits des Dammes zu verhindern.

Trotzdem befahl Gibson Dave Shannon den ersten Angriff. Der zog seine Lancaster wie bei einem Übungsflug am Schloß vorbei herun-

ter, ohne es jedoch sofort zu schaffen, die Mauer in der notwendigen Höhe anzufliegen.
Der See, von sehr schroffen Bergen umrahmt, macht kurz vor der Sperrmauer noch eine scharfe Biegung, in die sich die Spitze einer Landzunge, des Hammerberges, hineinschiebt. Nach fünf vergeblichen Anflügen fiel Shannons Bombe um 1.39 Uhr, jedoch ungünstig und explodierte am Uferrand.
Dann setzte Henry Maudslay als zweiter zum Angriff an. Aber auch ihm gelang es nicht, in die richtige Angriffsposition zu kommen. Durch die Anflugschwierigkeiten bedingt, wurde seine Bombe zu spät ausgelöst und explodierte um 1.50 Uhr mitten auf der Mauerkrone, ohne dort größeren Schaden anzurichten. Nur die Fahrbahn oben auf dem Damm wurde eingedrückt und die schweren Brüstungen auf beiden Seiten weggeblasen.
Aber etwas anderes war passiert. Maudslay hatte den Funkkontakt mit den anderen Maschinen völlig verloren. Weil er keine Nachricht über seine weitere Flugstrecke geben konnte, glaubte Gibson zunächst, Maudslays Maschine sei bei der Detonation der Bombe beschädigt worden und anschließend abgestürzt. Auch im Edertal selbst war man dieser Ansicht. Niemals jedoch hat man die Leichen der Flieger oder Reste der Maschine hier gefunden. So nahm man an, daß die gewaltigen Wassermassen das Flugzeugwrack mit der Besatzung unter sich begraben und unter meterhohe Geröllmassen verschüttet hätte. Die Wahrheit ist jedoch, daß Maudslay mit dem beschädigten Bomber noch auf Heimatkurs ging, bei Emmerich am Niederrhein aber dann von der Flak abgeschossen wurde.
Gegen 1.51 Uhr stand Gibson nur noch eine Wallis-Bombe zur Verfügung, die in der Maschine von Les Knight. Diesem befahl er den Angriff. In Ruhe konnte er beobachten, wie die Lancaster der Mauer entgegenflog. Die Bombe fiel, prallte auf die Wasseroberfläche und sprang wie ein gigantischer Frosch der Mauer zu. Dort verschwand sie in der Tiefe. Sekunden vergingen und um 1.52 Uhr erschütterte ein dumpfer Knall im weiten Umkreis die Umgebung erdbebenartig. Les Knights Bombe hatte getroffen. Eine gewaltige Gischtsäule vernebelte den Talgrund, aber trotzdem konnten die Piloten erkennen, daß die letzte verfügbare Bombe ihr Ziel tödlich getroffen hatte, daß die Mauer geborsten war und der See auszulaufen begann. Guy Gibson schreibt:
»Wir sahen das gewaltige Erdbeben, das die Basis des Dammes

schüttelte. Und dann, wie wenn eine Riesenfaust durch Pappe schlägt, stürzte das ganze Ding ein. Einige Minuten kreisten wir noch und beobachteten, wie das brodelnde Wasser das enge Edertal hinunterschoß. Hutch funkte sofort das vereinbarte Codewort »Dinghy« für die erfolgreiche Ederdammzerstörung zur Befehlszentrale der 5. britischen Bomberflotte, während ich alle Maschinen aufforderte, direkt zum Stützpunkt zurückzukehren.
Wir nahmen den Rückweg über den Möhnesee, um zu sehen, wie weit er sich schon geleert hatte. Über Funk hörten wir auch die Flugbewegungen der anderen Maschinen, die zur Sorpe- und Ennepetalsperre unterwegs waren. Bald erreichten wir den Möhnesee, den wir zweimal umflogen. Wir sahen, daß der Wasserspiegel stark gefallen war. Die Brücken standen schon auf langen Beinen aus dem Wasser, und Lehmbänke zeigten sich an den Ufern, auf denen umgekippte Boote lagen. Unterhalb des Dammes war auf einer Seite das Torpedonetz angeschwemmt worden. Das Kraftwerk war vollständig verschwunden, überhaupt hatte sich die ganze Landschaft verwandelt. Ein neuer, silbriger See mit sich verändernden Konturen war entstanden, der sich jetzt langsam im Möhnetal in westlicher Richtung bewegte.
Noch einmal sendeten wir einen Funkspruch nach Hause, als Bestätigung, daß der Auftrag voll erfüllt war. Dann drehten wir nach Norden ab in den dämmernden Morgen und hatten nur den einen Wunsch, möglichst schnell und heil nach Hause zu kommen. Denn ich konnte mir gut vorstellen, daß man jetzt verstärkt Jagd auf uns machte und daß der »Führer« selbst Befehl gegeben hatte, ›die Luftpiraten an allen Küsten zu stoppen‹.
Wir glaubten fest, einen militärischen Auftrag durchgeführt zu haben, um den Ausstoß von Kriegsmaterial im Ruhrgebiet zu stoppen. Die Tatsache, daß Menschen mit auf dem Spiel standen, war eine Begleiterscheinung, auch die Tatsache, daß sie ertrinken konnten. Aber wir hofften, daß die Talsperrenwärter die Bevölkerung unterhalb der Dämme rechtzeitig warnen konnten, damit sie sich in Sicherheit begeben konnte. Niemand liebt Massenvernichtung und auch wir wollten nicht deren Urheber sein, was uns auf eine Stufe mit Himmler gestellt hätte.
Wieder flogen wir tief über die Kanäle, Eisenbahnbrücken und Hochspannungsmasten, übersprangen den Westwall und die Strandhindernisse in Richtung Nordsee. Und da war das Meer mit der

rollenden Brandung und dem Spiegelbild des Mondes, und vor uns lag England. Wir waren frei. Wir hatten noch einmal ein Loch zum Durchschlupf aus der Festung des Kontinents gefunden. Uns überfiel ein wunderbares Gefühl der Sicherheit, und wir dachten nur noch an die große Party, die zu Ehren der gelungenen Operation gegeben werden sollte. Hinter uns lag die feindliche Küste Hollands, dunkel, kahl und gefährlich. An manchen Stellen stiegen noch immer die Leuchtspuren in den Himmel«.

Die Ablenkungsangriffe auf den Damm der Sorpetalsperre wurden fast zeitgleich mit denen auf die Möhnesperrmauer geflogen. Um 00.30 Uhr begann Joe C. McCarthy mit dem Anflug. Er hatte die Aufgabe, feindliche Nachtjäger in diesem Raum zu binden. Dieser Pilot, ein Amerikaner, der in der kanadischen Luftwaffe gedient hatte, war mit Verspätung in Scampton gestartet. Auch hier am Sorpedamm bedurfte es einiger vergeblicher Anflüge, bis die Wallis-Bombe, ohne vorher in Rotation versetzt worden zu sein, auf herkömmliche Art gegen den massiven Erddamm abgeworfen wurde.

Gegen 00.45 Uhr bebte der Damm zum erstenmal. Eine lehmige Wassersäule stieg donnernd empor. Aber der Erddamm widerstand der Wucht der Explosion. Erst zweieinhalb Stunden später versuchte eine zweite Maschine mit dem Piloten Joe Brown einen neuen Angriff. Auch hier mißglückten die ersten zehn Anflüge, bis um 3.14 Uhr der Damm ein zweites Mal von den heftigen Explosionswellen geschüttelt wurde. Aber nur die Fahrbahn oben auf dem Damm wurde beschädigt, der Betonkern im Innern des Erdwalles erwies sich als zu widerstandsfähig. Dabei hatte die zweite Maschine das Ziel durch den Abwurf von Leuchtbomben vorher taghell beleuchtet. Im Morgengrauen versuchte dann die Maschine mit der Bezeichnung Y und dem Piloten Anderson im Cockpit einen letzten Angriff auf den Sorpedamm. Da inzwischen aber der Morgennebel so dicht geworden war, konnte das Ziel nicht mehr ausgemacht werden. Anderson mußte die Roll-Bombe mit zurück nach Scampton nehmen.

Der Sorpedamm zählte nur zu den Angriffszielen sekundärer Bedeutung, ebenso der benachbarte Staudamm der Ennepetalsperre. Hier hatte Sergant Townsend noch um 3.38 Uhr eine Bombe abgeworfen, die aber ihr Ziel ebenfalls wegen des dichter werdenden Nebels weit verfehlte.

Der Angriff auf die Talsperren hatte die deutsche Seite vollständig überrascht und verwirrt. Mit dem zentralen Gefechtsstand auf Schloß Schwansbell bei Lünen und der Mannschaft am Möhnedamm hatte es seit der Warnung vor den anfliegenden Bombern keine Verbindung mehr gegeben. Erst nach der Zerstörung der Mauer konnte ein Leutnant Widmann die zerschossenen und zerrissenen Drähte der Telefonleitungen so weit instandsetzen lassen, daß erneut eine Verbindung mit der Zentrale zustande kam. Gegen ein Uhr meldete Widmann:

»Angriff mehrerer Tiefflieger vom Typ Lancaster auf Staubeckenmauer. Mauer in der Mitte durchbrochen. Wassermassen stürzen zu Tal. Eine Maschine abgeschossen. Ein Turm mit Geschütz zusammengebrochen. Zwei Geschütze weisen eine nicht zu behebende Ladehemmung auf.«

Eine zweite Meldung nach Lünen besagte:

»Das Loch in der Mauer vergrößert sich stark durch herausbrechende Steine. Die Wassermassen schießen in einer dicken Kaskade zu Tal. Katastrophengefahr! Die Mauer vibriert.«

Dann riß die Verbindung wieder ab.

Der Kommandeur der Flakgruppe hatte gleich nach der ersten Meldung einen Wagen für die Fahrt zum Unglücksort befehlen lassen. Oberleutnant Wehnert blieb auf dem Gefechtsstand und kam fast zehn Stunden lang nicht mehr vom Fernsprecher los, denn ein Anruf jagte den anderen: Behörden, Parteistellen, Batterien, die Flakdivision, das Luftgaukommando und als Dauerverbindung das Reichsluftfahrtministerium.

Rund 700 Kilometer vom Möhnesee entfernt standen zur Zeit des Angriffs bei der englischen Befehlszentrale der 5. Bomberflotte in Grantham zwei Luftmarschälle und ein Zivilist, Barnes Wallis, um einen Funkempfänger herum und warteten unruhig darauf, daß sich Gibson meldete. Die ersten Meldungen mit dem Codewort »Goner« für »Fehlwurf« ließen die Spannung ansteigen. Dann plötzlich hörte der Funker aus einer Flut von Morsezeichen das Wort »Nigger« heraus, schrieb es auf den Papierstreifen und schrie: »Es ist Nigger, es ist Nigger! Der Möhnedamm ist gebrochen!« Wallis, der aufgeregt hin und her gelaufen war, riß triumphierend die Arme hoch. Als erster gratulierte ihm Cochrane, der bisher mit finsterer Mine dagestanden hatte. Auch Harris, der das ganze Unternehmen bisher so kritisch bewertet hatte, taute jetzt auf und sagte zu Wallis: »Ich habe nie geglaubt, daß Ihre verdammte Bombe funktionieren würde, aber jetzt können Sie mir sogar einen rosafarbenen Elefanten verkaufen!«

Nur kurze Zeit später, als sich die erste Aufregung über den gelungenen Angriff gelegt hatte, fiel Harris ein, daß er sofort den obersten Chef der Royal Air Force, Sir Charles Portal, informieren müßte. Portal befand sich zu diesem Zeitpunkt mit einem Spezialauftrag beim amerikanischen Präsidenten Roosevelt in Washington, mit dem er gerade zu Tisch saß. Harris nahm das nächste Telefon und verlangte: »Geben Sie mir das Weiße Haus!« Die Nachrichtenhelferin in der Telefonzentrale, die nichts von dem Angriff auf die deutschen Talsperren wußte, dachte sich nur wenig dabei, als Harris das Weiße Haus verlangte. Sie schaltete zu dem einzigen »Weißen Haus« durch, das sie kannte, und das war ein lustiges kleines Straßenrestaurant, das nur wenige Meilen von Grantham entfernt lag. Harris war sehr erstaunt, daß die Verbindung nach den USA so schnell zustande gekommen sein sollte. Es dauerte eine geraume Zeit, bis er das Mißverständnis bemerkte und den Hörer donnernd auf die Telefongabel warf. Ein zweiter Versuch ins Weiße Haus nach Washington zu schalten mißlang zunächst. Erst später konnte Harris doch noch seinen obersten Chef informieren: »Chastise erfolgreich verlaufen!« »Chastise«, das war der Deckname, unter dem die Talsperrenangriffe gelaufen waren, nicht »Downwood«, wie es Gibson in seinen Memoiren schrieb, die noch unter Kriegszensur erschienen waren.

Auf dem Flugplatz in Scampton hatte das gesamte Bodenpersonal auf die Rückkehr der Maschinen aus Deutschland gewartet. Als erster landete Maltby, der am Möhnedamm so erfolgreich gewesen war. Er traf auf Wallis, Harris und Cochrane, die von Grantham herübergefahren waren, und sich von Maltby ausführlich informieren ließen. Dann landete auch Martin. Cheftestpilot Mutt Summers eilte zu dieser Maschine, während Martin die Flakeinschüsse untersuchte. Nach und nach landeten auch die anderen Piloten, die sofort zum Kartensaal der Flugleitung gebracht wurden, wo sie Harris, Cochrane und Wallis Meldung erstatteten.

Schließlich kam auch Gibson an, dessen Haar durch den Fliegerhelm flach auf den Kopf gedrückt war. Er sagte: »Es war eine verrückte Party! Alles lief wie am Schnürchen, aber wir konnten die Flak nicht frühzeitig ausschalten. Ich fürchte, daß einige unserer Jungens vom ›Hammer‹ getroffen wurden. Hopgood und Maudslay bestimmt!«

Der bis zum Rand gefüllte Möhnesee, einen Tag vor dem Angriff fotografiert. Vor der Mauer erkennt man die doppelte Torpedonetzkette.

Dies ist das einzige Originalfoto von der nächtlichen Schlacht um die Möhnemauer. Der 14jährige Heinz Vogt aus Günne stellte unerschrocken seine Box auf den Küchentisch. Eine Zeitaufnahme registrierte die Bahnen der Leuchtspurgeschosse, die nach den Bombern griffen.

Bordwaffentreffer von den waghalsig angreifenden Lancaster Bombern am Geschützturm hoch auf dem Möhnedamm.

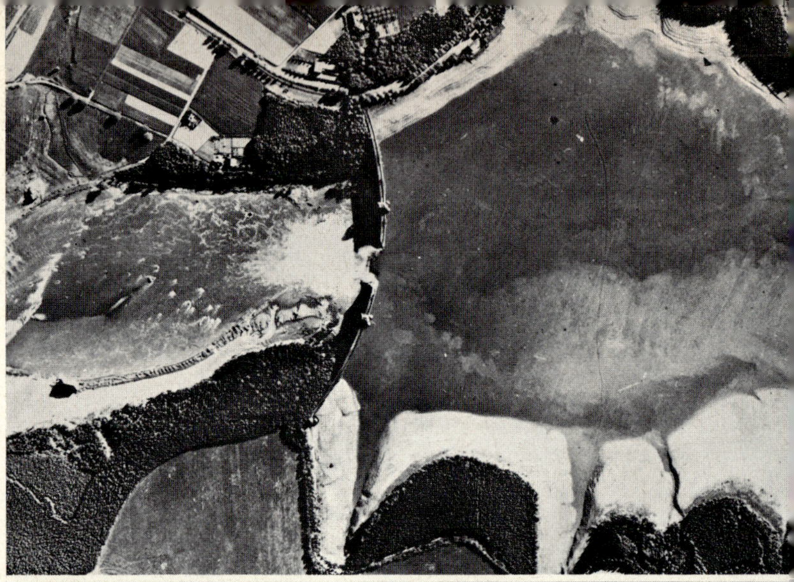

Das bedeutendste Luftbild des zweiten Weltkrieges zeigt den zerstörten Möhnedamm. Dieses Foto lief als größtes Sensationsbild durch die Weltpresse. Das Kraftwerk unterhalb des Dammes ist vollständig verschwunden, die lehmigen Ufer des Sees tauchen auf.

Dieses um 10 Uhr am 17. Mai 1943 gemachte offizielle Foto des zerstörten Möhnedamms trägt auf der Rückseite den Vermerk: »Staatsgeheimnisse«. Es diente zur Information höchster Dienststellen in Berlin. Post und Empfänger hafteten für sichere Aufbewahrung unter Verschluß.

Trümmer von Hopgoods Lancaster in Ostönnen.

Spaßvögel des Bodenpersonals hatten Hopgood mit Kreide »Officers Entrance only« neben der Eingangstür auf den Rumpf der Maschine geschrieben. (Eingang nur für Offiziere, ein Hinweis auf die besonders ausgewählte Besatzung).

Am Morgen nach dem Angriff: Blick vom Nordturm auf die zerstörte Mauer mit dem immer noch auslaufenden Wasser, aus der Sicht des Flakunteroffiziers Karl Schütte.

Am 18. Mai ist der Möhnesee bis auf einen Rest ausgelaufen, das Kraftwerk vor der Mauermitte verschwunden. Torpedonetze mit ihren Bojen liegen an den Talrändern. Die vor dem Angriff abgezogenen Sperrballons sind plötzlich wieder da.

Die Druckwellen der explodierenden Wallisbomben haben den Nordturm auf dem Möhnedamm eingedrückt. Auf dem Dach steht die einrohrige 2cm Flak einsatzbereit. Die künstliche Tarnung im Bild rechts erfüllte nicht ihren Zweck.

Die Sorpetalsperre am Morgen nach dem Angriff vom 17. Mai 43. Am Damm zeigen sich in der Mitte Spuren von übergelaufenem Wasser. Die Dammstraße weist an einer Stelle Beschädigungen auf.

Der Angriff vom 15. 10. 1944 mit 5 Tonnen Tallboy Bomben wird oft mit dem Angriff vom 17. Mai 1943 verwechselt. 7 Krater sind am Sorpe-Damm sichtbar, die Torpedonetzketten zerrissen.

Das Katastrophengebiet in der Nacht zum 17. Mai 1943. Im Möhne- und Ruhrtal sind die Flutwellen bis zu 100 km tief weit über Schwerte hinaus in den Tälern vorgestoßen.

Chorraum der Klosterkirche Himmelpforten. Die wertvollen Statuen, die zum Teil noch aus gotischer Zeit stammen, schwammen auf der Möhneflut bis in den Schwerter Raum.

Aus 6 Meter Gerölltiefe wurde kurz nach dem Krieg der Tabernakel der versunkenen Kirche Porta Coeli geborgen.

Blick in Niederenses Unterdorf. Fachwerkhäuser sind zu leeren Gerippen ausgeblasen. Seltsamerweise waren sie standfester als massive Steinhäuser.

Gegen 06.50 Uhr fotografiert ein Neheimer Bürger die schon sinkende braune Flut in der Stadt.

Die Villa des Neheimer Lampenfabrikanten Kaiser, von der Wassergewalt zerrissen. Die Hausbewohner konnten sich noch auf den nahen Berg retten.

Neheim im Todestal. Häuser wurden von ihren Fundamenten glatt abrasiert. Tod und Zerstörung kamen diesmal von unten.

Dutzende von Häusern wurden in Neheim restlos fortgespült. Im Hintergrund des Geröllfeldes die Pfarrkirche St. Johannes, in der Hunderte von Toten zur Identifizierung aufgebahrt lagen.

Ein typisches Bild aus dem Todestal bei Nehheim. Morast, Schlick, Trümmer, zerrissene Häuser, abgetriebene Güterwagen ....

Neheim, Werler Straße. Menschen sitzen zwischen ihrer geretteten Habe. Die breite Möhne trennt die Stadt in zwei Hälften.

Eine total zerstörte Fabrik in Neheim-Hüsten. Gras in den Fabrikfenstern zeigt die Wasserhöhe an, die bis zur Fensterkante des 2. Stockwerkes reichte.

Erst nach einigen Stunden und vielen Rückfragen auf anderen Flughäfen, auf denen die zurückkehrenden Lancaster vielleicht hätten landen können, stand fest, daß insgesamt acht von den 19 eingesetzten Maschinen nicht zurückgekehrt waren. 133 Männer waren losgeflogen, 56 kehrten nicht zurück. Erst später erfuhr man, daß 54 ihr Leben hatten lassen müssen, nur zwei waren in Gefangenschaft geraten.
Gibson hatte nicht damit gerechnet, daß auf dem Hin- und Rückflug so große Verluste auftreten würden. Wohl hatten er und die militärischen Fachleute erwartet, daß der Widerstand an den Sperrmauern selbst sehr groß sein würde. Denn die Luftbildauswertung hatte bei der Vorbereitung des Angriffs auf dem Möhnedamm Gegenstände entdeckt, die sie als getarnte Geschütze zu deuten meinte, die sich aber – allerdings erst nach dem Krieg – für die Engländer als harmlose Baumattrappen herausstellten, die die Mauer als eine baumbewachsene Landzunge tarnen sollten.
Alle Besatzungen waren nach dem Angriff über die Eindrücke bei ihrem Einsatz befragt worden. Die Aussagen wurden aufgezeichnet:
»1. Keine Besatzung hatte irgendwelche großen Schwierigkeiten, das Ziel beim direkten Anflug zu sehen. Die meisten Besatzungen bestätigen, daß es besser gewesen wäre, den Zielanflug gegen den Mond zu fliegen.
2. Die Dämme wurden zuerst in verschiedenen Entfernungen zwischen 500 Meter und 8 Kilometer ausgemacht.
3. Bei allen Flugzeugen, die zum Angriff ansetzten, arbeitete die Rotationseinrichtung für die Bombe einwandfrei.
4. Bei der Beschreibung der Explosion und der unterschiedlichen Verhaltensweisen des Wassers und der Höhe der Wassersäulen wurden folgende Beobachtungen gemacht:
Möhnedamm: gewaltige Gischtwassersäulen.
Ederdamm: zwei Wassersäulen, die eine 300, die andere 600 Meter hoch.
Sorpedamm: eine halbkreisförmige Wasserwelle gegen den Damm, gefolgt von einer 300 Meter hohen Wassersäule.
Ennepedamm: eine hohe Lehmwassersäule, verbunden mit einer Kreiswelle, die ein wenig später die Mauer trifft.
5. Der Schaden, der an den Zielobjekten entstanden ist, wird so beschrieben:
Möhnedamm: Zwei Löcher in der Mauer. (Hier irrten sich die

Engländer, in der Mauer war nur ein Loch entstanden!)
Ederdamm: Ein großer Bruch, zehn Meter tief, in der Mauermitte. Ein starker Wasserschwall schießt durch die Bresche und erzeugt eine zehn Meter hohe Flutwelle.
Sorpedamm: Die Dammkrone mit der Fahrbahn ist auf einer Breite von 100 Meter beschädigt.
Ennepedamm: Keine Zeichen von Beschädigung.
Alle Flugzeuge hatten während des Angriffs freie Sicht. Die Ultrakurzwellenverständigung zwischen den einzelnen Maschinen war perfekt. Berichte über den Einsatz von Leuchtspur sind nicht einstimmig bejahend, jedoch scheint man im Ganzen damit zufrieden gewesen zu sein.«
»Flakstellungen und Scheinwerferpositionen auf dem Hin- und Rückflug:
Zielgebiet Möhne: Leichte Flakaktivität, hauptsächlich Zwei-Zentimeter von den Dammtürmen. Sehr genaues Feuer!
Texel: Einige leichte Flakgeschütze.
Vlieland: Vereinzelt leichte Flak und vier sehr genaue Scheinwerfer.
Den Helder: 13 Kilometer südlich zwölf sehr genau schießende leichte Flakbatterien und ein Scheinwerfer.
Wesel: Zwei Kilometer nordwestlich mehrere leichte Flakgeschütze.
Bocholt-Borken: Starke leichte Flakeinheiten mit ungefähr 50 Scheinwerfern, die jeweils wieder mit Flak umgeben waren. Viele Geschütze befanden sich auch südlich der Stadt Bocholt in Stellung.
Borken: 16 Kilometer nordwestlich der Stadt geringe leichte Flaktätigkeit, wahrscheinlich von einem Scheinflughafen aus.
Günne: Mehrere leichte Flakgeschütze.
Haltern: Acht Kilometer nordwestlich einige leichte Flakbatterien.
Lüdinghausen: Starke Häufung leichter Flak, mehrere Suchscheinwerfer, sehr starke Flugabwehr.
Dorsten: 13 Kilometer nordwestlich einige leichte Flakbatterien.
Hamm: In der Umgebung leichte Flak.
Dülmen: Leichtes Flakfeuer.«
Über die Verluste und Ausfälle während des Hin- und Rückfluges und während des Angriffs wurde noch unter dem Eindruck des Geschehenen Folgendes aufgezeichnet:

»Acht Maschinen werden vermißt. Die Flugzeuge M, A, Z und B aus der ersten Welle, die Maschinen K und E aus der zweiten Formation und die Flugzeuge C und S aus der dritten Welle. Soweit es sich bis jetzt beurteilen läßt, haben die Verluste folgende Ursachen:
Lancaster M nach Augenzeugenaussagen beim Anflug auf die Möhne in Brand geschossen und drei Kilometer nordwestlich des Dammes abgestürzt.
Lancaster Z auf dem Rückflug vermißt. Vielleicht durch den eigenen fehlerhaften Bombenwurf an der Edertalsperre zerstört. (Erst später erfuhren die Engländer den Absturz dieser Maschine bei Emmerich.)
Lancaster A auf dem Rückflug vermißt, nach erfolgtem Angriff an der Möhne.
Lancaster B wahrscheinlich auf dem Anflug durch leichte Flak abgeschossen.
Lancaster K und E wahrscheinlich um 22.57 Uhr bei der Insel Texel durch leichte Flak abgeschossen.
Lancaster C und S, eine wahrscheinlich bei Ijmuiden um 01.53 Uhr durch leichte Flak abgeschossen, die andere um 02.34 Uhr bei Hamm abgeschossen. Es ist im Moment noch nicht möglich genau zu klären, welche Maschine an welchem Platz abgeschossen wurde.
Lancaster W durch leichte Flak getroffen, dabei wurde die gesamte Funkanlage zerstört. Die Maschine war gezwungen, mit der intakten Bombe zur Basis zurückzukehren.
Lancaster H flog über dem Ijsselmeer so tief, daß ihre Bombe bei der Wasserberührung verloren ging, und die Maschine zum Einsatzhafen zurückkehren mußte.
Lancaster Y war nicht imstande, ihr Ziel, einen See bei Dülmen, zu finden. Bodennebel machte die Identifizierung schwierig. Außerdem wurde die Maschine durch starke Scheinwerfer abgedrängt. Ein Beschuß dieser Scheinwerfer war infolge einer Ladehemmung der vorderen Bordkanonen nicht möglich. Als der Pilot feststellte, daß das Ziel zu der angegebenen Zeit nicht zu erreichen war, drehte er um 03.10 Uhr ab und brachte die Bombe zurück.«
Auch der Verlauf der Angriffe auf die Talsperren wurde sofort nach der Rückkehr der Maschinen bei der Befragung der Besatzungen festgehalten:
»Möhnedamm: Zwischen 00.28 Uhr und 00.49 Uhr explodierten die Bomben der Lancaster G, M, P, A, J. Die Angriffe wurden sehr

genau durchgeführt. Hohe Wassersäulen, von denen einige den Damm überschütteten, markierten die explodierenden Ladungen. Die ersten drei angreifenden Maschinen konnten trotz genauen Anfluges den Damm nicht brechen. Anscheinend verursachten die vierte und vor allem die fünfte Bombe den Mauerbruch, der auf eine Weite von 30 Meter geschätzt wird. Die Tiefe des Mauerausbruches konnte nicht erkannt werden. Der Formationsführer flog, nachdem er den Initialangriff durchgeführt hatte, parallel zu der angreifenden Maschine mit, um das Abwehrfeuer auf sich zu lenken. Auch er beobachtete den Wasserdurchbruch im Damm, und daß der unterhalb liegende Fluß schnell seine Größe auf einer Länge von fünf Kilometer mehrfach verdoppelte. Das Kraftwerk unterhalb der Mauer war schon ganz von Wasser überflutet.«

Unter dieser Situation entschloß sich Gibson, den Rest seines Verbandes zum Ederdamm zu führen. Die Lancaster F, die den Sorpedamm angriff, flog auf ihrem Rückweg über die Möhne und meldete, daß das Wasser über zwei große Brüche in gewaltigen Kaskaden aus dem Damm auslaufe. Auch die Lancaster O, welche den Ennepedamm angriff, besichtigte gegen 3.45 Uhr den Möhnedamm und berichtete über Schwierigkeiten, das Ziel zu identifizieren, welches von einem elf Kilometer langen See talwärts umgeben war. Schwimmende Hausdächer konnten auf dem Wasser ausgemacht werden. Das Wasser strömte sehr schnell.

»Ederdamm: Die Bomben explodierten am Ederdamm zwischen 01.39 Uhr und 01.56 Uhr, abgeworfen von den Maschinen L, N und Z. Zwei Besatzungen berichten, daß ihre Angriffe anscheinend erfolgreich waren. Eine Bombe verursachte ein 3 Meter breites Loch zehn Meter unterhalb der Mauerkrone an der südlichen Seite des Dammes. Ein starker Wasserstrom brach durch die Mauer und erzeugte im Tal eine zehn Meter hohe Flutwelle.«

»Sorpedamm: Zwei Flugzeuge griffen den Damm an. Die Bomben fielen um 00.45 Uhr und 03.14 Uhr. Der erste Pilot berichtet, daß der Damm auf einer Länge von zehn Meter an der Krone beschädigt ist, und der zweite, daß seine Bombe die Beschädigung stark vergrößert hat.«

»Ennepetalsperre: Flugzeug O griff um 3.37 Uhr ohne sichtbaren Erfolg an.«

»Ergänzende persönliche Eindrücke: Lancaster L, Besatzungsleistung perfekt. Extrem gute Route. Auf dem Rückflug Beschuß eines

Eisenbahnzuges bei Coesfeld. Lancaster N, ausgezeichnete Route. Meldungen von vorausfliegenden Maschinen waren sehr nützlich, um Flakstellungen auszuweichen. Der Angriff gegen die Eder wie geprobt durchgeführt. Nach erfolgtem Bombenabwurf war es sehr leicht möglich, wieder 300 Meter Höhe zu gewinnen.«

Einzelne Besatzungsmitglieder berichteten nach den Angriffen über persönliche Eindrücke.

Der Navigator MacLane:

»Wir mußten die konventionelle Navigation vergessen, wir flogen nur nach pin-points, Orientierungspunkten. Die Flugroute war auf einer fortlaufenden Karte markiert, drehbar zwischen zwei Rollen. Das war sehr gefährlich für den Fall, daß man einmal den Weg verpaßte. Dann konnte man ohne Orientierungspunkte schlecht den Kurs wiederfinden.«

Dave Shannon:

»Durch die viele Tieffliegerei vorher hatten wir viel Ärger mit den Leuten, und der Bürgermeister einer Stadt beschwerte sich schriftlich. Gibson schrieb zurück: Solange die Flugzeuge Ihre Straßen nicht mitbenutzen, brauchen Sie keine Angst zu haben! Beim Tiefflug hatten wir oft Ärger mit Zweigen, die sich in den Höhenrudern der Lancaster festsetzten.«

Mickey Martin:

»Die ersten Versuchsflüge mit der neuen Waffe machte ich mit Gibson. Als ich die Bombe das erstemal sah, war ich erstaunt, daß sie so groß war. Der erste Abwurf ging daneben, das aufspritzende Wasser der eintauchenden Bombe beschädigte das Höhenruder. Ein weiteres Problem entstand durch das zerstäubte Wasser, das nach der Bombenexplosion in der Luft hing. Für nachfolgende Maschinen war beim Hindurchfliegen durch die Sichtbehinderung eine Gefährdung gegeben. Wir mußten warten und die Zeit messen, bis sich das Wasser wieder beruhigt und der Wasserschleier sich verzogen hatte.«

Der Pilot Dave Shannon:

»Wir konnten den Wassersturz aus der Möhnetalsperre ganz deutlich sehen, es war ein phantastischer Anblick. Es ist fast unmöglich, die Gefühle zu beschreiben, die der Erfolg in uns auslöste. Ein starker Wasserstrom stürzte durch die Möhnemauer. Wir sahen das Wasser auf dem Land weiter rollen, sich verstärken und an Geschwindigkeit zunehmend alles mit sich reißen. An der Eder flogen wir drei bis vier Versuche, da wir mit Höhe und Geschwindig-

keit falsch lagen. Dann flogen wir noch einmal an; alles schien zu stimmen. Der Bombenschütze sagte: Alles okay! Der Navigator, der Kanadier Danny Walker, sagte: Die Höhe stimmt, die Acht auf dem Wasser ist korrekt!
Dann lösten wir die Bombe aus .... aber die Edermauer hielt!«
Der Bombenschütze John Fraser, der aus Britisch-Kolumbien stammte:
»Als wir die Möhnemauer anflogen, schoß die Flak wie wild von den Türmen. Der Pilot Hopgood glaubte sich wohl nicht exakt auf Kurs und wollte gerade den Angriff abbrechen, durchstarten und neu anfliegen. In diesem Augenblick traf uns die Flak und wir lösten die Bombe sofort im Notwurf aus. In der rechten Tragfläche brach ein Brand aus, auch stand ein Motor sofort in Flammen. Der Pilot veranlaßte den Bordmechaniker, den Schaumlöscher zu betätigen. Für einen Moment verlöschten die Flammen, entwickelten sich aber sofort neu. 25 Sekunden nachdem wir die Mauer überflogen hatten, gab der Pilot den Befehl zum Aussteigen. Da ich in der Nase des Flugzeuges saß, wußte ich nicht genau, was alles im Flugzeug passiert war. Unter meinen Füßen befand sich der Notausstieg, hinter mir der Fallschirm, den ich schnell anlegte. Ich öffnete die Luke und sah die Baumspitzen verdammt nah unter mir vorbeizischen. Ich dachte, da gibts nur eine Möglichkeit für den Ausstieg: Reißleine ziehen, den Fallschirm herauswerfen, damit er sich aufbläht und mich mit herausreißt. Und das klappte zum Glück auch. Das Spornrad der Maschine zischte an meinem Kopf vorbei, und in zwei bis drei Sekunden war ich auf dem Boden. Als ich noch in der Luft war, sah ich meine Lancaster in 500 Meter Entfernung explodieren. Ich holte mir nur ein paar Schrammen und blaue Flekken, war aber sonst in Ordnung.«
Der Australier Tony Burcher:
»Ich war der Heckschütze in Hopgoods brennender Lancaster. Plötzlich gab es einen Knall, während wir die Möhnemauer anflogen. Lange Flammen schlugen am Fenster meines Heckstandes vorbei. Ich sah, wie die Bombe das Kraftwerk traf und im gleichen Moment hörte ich Hopgood rufen: ›Fertigmachen zum Aussteigen!‹ Da im engen Raum des Heckstandes kein Platz ist für einen Fallschirm, mußte ich den Turm erst drehen, um in den Rumpf der Maschine zu gelangen und den Fallschirm zu holen. ›Schwanzcharlie‹ zu sein, also Heckschütze, galt bei der R.A.F. als riskanter Job. Da die

Schwenkhydraulik wegen des brennenden Motors versagte, mußte ich den Turm von Hand drehen, was mir auch gelang. Erst dachte ich schon, ich wäre im Heckstand gefangen. Während ich den Fallschirm anlegte, flog die Heckluke auf und ich sah, daß Sergeant Minchin, der Funker, sie geöffnet hatte. Es hatte ihn schwer erwischt. Ich half ihm, den Fallschirm anzulegen, riß seine Reißleine, und sah ihn in die Dunkelheit stürzen. Sein Fallschirm öffnete sich nicht. Dann zog ich die Reißleine meines Fallschirms, den ich zum Teil öffnete und sprang ab. Der Boden raste aus 70 Meter Höhe auf mich zu, und irgendwie überlebte ich.«

Am Morgen des 18. Mai 1943 ging die 617. Staffel in einen Sonderurlaub, drei freie Tage für das Bodenpersonal, sieben für die zurückgekehrten Besatzungen. Guy Gibson allerdings verbrachte zwei der Urlaubstage damit, den Frauen und Familien der toten Flieger in persönlichen Schreiben seine Anteilnahme auszudrücken.

Schon am Morgen des 17. Mai waren die ersten Luftaufnahmen von den zerstörten und angegriffenen Talsperren gemacht worden. Ein Flugoffizier Fray lieferte die ersten Fotos von der Möhnetalsperre, aus einer Spitfire geschossen, heute noch atemberaubende Aufnahmen, die das ganze Ausmaß der Zerstörung deutlich machten.

Die Aufnahme vom 17. Mai zeigte, daß der Damm an seiner Krone eine 75 Meter breite Bresche aufwies, die sich zur Mauerbasis hin auf 42 Meter verjüngte. Zur Zeit der photographischen Aufnahme hatte der Wasserdruck der auslaufenden Talsperre sich bereits erheblich verringert, aber immer noch floß Wasser aus dem Staubecken durch die Sprenglücke ab. Das Kraftwerk unterhalb der Sperrmauer war vollständig verschwunden. Eine weitere Aufnahme, die am 18. Mai gemacht wurde, zeigte, daß der Durchbruch beinahe bis zum Fuß der Mauer ging. Der See war fast vollständig ausgelaufen.

Auch die Beschädigung des Staudammes am Sorpesee wurde bereits am 17. Mai aus der Luft fotografiert. Das Bild zeigte, daß die Dammkrone auf einer Länge von 65 Meter beschädigt war. Die Wassermassen, die durch die Wucht der Explosion hochgeschleudert worden waren, hatten sich zwar einen Weg über den Damm zur Talseite gesucht, aber das Foto ergab keine Anzeichen dafür, daß irgendwo eine Undichtigkeit aufgetreten war. Der Wasserspiegel zeigte dasselbe Niveau wie vor dem Angriff.

Auch der Ederdamm war am 17. Mai fotografiert worden. Das Bild zeigte, daß die Mauer einen 60 Meter breiten Durchbruch aufwies, der sich zum Fuß der Mauer hin auf 30 Meter verjüngte. Das Wasser floß noch immer durch die Sprenglücke ab. Der Wasserspiegel des Sees war um 25 Meter gesunken, der Inhalt betrug nur noch ein Achtel der Menge vor dem Angriff.
Die englische Luftbildaufklärung, die von der 542. Squadron geflogen wurde, brachte auch eine Übersicht über die in den Flußtälern angerichteten Schäden. Die Auswertung ergab, daß in der Nachbarschaft des Möhnedammes Ortsteile des Dorfes Günne vollständig weggeschwemmt worden waren. Im weiter entfernten Ruhrtal westlich Wickede breiteten sich die Fluten über sehr weite Landstriche aus. Zahlreiche Bauernhöfe waren eingeschlossen, die Dörfer Westick und Dellwig standen unter Wasser. In Fröndenberg waren schwere Schäden sichtbar, Kraftwerke, Uferböschungen, Eisenbahn- und Straßenbrücken, Felder und eine kleine Fabrik standen unter Wasser. Zwischen Neheim und Niederense wurde die Eisenbahnlinie fortgeschwemmt, die Brücken in Neheim, Wickede und Langschede waren völlig zerstört oder schwer beschädigt. Viele kleine Fabriken und alle Wasserwerke standen unter Wasser, zwischen Schwerte und Hattingen zeigten sich beträchtliche Überflutungen, besonders stark ruhraufwärts bei Schwerte. Der bedeutendste Schaden, wie aus den Luftaufnahmen hervorging, war hier die Zerstörung des Herdecker Eisenbahnviaduktes. Damit war die Hauptlinie zwischen Hagen und Dortmund unterbrochen.
Die Luftbildauswertung nach der Zerstörung des Ederdammes ergab weitere Hinweise auf die angerichteten Schäden. Generatorenhaus und Trafostation des Bringhausener Kraftwerkes waren überflutet, spätere Aufnahmen zeigten, daß die Anlage der Umformer verschlammt und ein Teil fortgespült war. Das Dorf Affoldern erwies sich als teilweise unterspült, das Kraftwerk geflutet und die Straßen zerstört, die Brückenfundamente fortgespült. Die gesamte Landschaft zwischen Wabern und Felsberg, ein Gebiet, das ungefähr 25 Kilometer unterhalb des Ederdammes liegt, stand vollständig unter Wasser. Auch hier von der Umwelt abgeschnittene Bauerngehöfte, Straßen und Brücken unterspült. Die Bilder ließen Rückschlüsse darauf zu, daß der Flugplatz Fritzlar unter Wasser stand und daß dort zahlreiche Unterkünfte auf der Nordwestseite des Rollfeldes verwüstet waren. Zwischen Wabern und Kassel

sah man zahlreiche Schadensstellen, eine zerstörte Straßenbrücke bei Bergheim und überschwemmte Eisenbahnanlagen. Selbst in Kassel, das ergaben die Fotos, gab es beiderseits der Fulda ausgedehnte Überschwemmungen im Stadtgebiet, im Karlsaue-Park und im Tiergarten. Östlich von Kassel war die gesamte Landschaft in den Niederungen von Wasser bedeckt.
Die zahlreichen Luftaufnahmen beweisen, daß die Engländer über den Erfolg ihrer Angriffe sehr gut unterrichtet waren, besser jedenfalls als die deutsche Bevölkerung, die – wie wir noch hören werden – nur sehr sparsam über die Zerstörungen unterrichtet wurde.
Durch die Angriffe auf die deutschen Talsperren war die 617. Staffel zur bekanntesten und berühmtesten in der englischen Luftwaffe geworden. So kam es, daß am 27. Mai König Georg VI. die Staffel besuchte. Die englische Kriegswochenschau feierte das Ereignis überschwenglich.
Im Kommentar zu dem Filmbericht wurde weiter darauf hingewiesen, eine welch gefährliche Situation durch die ausströmenden Wassermassen in den Tälern von Möhne, Ruhr, Eder und Fulda geschaffen worden war.
Gibson hielt am Tage des hohen Besuches einige Entwürfe für ein neues Wappen seiner Staffel bereit, die er dem König und der Königin zur Begutachtung vorlegte. Die Majestäten entschieden sich für eine Zeichnung, die einen gebrochenen Staudamm darstellte, aus dem noch das Wasser des Stausees herausfloß. Das Wappen trug den Spruch: »Après moi le déluge!« – »Nach mir die Sintflut!«, ein Ausspruch, der Madame Pompadour zugesprochen wird. Noch heute führt die 617. Staffel das damals vom König ausgewählte Wappen.
Am 22. Juni 1943 fand im Buckingham Palast/London ein festlicher Empfang statt, bei dem die Gemahlin des Königs George VI., Königin Elizabeth von England, 33 Männern der 617. Staffel hohe Auszeichnungen verlieh. Les Knight erhielt die D.S.O. Auszeichnung für die Sprengung des Ederdammes, David Maltby für die Zerstörung der Möhnemauer. Den höchsten englischen Tapferkeitsorden, das Victoria Kreuz, (V.C.) erhielt der Führer des Angriffes und Chef der Staffel, Guy Penrose Gibson.
Die weltweiten Presseberichte über die erfolgreichen Angriffe der englischen Luftwaffe auf die deutschen Staudämme veranlaßte

das australische Luftwaffen-Oberkommando zu einem Brief an den Piloten Mickey Martin mit der Bitte um Zusendung eines Souvenirs für ein Museum. Martin, australischer Staatsbürger, antwortete: »Sehr geehrte Herren, ich bin sehr stark an Ihrem Museum interessiert. Im Brief einliegend sende ich Ihnen den Möhnedamm. Ergebenst Ihr Mickey Martin!« Darunter schrieb Martins erster Bordschütze, ebenfalls ein Australier: »Geöffnet durch die Zensur, Inhalt beschlagnahmt!« Im Jahre 1945 aber erhielt das australische Museum doch noch ein Souvenir vom Möhnesee. Einrückende alliierte Truppen hatten die bronzene Gedächtnisplatte von der Möhneeinweihung mitgenommen, die an der Mauer des Nordturmes angebracht war. Heute hängt dieses Beutestück im Kriegsmuseum von Canberra.

Im Ausland gefeiert, in Deutschland verschwiegen

Der Angriff macht Schlagzeilen – Lag Dortmund im Ruhrtal? – Luftbilder informieren die Alliierten – Deutsche Stellungnahme in der Schweizer Presse – Goebbels willkommen: Die Zeitungslüge vom jüdischen Anschlag – Eine Katastrophe bleibt geheim

Die erfolgreichen Angriffe und die Zerstörung der deutschen Staudämme haben vor allem in der englischen und amerikanischen Presse zu einer Flut von Berichten und Kommentaren geführt, die das Ereignis zu den wichtigsten im bisherigen Kriegsverlauf rechneten, es mit der Wahrheit aber nicht immer sehr genau nahmen. Schon am 18. Mai überschlug sich die Auslandspresse. Der *Daily Mirror* schrieb in Anlehnung an das Hitlerwort, daß London jetzt der Blitz der neuen Vergeltungswaffen treffen solle: »Die Deutschen trifft der Flutblitz!« Weitere Schlagzeilen lauteten: »Fluten rauschen durch das Ruhrtal und formen einen neuen Binnensee, der sich schnell ausbreitet!« *(Daily Express)* »RAF bläst drei Schlüsseldämme in Deutschland weg! Die Piloten sehen die Dammbrüche im Mondschein!« *(Daily Telegraph)* Der *Daily Herald*: »RAF sprengt die Dämme mit Minen. 300 Meter hohe Wassersäulen. Millionen Tonnen Flutmassen rasen an diesem Morgen durch das Ruhrtal«. *News Chronicle:* »Die Fluten aus den zerbombten Dämmen rasen gegen die Ruhrstädte!« Der zerstörte Damm lieferte den Zeitungen das Luftbild des Krieges. Die *New York Times* schrieb »Die RAF sprengt zwei Riesendämme im Reich. Die elektrische Energie für das Ruhrgebiet ist abgeschnitten, der Verkehr lahmgelegt, die Fluten verbreiten Tod und Ruin«. Die *Times:* »Die RAF zerbricht die Ruhrdämme mit *Lancaster* Bombern im Tiefangriff.« *Illustrated London News:* »Die Fluten kommen! RAF-Kameras fotografieren das Ergebnis der Zerstörung durch die Dammbrecher«.

Am 19. Mai stand Genaueres in den Zeitungen. *Daily Express:* »Die Fluten breiten sich weiter aus. Duisburg ist bedroht! 80 Kilometer lange reißende Ströme im Ruhrtal. 54 Städte und Dörfer überschwemmt. 50.000 Menschen obdachlos. Kassel eine Insel!« *Daily Herald:* »Die deutsche Flut breitet sich aus, sie dringt in die Waffenstädte vor. Der Möhnesee fast leer.« *Daily Telegraph:* »Notstand im Ruhrgebiet. Bergwerke und Fabriken außer Betrieb. Die kochende Ruhr hat ihren Lauf acht Kilometer weiter nördlich verlegt, überschwemmt die Luftschutzkeller der Stadt Dortmund und verursacht unübersehbare Verwüstung. Mehr als 40 Prozent der 543.000 Einwohner wurden in die freudlose Nacht hinaus getrieben!«
Man sieht, daß die Begeisterung bei der britischen Presse merkwürdige Blüten trieb. Wer eine Landkarte zu lesen verstand, mußte feststellen, daß die Ruhr niemals Verwüstungen in Dortmund anstellen konnte.
Die *Neue Zürcher Zeitung* meldete: »Die Luftoffensive der Alliierten! Die Zerstörung der Talsperren in Deutschland! Schwere Wasserschäden im Ruhr- und Edertal. Verschärfter Luftkrieg!«
Alle Zeitungen brachten großformatige, oft halbseitige Luftaufnahmen der zerstörten Dämme und des überschwemmten Gebietes. Selbst die Karikatur nahm sich der Sache an. In der englischen Zeitschrift *Punch* sah man eine Zeichnung, auf der eine um Hilfe schreiende Gruppe von Frauen abgebildet war mit dem Untertitel »The song of the Ruhr!«
Dabei hatte das Hauptquartier der Royal Air Force in durchaus sachlicher Art die Presse über die erfolgreichen Angriffe auf Möhne und Eder informiert. Schon am 17. Mai hatte sie folgende Mitteilung veröffentlicht:
»Das Hauptquartier der RAF hat soeben dem britischen Luftwaffenminister Sir Archibald Sinclair melden können, daß in einem äußerst gewagten Unternehmen, daß monatelang vorher in allen Einzelheiten festgelegt worden war, in der Nacht zum Montag, von Sonderverbänden der RAF die beiden größten Talsperren Deutschlands im Ruhrgebiet gesprengt worden sind.«
Sir Archibald Sinclair teilte in einer Presseerklärung mit:
»Ich habe eine bedeutsame Nachricht zu vermitteln. Das Bomberkommando der RAF, unsere stärkste Offensivwaffe in der Luft, hat in der vergangenen Nacht der deutschen Kriegsindustrie

einen schweren Schlag versetzt. Die beiden größten Talsperren Deutschlands, die Möhnesperre mit 135 Millionen Kubikmeter Inhalt und die Edersperre mit 202 Millionen Kubikmeter, sind in die Luft geflogen. Riesige Mengen Wasser ergießen sich zu Tal. Das Gesamtunternehmen war technisch äußerst schwierig und hat den Flugzeugbesatzungen höchsten Wagemut abgefordert. Wir verloren acht der beteiligten Lancaster-Bomber, aber der Führer der Staffel, Wing Commander Gibson, setzte den Angriff ohne Rücksicht auf die Gefahren fort. Unsere Anerkennung gebührt Air Marshal Harris und den tüchtigen Piloten, die unter Einsatz ihres Lebens eine der kühnsten Unternehmungen des Krieges zum Abschluß brachten. Unsere Flieger haben einen hervorragenden Beitrag zum Endsieg geleistet.«

Eine Londoner Zeitung wies in einem Kommentar darauf hin, daß die Luftoffensive der Alliierten gegen Deutschland mit diesen Präzisionsangriffen auf Punktziele im Unterschied zu dem sogenannten Flächenbombardement eine neue Wendung genommen habe. Besonders wurde betont, welche Bedeutung der Bruch der Möhnesperrmauer für die Produktion im Ruhrgebiet, für die Verkehrsverbindungen im Ruhrgebiet selbst, wie nach Nord- und Mitteldeutschland haben müßte. Wichtig sei auch, so wurde festgestellt, die Zerstörung der Edertalsperre im Hinblick auf die Regulierung der künstlichen Wasserwege zwischen Weser und Ems.

Englische Aufklärungsflieger fotografierten auch in den folgenden Tagen regelmäßig die Katastrophengebiete, dabei wurde festgestellt, daß die Schäden höher seien als zunächst angenommen. Diese Vermutungen ließen sich aus dem veröffentlichten Bildmaterial gewinnen, zu dem aus offizieller englischer Quelle verlautete:

»Die Fluten verbreiten sich auch noch am Dienstagabend mit ungeheurer Kraft über immer größere Gebiete. Das Möhnereservoir, das 135 Millionen Kubikmeter Wasser enthielt, ist nahezu vollständig entleert. Man kann auf den Fotos den verschlammten Boden des Stausees deutlich erkennen. Die Bresche im Damm ist 60 bis 65 Meter breit. Das Loch im Ederdamm hat fast genau die gleiche Breite. Die Dämme sind bis tief ins Fundament aufgerissen. Im Edertal folgten britische Flugzeuge den Fluten und stellten fest, daß das Hochwasser Kassel erreicht hat, dessen industrielle Vororte bereits unter Wasser stehen. Unweit der Edertalsperre ist ein Elektrizitätswerk mit dem Generatorenhaus, der Transformatorenstation und dem Schaltwerk weggeschwemmt worden. In der Gegend um Wabern ragen nur noch einzelne Häuser aus den Fluten.«

Die Bilder, die in den folgenden Tagen vom Möhne- und Ruhrtal gemacht wurden, waren nicht ganz so klar wie die aus dem Edertal. Aber die angerichteten Zerstörungen ließen sich deutlich erkennen, auch wie die Fluten dem Zentrum des Ruhrgebiets zuflossen. Zwischen Hattingen und Mülheim zeigten sich keine bedeutenden Überschwemmungen, während im weiter flußaufwärts gelegenen Ruhrtal gewaltige Verheerungen festzustellen waren. Bei Fröndenberg waren die Ufer des Flusses überschwemmt, die Bahnstation zusammengebrochen, die große Eisenbahnbrücke und mehrere Straßenbrücken weggerissen, weggeschwemmt, was auf den Bildern gut zu erkennen war. Auf der Hauptbahnlinie war ein Personenzug von den Gleisen gerissen worden und vor dem Bahnhof umgestürzt auf dem überschwemmten Bahndamm liegen geblieben. Einige Fabrikbetriebe in der gleichen Gegend sah man unter Wasser stehen.

Times und *Daily Telegraph* meldeten übereinstimmend, bereits viele Fabriken und Kohlekraftwerke im Ruhrtal hätten wegen des Mangels an Kühl- und Kesselspeisewasser den Betrieb einstellen müssen. Bergwerke und Kokereien seien von einer Stillegung unmittelbar bedroht. Ebenso stehe fest, daß Binnenschiffe auf Flüssen und Kanälen auf Grund gesetzt worden seien.

Die *Neue Zürcher Zeitung* brachte am 19. Mai sogar eine deutsche Stellungnahme zu den Zerstörungen. Dort hieß es:

»Die feindliche Auslandspresse ergeht sich in sensationellen Ausführungen über die angebliche Wirkung der englischen Luftangriffe auf zwei deutsche Talsperren. Dazu ist festzustellen: Die an beiden Talsperren angerichteten Schäden haben zwar unter der Zivilbevölkerung empfindliche Verluste hervorgerufen, die wehrwirtschaftlichen Schäden sind indessen verhältnismäßig leichter Natur und zum Teil in kurzer Zeit zu beheben. Denn erstens beträgt der Anteil der durch diese Stauseen gespeisten Elektrizitätswerke nur einen Bruchteil der gesamten deutschen Stromerzeugung, und zweitens dienen diese Werke speziell dem Ausgleich des deutschen Spitzenbedarfs. Aus beiden Gründen ist durch das vorzüglich ausgebaute deutsche Verbundsystem ein Ausgleich für den ausgefallenen Strom unschwer herzustellen.«

In der Euphorie über den gelungenen Schlag gegen die deutschen Staudämme verstieg sich die englische Presse zu der unwahren Behauptung, der Angriff sei von einem jüdischen Emigranten aus Deutschland angeregt worden. Am 18. Mai veröffentlichten der *Daily Herald* und die *Daily Mail* einen Artikel, in dem es hieß: »Jüdischer Flüchtling gab der R.A.F. die Idee! Ein berühmter deutsch-jüdischer Spezialist, der von Berlin geflüchtet ist und nun in England arbeitet, schlug der R.A.F. den großen Talsperrenangriff vor. Wegen der übergroßen Bedeutung von Möhne und Eder für Deutschlands Kriegsindustrie fragte er mich,« – schreibt in diesem Artikel der Journalist Guy Bettany, früherer Berlin-Korrespondent von Reuters – »warum diese Dämme noch nicht zerbombt seien? Ich war so beeindruckt, daß ich seine Anregung sofort an das Luftfahrtministerium weitergab. Das war vor wenigen Monaten. Heute nachmittag erhielt ich die Meldung, daß dieser Job erledigt worden sei! Die Namen der Freunde meines deutschen Doktors können aus Furcht vor Repressalien gegen seine Verwandten nicht genannt werden.«
Diese Zeitungsente wurde auch vom neutralen Ausland übernommen und zum Beispiel vom *Svenska Dagbladet* verbreitet. Deutschlands Propagandaminister Dr. Josef Goebbels nahm diese Falschmeldung zum Anlaß für weitere Judenhetze und Verfolgung. Die Idee, die Talsperrenkatastrophe den Juden zuzuschieben, stammte also nicht von Goebbels selbst, wie inzwischen immer wieder fälschlich behauptet wird, sondern von den Engländern. Am 19. Mai las sich das in einer Meldung des Deutschen Nachrichtenbüros so:
»Der jüdische Anschlag auf die Talsperren. Die Urheber der neuen Gangstertat entlarven sich selbst. In der Nacht zum 17. Mai wurden bekanntlich, wie im OKW-Bericht gemeldet, zwei Talsperren durch britischen Bombenabwurf beschädigt, wobei durch den eintretenden Wassersturz schwere Verluste unter der Zivilbevölkerung hervorgerufen wurden. Auf diesen verbrecherischen Terroranschlag fällt ein außerordentlich bezeichnendes Licht durch eine Meldung des britischen Reuterdienstes, dessen früherer Berlin-Korrespondent Bettany darüber zu melden weiß: Ein bekannter jüdischer Spezialist aus Berlin, der jetzt in London seine Praxis ausübt, stellte vor einiger Zeit an mich die Frage, warum die R.A.F. die Talsperren in Deutschland noch nicht bombardiert habe. Sein Bericht veranlaßte mich, einen Brief an

das Luftfahrtministerium zu richten, indem ich seine Information weitergab. Ich erhielt später eine Antwort, in der man mir für den Vorschlag des jüdischen Spezialisten, dessen Name nicht bekannt gegeben werden könne, dankte und mir versicherte, man würde den Brief aufs sorgfältigste überprüfen. Diese Meldung läßt keinen Zweifel darüber, daß es sich bei dem Anschlag auf die Talsperren um ein von einem Juden inspiriertes Verbrechen handelt. Das Schuldkonto an diesem von Juden heraufbeschworenen Krieg wächst immer höher an. Wie alle anderen wird auch dieses neueste jüdische Verbrechen seine gerechte Sühne finden und auf seine Urheber zurückfallen.«

Soweit Goebbels.

Daraufhin dementierte die englische Presse am 20. Mai die Darstellung des früheren Reuter-Korrespondenten. Die *Daily Mail* meldete: »Offiziell: Die Dammattacken fußten auf RAF-eigenen Ideen!« und schreibt weiter:

»Das Luftfahrtministerium gab am Abend eine Stellungnahme heraus: Irreführende Meldungen sind über die Initiatoren des jüngsten Dammangriffs auf Möhne, Eder und Sorpe veröffentlicht worden. Das Luftfahrtministerium erhält andauernd Vorschläge über mögliche Angriffsziele. Es ist zwar wahr, daß die Dammangriffe mehrmals aus der Öffentlichkeit heraus vorgeschlagen wurden, aber in der Tat geht diese Operation nicht auf derartige Vorschläge zurück. Alle Ziele von entscheidender Wichtigkeit für die deutsche Rüstungsindustrie sind seit langem methodisch von Experten untersucht worden, gerade auch im Hinblick auf den günstigsten Moment des Angriffs.«

Während die ausländische Presse ausführlich über die Angriffe auf Möhne, Eder und Sorpe berichtete, gab sich das Oberkommando der deutschen Wehrmacht mit einer vergleichsweise bescheidenen Berichterstattung zufrieden. Am 17. Mai meldete der Großdeutsche Rundfunk:

»Aus dem Raum Welikije Luki wird erfolgreiche eigene Kampftätigkeit gemeldet. In verschiedenen anderen Abschnitten der Ostfront brachen deutsche Stoßtrupps überraschend in feindliche Stellungen ein, zerstörten zahlreiche Kampfstände und brachten Gefangene und Beute ein. Einzelne Angriffe der Sowjets wurden teilweise im Zusammenwirken mit der Luftwaffe abgewiesen. Bei der planmäßigen Bekämpfung des feindlichen Nach-

Ein Bild aus Neheim. Viele Besitzer von zerstörten Häusern warten noch heute auf eine Entschädigung.

Hier, in der riesigen Wasserwüste am sonst nur etwa 10 Meter breiten Möhnefluß, standen die mit einem Kostenaufwand von 1 Million Reichsmark erbauten Barackenlager für Fremdarbeiter der Neheimer Rüstungsindustrie.

Noch 25 Jahre nach der Katastrophe sind die Reste der Toilettenanlagen des Russinnenlagers im Neheimer Möhnetal sichtbar.

Werner Kittler, Leiter des Russinnenlagers in Neheim-Hüsten. Er konnte Hunderte von Frauen vor dem Ertrinken retten. Nach dem Krieg stellte er umfangreiche Forschungen an, um den Möhneschatz seinem rechtmäßigen Besitzer zurückzugeben. Auf dem Foto die Lagerärztin Dr. Mihailova mit ihren Töchtern Theresa und Ala, die alle ertranken.

Nr. 25 2 Vorhemd-Knöpfe (golden)
" 26 1 Anhänger mit 3 kleinen Splittern
" 27 1 Paar Manschetten-Knöpfe
" 28 1 Armband-Kette
" 29 1 Armband-Kette
" 30 1 Muffkette
" 31 1 Uhrkette
" 32 1 Halskette
" 33 1 Halskette
" 34 1 Halskette mit Anhänger (Kreuz)
" 35 1 Halskette
" 36 1 Krawattennadel
" 37 1 Anhänger (Herz)
" 38 1 Anhänger

Above Items were received by
79th CIC Detachment
30/May 1945 Irwin Bogatin Capt
IB

Die obenstehenden Schmuckstücke
wurden beschlagnahmt und von
der 79th CIC in Empfang genommen.
Irwin Bogatin Capt
IB

30/May 1945

Verbandssparkasse
30 MAI 1945
Neheim

Beleg der Neheimer Verbandssparkasse, auf dem ein amerikanischer Captain Bogatin den »Möhneschatz« doppelt quittierte.

Eine schwer beschädigte Fabrik in Wickede-Ruhr.

Auf dem Dach dieses Hauses in Wickede, das von der Flut halbiert wurde, überlebte Frau Tigges mit ihren Kindern die grauenhaften Schicksalsstunden zwischen Mitternacht und Morgen.

Diese Lokomotive eines Güterzuges wurde von der Flut im Bahnhofsgelände Wickede überrascht. Die Lok pfiff ununterbrochen Notsignale, bevor sich das Personal auf das Stellwerk im Hintergrund retten konnte.

Beschädigungen am größten Wasserwerk des Ruhrtals in Echthausen. Es hatte den längsten Totalausfall.

Wickede-Ruhr. Ganze Häuserreihen fehlen an den Straßen.

Straßenbrücke der B 63 von Wickede nach Menden. Im Vordergrund die zerstörte Ferngasleitung.

Dieses englische Luftbild vom Möhnedamm wurde einige Tage vor dem Angriff aufgenommen. Deutlich sichtbar: Vor der Sperrmauer die doppelte Torpedonetzkette.

Dr. Barnes Wallis in seinem Konstruktionsbüro, Anfang 1945.

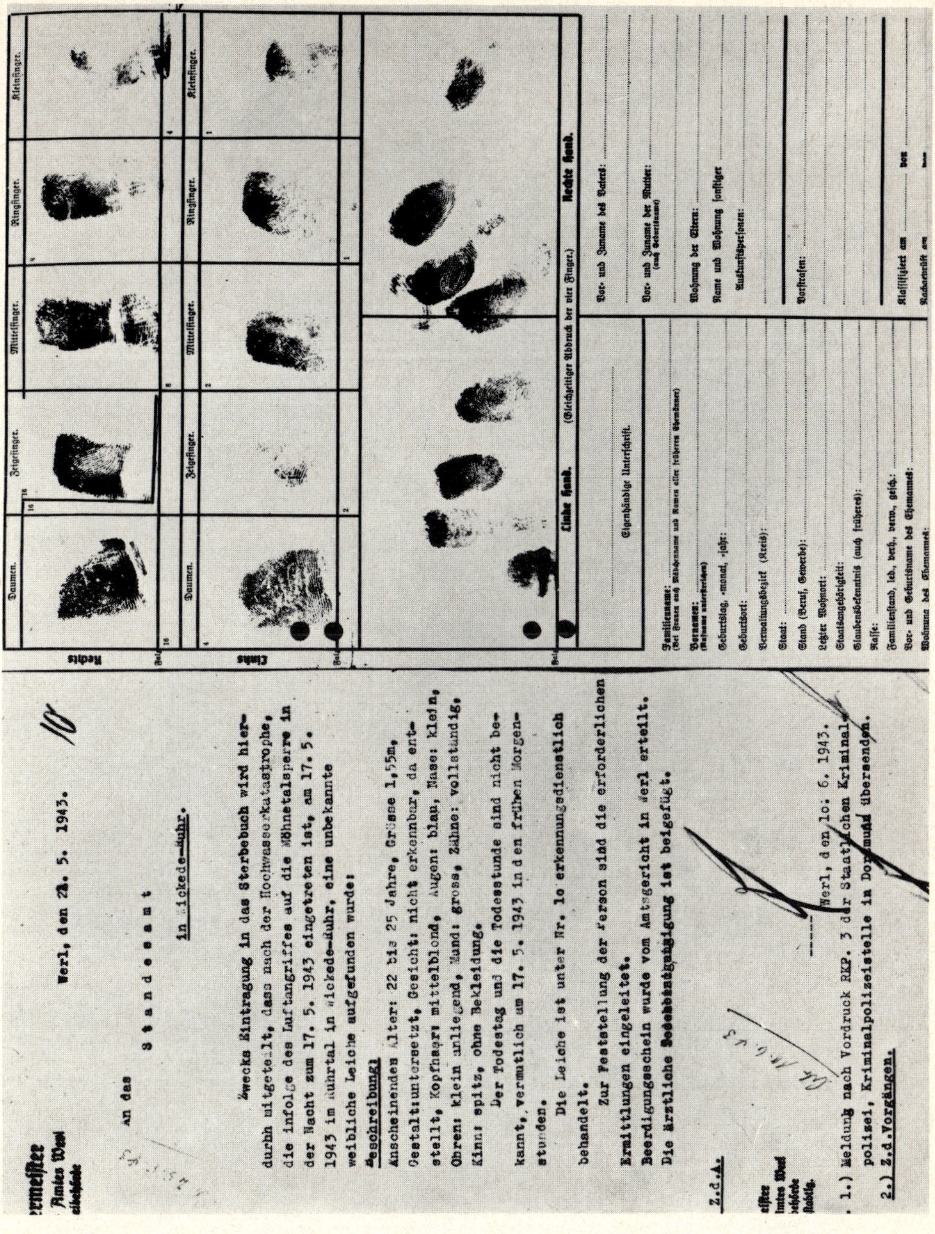

Bürgermeister des Amtes Werl

Werl, den 2?. 5. 1943.

An das Standesamt in Wickede-Ruhr.

Zwecks Eintragung in das Sterbebuch wird hierdurch mitgeteilt, dass nach der Hochwasserkatastrophe, die infolge des Luftangriffes auf die Möhnetalsperre in der Nacht zum 17. 5. 1943 eingetreten ist, am 17. 5. 1943 im Ruhrtal in Wickede-Ruhr, eine unbekannte weibliche Leiche aufgefunden wurde:

Beschreibung:

Anscheinendes Alter: 22 bis 25 Jahre, Grösse 1,55m, Gestalt: untersetzt, Gesicht: nicht erkennbar, da entstellt, Kopfhaar: mittelblond, Augen: blau, Nase: klein, Ohren: klein anliegend, Mund: gross, Zähne: vollständig, Kinn: spitz, ohne Bekleidung.

Der Todestag und die Todesstunde sind nicht bekannt, vermutlich am 17. 5. 1943 in den frühen Morgenstunden.

Die Leiche ist unter Nr. 10 erkennungsdienstlich behandelt.

Zur Feststellung der Person sind die erforderlichen Ermittlungen eingeleitet.

Beerdigungsschein wurde vom Amtsgericht in Werl erteilt.

Die ärztliche Todesbescheinigung ist beigefügt.

Z.d.A.

Werl, den 10. 6. 1943.

1.) Meldung nach Vordruck RKP. 3 der Staatlichen Kriminalpolizei, Kriminalpolizeistelle in Dortmund übersenden.

2.) Z.d.Vorgängen.

Rechts: Daumen. Zeigefinger. Mittelfinger. Ringfinger. Kleinfinger.

Links: Daumen. Zeigefinger. Mittelfinger. Ringfinger. Kleinfinger.

Linke Hand. (Gleichzeitiger Abdruck der vier Finger.) Rechte Hand.

Eigenhändige Unterschrift.

Niederschrift aus der Akte »Hochwasserkatastrophe in Wickede«. Neben der Fotografie der unbekannten Toten konservierte man auch ihre Fingerabdrücke.

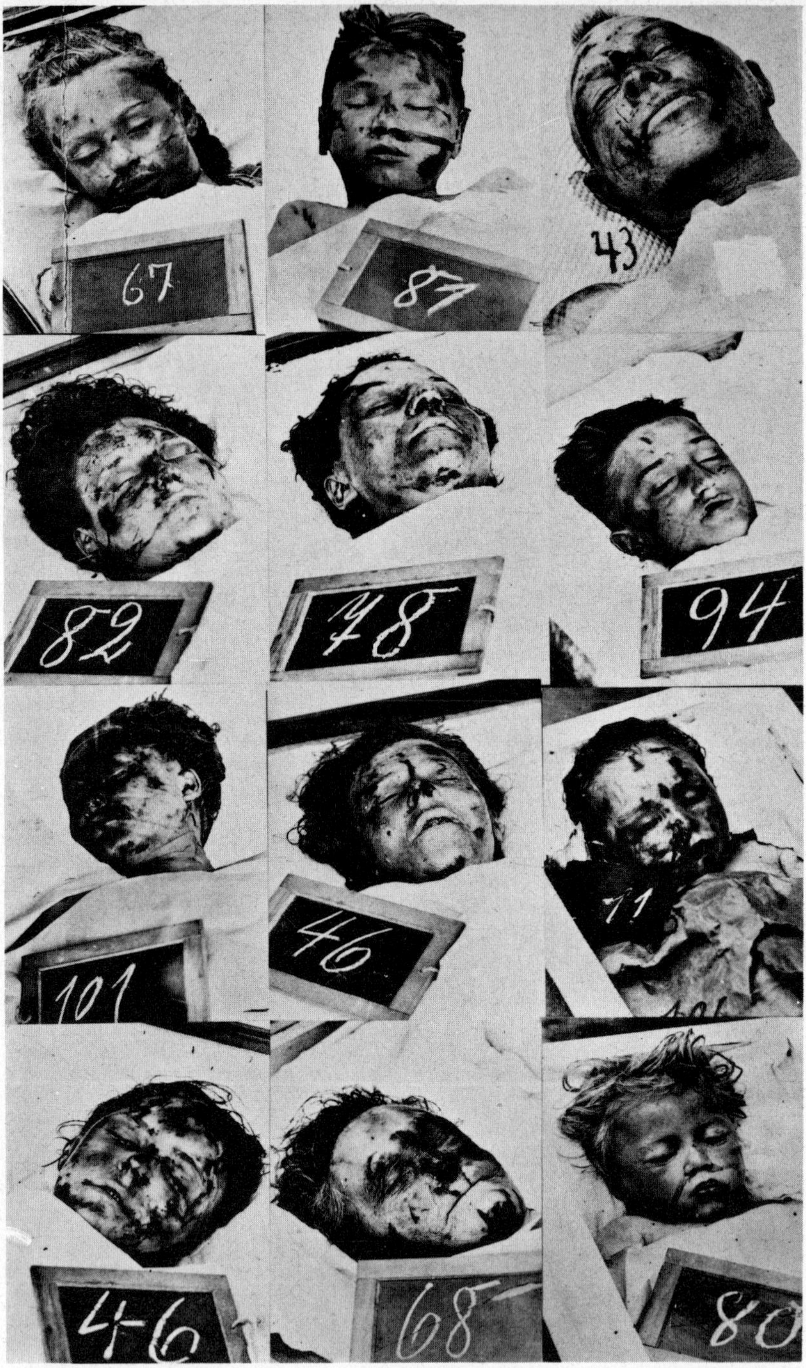

In Fröndenberg-Ruhr numerierte man die angeschwemmten unbekannten Toten mit Schultafeln. Nach der erkennungsdienstlichen Behandlung wurden sie in einem Massengrab beigesetzt.

schubs im südlichen und mittleren Abschnitt der Ostfront wurden auch gestern wichtige Bahnhöfe und eine Anzahl von Transportzügen aller Art durch deutsche Kampfflugzeuge mit vernichtender Wirkung bekämpft.«

Erst nach dieser langatmigen Aufzählung unbedeutender deutscher Erfolge an der Ostfront meldete der Großdeutsche Rundfunk den Angriff auf die Sperrmauern:

»Schwache britische Fliegerkräfte drangen in der vergangenen Nacht in das Reichsgebiet ein und warfen an einigen Orten eine geringe Zahl von Sprengbomben. Es wurden zwei Talsperren beschädigt und durch den eintretenden Wassersturz schwere Verluste unter der Zivilbevölkerung hervorgerufen. Acht der angreifenden Flugzeuge wurden abgeschossen, neun weitere feindliche Flugzeuge über den besetzten Westgebieten vernichtet, darunter eins durch Truppen des Heeres. Schnelle deutsche Kampfflugzeuge griffen in der Nacht zum 17. Mai mehrere Stunden hindurch militärisch wichtige Einzelziele im Raum von London mit Bomben schweren Kalibers an. Zwei eigene Flugzeuge kehrten von diesen Einsätzen nicht zurück. Oberfeldwebel Kocick schoß in einer Nacht vier sowjetische Bombenflugzeuge ab.«

Mehr erfuhr die deutsche Öffentlichkeit nicht. Neutralen ausländischen Berichterstattern wurde der Zutritt ins Katastrophengebiet mit der Begründung verwehrt, seit die Engländer die Talsperren zu Kriegszielen gemacht hätten, würden diese unter die nicht besuchbaren Sperrbezirke fallen.

Im deutschen Reich breitete man also den Mantel des Schweigens, des Schweigens eines Totenhauses, über das Geschehen an den Staudämmen und legte damit den Nährboden für die wildesten Gerüchte. Darin lag für die Engländer psychologisch gesehen wahrscheinlich der größte Erfolg, denn trotz aller Geheimhaltungsversuche lief mit dem Gerücht über die Sperrmauerzerstörung und ihre furchtbaren Folgen eine Schockwelle durch die deutsche Bevölkerung, eine Welle, die vielleicht größeren Schaden anrichtete als die Flutwelle in den Tälern. Denn man wußte ja, daß die militärischen Experten in Berlin die schweren Mauern und Dämme der Talsperren für unzerstörbar gehalten hatten. Welche mächtige neue Waffe mußte England besitzen, damit das Unmögliche möglich werden konnte? Und wie sah es mit den deutschen Wunderwaffen aus, die vielfach versprochen, aber noch nicht zum Einsatz gekommen waren?

Augenzeugen berichten

Alarm am Kraftwerk – Ein Hitlerjunge macht einen Gefangenen – Fotografierverbot – Ein Oberst will ins Sperrgebiet – Das Ende von Kloster Himmelpforten – Eine Predigt wird zum Schicksal – Der Tabernakel aus den Trümmern – Das Kreuz über dem Hochaltar

Die Nacht vom 16. zum 17. Mai 1943 wird man in den Tälern von Möhne, Ruhr und Eder nie vergessen. Heute noch wird immer wieder von dieser Nacht der Katastrophe gesprochen, aber keine Schilderung kann das ganze Grauen jener tragischen Nacht vermitteln. Der Schreckensnacht war ein wundervoller Maitag vorausgegangen, der Muttertag des Jahres 1943, der das Gebiet rund um den Möhnesee mit den ihn umgebenden Höhen des Arnsberger Waldes und der Haar in friedlichem Sonnenschein sah. Fern und weit schien der Krieg mit all seinen Schrecken, als am Abend die Sonne rot im Westen über dem Möhnetal versank.
Eine halbe Stunde vor Mitternacht heulten plötzlich die Luftschutzsirenen: aber erst kurz nach 24.00 Uhr konnte man das Brummen anfliegender Flugzeuge vernehmen. Dann begann die Flak zu schießen, Bordkanonen feuerten zurück, über den Himmel schossen glühendweiße, rote und gelbe Lichtblitze.
Die Menschen saßen ängstlich in ihren Kellern und hofften, daß sie auch diesesmal verschont bleiben würden. Nur wenige wagten es, vom Hof oder Garten aus sicherer Entfernung dem tödlichen Schauspiel zuzusehen. Einer war der bekannte Maler Max Schulze-Sölde, der von seinem Haus auf der Höhe der Haar zur Möhne hinunterschauen konnte.
»Ich sehe, wie ein Bomber tief über den Damm fliegt und wie ein wenig später ein Riesenrauchpilz dicht vor der Mauer aufsteigt. Wenige Sekunden darauf hat der Schall der ungeheuren Detonation uns erreicht. Der Luftdruck ist so stark, daß ich von der offenen Haustür in das Innere des Hauses hineingestoßen werde. Nach

einigen Minuten Ruhe erscheint wiederum ein Flugzeug über der Mauer. Die Flak nimmt es unter Beschuß. Plötzlich bricht eine Stichflamme aus ihm heraus und wie eine Riesenfackel zieht der getroffene Bomber ganz dicht an uns vorbei. Dann fliegt das Elektrizitätswerk in die Luft. Den brennenden Bomber sehe ich über die Haar fliegen und hinter einer Höhe verschwinden, wo er mit einer starken Detonation aufschlägt. Von neuem wird die Mauer angeflogen und immer wieder steigen Wasserfontänen hoch. Dann dringt auf einmal ein unheimliches Brausen aus dem Tal zu mir herauf, der kleine See vor der Mauer wird breiter und breiter, die Landschaft scheint sonderbar verändert. Gewaltige Wellen glitzern silbrig im Mondlicht auf. Die Mauer ist gebrochen! Ich rase ins Dorf Günne hinab, weiter bis zur Sperrmauer. Ein unauslöschlicher Anblick: Wie poliertes Metall stürzt die Wassermasse des Sees in die Tiefe und löst sich auf in einem chaotischen Hexenkessel ....«

Ein anderer Augenzeuge jener Schicksalsnacht am Möhnedamm war der damals 47 Jahre alte Wilhelm Strotkamp, Führer eines Ausflugsbootes auf dem See. Er sah die Mauer beben und bersten und erzählte dieses Erlebnis immer wieder den Touristen, wenn sie ihn danach fragten. Hier sein Bericht:

»Im Jahre 1942 wurde ich als Hilfspolizist eingezogen und kam zur Bewachung an die Möhnetalsperre. 24 Stunden wurde Wache gehalten, dann folgten 24 Stunden Ruhe zu Hause. So war es auch am 16. Mai, in einer sehr mondhellen warmen Mainacht, als ich um das Kraftwerk Wache schob. Gegen Mitternacht hörte ich in der Ferne aufschwellenden Sirenenton. Ich klopfte ans Fenster des Kraftwerkes und verständigte den Schaltwärter Clemens Köhler von dem Fliegeralarm. Köhler führte gerade ein Telefongespräch. Ich ging etwas weiter ums Kraftwerk, und da hörte ich schon von weitem Motorengeräusche. Die Flugzeuge kamen mit einer derartigen Wucht heran und so tief, daß man sie sehr gut beobachten konnte.

Schnell lief ich noch einmal zum Kraftwerk, um Clemens Köhler zu warnen. Ob er meinen Ruf noch gehört hat, weiß ich nicht. Dann kreisten schon die ersten Maschinen, und Bomben fielen ins Wasser. Anstatt aus dem Tal den Hang herauf zu laufen, suchte ich Schutz in einem Stollen unterhalb der Mauer, was mein Verderben hätte sein können.

Die Flak schoß wie wild, und immer neue Bomben fielen ins Wasser, das sich aufbäumte und die Mauer überschäumte. Ich dachte, die

Flugzeuge wollten erst die Torpedonetze zerstören, um richtig an die Mauer heran zu kommen. Als mir die Gefahr bewußt wurde, wollte ich gerade den Stollen verlassen, als eine Maschine talseitig her die Flakstände beharkte und ich nochmals zum Aushalten gezwungen wurde.

Nachdem der Beschuß vorbei war, lief ich schnell über die große Rasenfläche am Kraftwerk vorbei den Talhang hinauf und versteckte mich hinter einer großen Tanne. In dem Moment hörte ich wieder ein Flugzeug kommen und zwischen den Türmen hindurchfliegen und kurz darauf eine knallharte Explosion, verbunden mit einem grellen Blitz. Von der enormen Druckwelle wurde ich zu Boden geschleudert und sah, daß das Kraftwerk einen Volltreffer erhalten hatte. Unter unheimlichem Getöse flogen die dicken Steinbrocken im Gelände umher. Die grelle Lichterscheinung konnte ich mir nicht erklären.«

»Ich kroch schnell wieder hinter einen dicken Baum, und nach einiger Zeit näherte sich wieder dumpfes Motorengeräusch. Dieses Mal gab es aber eine ganz andersklingende Explosion. Auf einmal bebte die Erde, auf der ich stand, und die ganze Mauer, wie wenn ein Dreschkasten am Heulen ist. Es war wie bei einem Erdbeben, und die Mauer vibrierte zwischen den Türmen zur Tal- und zur Seeseite hin und her.

Und dann sah ich schon, wie das Wasser durch die Ritzen des Mauerwerks kam, das waren alles nur Sekunden, Momente, und dann brach schon der ganze Klotz heraus, wie ein Scheunentor, das sich öffnete. Und ich hörte nur noch ein unheimliches Rauschen und Bersten und im nächsten Augenblick hatte ich schon das Wasser um mich herum, und ich konnte nicht so schnell den Berg hinauf, wie das Wasser kam. Außer Atem erreichte ich unsere Wachstube, aus der alle Fenster herausgeflogen waren.

Der Wachhabende griff nach dem Telefon, das in diesem Augenblick schellte. Von Soest aus fragte die Kreisleitung an, was los wäre. Wir meldeten den Bruch der Mauer und sagten: »hier können wir uns nicht helfen, Ihr müßt unten im Tal alarmieren!« Damit war die Verantwortung von uns genommen. Als ich zur Sperrmauer zurückkam, war nichts mehr zu sehen. Es war wie in einer Waschküche, nur noch Staub und Nebel, erzeugt von den gewaltigen Wassermassen, die ins Tal schossen.

Es dauerte nicht lange, da kamen Autos aus der näheren Umgebung,

Vorgesetzte und Neugierige. Der Alarm wurde überall durchgegeben, sogar zum Ruhrtalsperrenverband nach Essen, der sich telefonisch mit Rückfragen meldete.
Um zehn Uhr morgens bekam ich dann den Auftrag, einmal genau nachzusehen, wieviel Wasser noch im Staubecken war. 15 Millionen Kubikmeter, das war der Restbestand. Bald trafen soviel Militär- und Rettungsmannschaften ein, daß alle Straßen verstopft waren.«

In Günne gab es die ersten Toten. Mehrere Gebäude, die Schützenhalle und zwei Nebenkraftwerke wurden völlig zerstört. Augenzeugen sahen von der Haarhöhe aus ein Fachwerkhaus auf der Flut abwärts treiben. Durch die Fenster konnte man in einen Raum hineinschauen, in dem man einen Tisch sah, auf dem eine Kerze brannte. Ein mehrere Tonnen schwerer Absperrschieber des Möhnekraftwerkes wurde einige hundert Meter weit fortgeschleudert. Er steht heute im Deutschen Museum in München.
Den Angriff auf die Möhnetalsperre erlebte, wenn auch in einiger Entfernung, der Polizist Schulte mit. Er war damals von der Reserve zur Gendarmerie versetzt worden und tat Dienst im Dorf Ampen nördlich des Sees an der heutigen Bundesstraße 1. Durch die Schießerei war er geweckt worden und zur Beobachtung vor das Haus gegangen. Er hörte das Flakfeuer von den Geschützen am Möhnedamm, das durch den zwischen ihm und dem Möhnesee liegenden Höhenzug des Haarstranges gedämpft wurde. Plötzlich sah er in südwestlicher Richtung einen hellen Feuerschein am Horizont. Er vermutete, daß dort ein Flugzeug abgestürzt sei und machte sich auf den Weg zu der Absturzstelle in Richtung auf den Ort Ostönnen. Auf halbem Wege dorthin traf er auf einen Hitlerjungen, der aus Soest stammte. Dieser Jugendliche trieb einen Mann in Fliegerkombination vor sich her und hielt ihn mit einer Pistole in Schach. Der Hitlerjunge rief den Polizisten an: »Hände hoch!«, bis er merkte, daß es sich um einen Deutschen handelte, der sich ihm näherte. Der Junge sagte, daß er hier einen feindlichen Flieger habe, der sich aus einem Kornfeld kommend in Richtung Ostönnen der Hauptstraße genähert habe. Der Gefangene war ein großer, junger Mann in Pilotenstiefeln. Ein Paar Schuhe trug er zusammengeknüpft über der Schulter.
Der Polizist bedankte sich bei dem Hitlerjungen, der den Gefangenen gemacht hatte und ließ sich den Namen geben. Später allerdings

wurde diese Tat des Jungen verschwiegen, denn dann hätte man ihn fragen müssen, wie er an die Pistole gekommen sei, und das Tragen von Waffen war jedem Hitlerjungen verboten. Polizist Schulte berichtet weiter über dieses Erlebnis:

»Ich habe dann den Flieger zu meiner Dienststelle nach Ampen mitgenommen und ihn so gut ausgefragt, wie ich konnte. Er erzählte mir, daß es sein 21. Flug gewesen wäre, und er wäre ein australischer Leutnant, der umgerechnet 20.000 Reichsmark bekommen hätte, wenn er von diesem Einsatz zurückgekehrt wäre. Als ich ihn nach dem Typ seiner Maschine fragte, verweigerte er die Auskunft. Er bot mir aus einem großen Etui Zigaretten an, und wir haben uns weiter unterhalten.

Nach einiger Zeit habe ich dann auf der Reichsstraße 1 ein Wehrmachtsfahrzeug angehalten und bin mit dem festgenommenen Flieger nach Werl zum Flughafen gefahren, wo bereits vier weitere Flieger zur Vernehmung saßen. Ob sie alle in der Nacht zum 17. Mai gefangen wurden, konnte ich nicht sagen, daß es aber noch nicht lange her sein konnte, sah man ihrer Kleidung an.«

Noch am gleichen Tag machte der Polizist Schulte eine Eintragung in sein Dienstbuch. Dort kann man nachlesen:

»Gegen 01.50 Uhr wurde auf der Straße Werl-Soest zwischen Ostönnen und Ampen ein englischer Flieger, welcher aus einem abstürzenden Flugzeug abgesprungen war, festgenommen und gegen 04.00 Uhr dem Leutnant Sprang von der Luftwaffe in Werl übergeben. Die maßgebenden Stellen wurden benachrichtigt. Fahndung mit der Landwacht nach weiteren Abspringern unternommen. Es wurde festgestellt, daß der abgesprungene Flieger aus einem englischen Flugzeug stammt, welches links der Straße Ostönnen-Volbringen abgestürzt war. Der Rest der Besatzung, vier Mann, lag verbrannt unter den Trümmern. Von der siebenköpfigen Besatzung war nur zweien der Absprung gelungen, fünf Besatzungsmitglieder müssen bei dem Absturz ums Leben gekommen sein. (Die in Gefangenschaft geratenen Flieger hießen Burcher und Fraser). Um 04.15 Uhr traf ich in Ostönnen Wachtmeister Mörchen und Wachtmeister Gerlach und wir machten gemeinsame Streife zur Absturzstelle des englischen Flugzeugs.«

Polizist Schulte berichtet weiter, daß die Maschine beim Aufschlag total zerlegt wurde und völlig ausbrannte. Die Leichen waren verbrannt und zur halben Größe zusammengeschrumpft. Außer einem größeren Teil des Leitwerkes blieben von der Maschine nur kleine Trümmerstücke, die von einem Bergungskommando des Werler Flugplatzes abgeholt wurden. Wie der Polizist mitteilte, sollen die toten Flieger in Soest unter militärischen Ehren beigesetzt worden sein. Über seine Erlebnisse am nächsten Vormittag erzählt Schulte:

»Am anderen Morgen kam der Kreispolizeiführer von Soest zu mir und beorderte mich zum Absperrdienst zur Möhne. Die betroffene Gegend wurde zum Katastrophengebiet erklärt, das Betreten war strikt verboten und nur mit einem Sonderausweis der obersten Luftgaustelle in Münster gestattet. Ich hatte den Auftrag, alle Personen, ob Zivil oder Militär, gleich welchen Ranges, daran zu hindern, das Gebiet ohne diesen Ausweis zu betreten. Mit einem Kollegen kontrollierte ich das Gebiet zwischen Niederense und Günne. Wir hatten Mühe, die vielen Neugierigen zurückzuhalten und sie vor allen Dingen am unerlaubten Fotografieren zu hindern. Viele Fotoapparate wurden beschlagnahmt, die sich die Betroffenen nach Entnahme des Filmes beim Flakkommando wieder abholen konnten, nach Feststellung ihrer Personalien.

Großen Ärger hatte ich mit einem Oberst, der mit einem Wehrmachtswagen aus Soest, gefahren von einem Oberleutnant ohne Sonderausweis, ins Katastrophengebiet wollte. Nur durch die vorgehaltene Pistole meines Kollegen und die Wegnahme seines Wehrpasses, den er sich beim Flakkommandeur Möhne nach Meldung des Vorfalls wieder abholen sollte, konnte der Wagen zur Rückkehr gezwungen werden. Für mich war das Verhalten des Offiziers unverständlich, da er doch wissen mußte, daß gegebene Befehle durchgeführt werden mußten. Von der Haarhöhe bei Günne sah ich den keilförmigen Durchbruch in der Möhnemauer, mit einem riesigen Geröllfeld davor. In einer Baumkrone hing ein Klavier. Wir hatten viel zu tun, um die Leute, die jetzt durch die Felder in Richtung Sperrmauer vordrangen, zu stellen.«

Vier Kilometer flußabwärts vom Sperrdamm lag inmitten einer malerischen Landschaft der kleine Ort Himmelpforten mit seiner alten Klosterkirche Porta Coeli, »Pforte zum Himmel«, wie der lateinische Name wörtlich zu übersetzen ist. Vor 700 Jahren war die alte Abteikirche erbaut worden, das wohl bedeutsamste Baudenkmal des Möhneraumes, errichtet aus der Grauwacke dieses Tales. Zisterzienserinnen hatten das Kloster gegründet. Jahrhunderte

hindurch hatten Kirche und Kloster immer wieder die Stürme vieler Kriege, Plünderungen, Brandschatzungen und zahlreiche Drangsale überdauert, bis zu diesem Tag, dem 17. Mai 1943. Die Kirche war wegen ihrer prachtvollen Innenausstattung berühmt, die aus dem Barock stammte. Prunkstück war der Hochaltar aus Marmor und Alabaster, der in seinem Mittelfeld als Relief die Himmelfahrt Mariens und darüber die Krönung der Gottesmutter zeigte. Wertvolle alte Holzstatuen, von denen einige noch aus gotischer Zeit stammten, zierten die Wände und Seitenaltäre des Kirchenschiffes.
Eine prächtige Orgel, Königin der Instrumente, stand auf dem Nonnenchor, im Westwerk der Kirche. Die Orgelempore war von der klösterlichen Klausur aus direkt zugänglich. Hier hatten sich die Nonnen früher zum Stundengebet versammelt, hier wohnten sie dem Gottesdienst bei, bis das Kloster im Jahre 1804 aufgelöst worden war und die Abteikirche zur Pfarrkirche des Dorfes Niederense wurde.
Die gesamte Klosteranlage ging in der Flutwelle unter, wurde dem Erdboden gleichgemacht, als hätte es an dieser Stelle nie ein Bauwerk gegeben. Der Soester Maler Eberhard Viegener beobachtete den Untergang von Himmelpforten:
»Bei einem Besuch bei Bekannten wurde ich vom Fliegeralarm überrascht, und wir standen auf einer Anhöhe mit dem Blick ins Möhnetal. Zehn Minuten nach Eintreffen der Flugzeuge hörte ich die erste Detonation. Weitere folgten. Dann wurden es für einige Minuten still, bis das Rauschen des Wassers näher kam. Eine ungeheure Welle wälzte sich heran, nach Osten hin etwa zehn Meter hoch, nach Süden zu etwas abgeflacht. Sofort standen Kirche und Gutshof bis an den Dachstuhl im Wasser. Noch spiegelte sich die Turmspitze im Wasser, aber bald neigte sie sich langsam zur Seite und verschwand. Entwurzelte Bäume trieben auf den Wogen. Es war ein unheimliches Gefühl, das Wasser ganz dicht unter meinen Füßen zu wissen. Am nächsten Morgen sah ich die ganze verheerende Wirkung der Katastrophe. Eisenbahnschienen der Kleinbahn hatten sich wie Lianen um die Bäume geschlungen. Vollkommen entwurzelte und von der Rinde entblößte Bäume sahen aus wie weiße Gespenster«.
Hausmädchen auf Gut Himmelpforten war Elfriede Baader, die über diese Nacht berichtete:
»Kurz vor ein Uhr kam ich mit Frau Schewen aus dem Keller des

Gutshauses. Herr Kersting, der Pächter, hatte uns zugerufen: ›Rettet Euch, das Wasser kommt!‹ Wir liefen auf dem Weg östlich vom Gutshof auf den Wald zu. Zwischen den Gebäuden kamen wir in die ersten Zungen der haushohen Wellen, die von Wolken zerstäubten Wassers begleitet wurden. Hier wurde mir Frau Schewen, die ich führte, aus den Armen gerissen. Auch die Freundin der Frau Kersting, die mit einem dreijährigen Kind zu Besuch war, wurde von den Wellen fortgerissen. Auf diesem Wege bemerkte ich, wie die haushohen Wellen aufs Pastorat und die Kirche zukamen. Es gab einen unbeschreiblichen Krach, ein Bersten von Mauern und Balken. Ich sah nur zerstäubtes Wasser und bin in den Wald gelaufen, wo ich die Familie Kersting getroffen habe. Herr Kersting, der uns gewarnt hatte, war vorher bei uns im Keller bei Frau Schewen. Die ganze Familie Kersting und die Schweizer Familie Thein waren bei uns. Herr Kersting war bald nach draußen gegangen und hatte das Rauschen gehört. Bei der Flucht ist Herr Kersting mit seiner Familie in den Wald gelaufen. Er hatte keine Zeit mehr, zum Pastorat zu laufen und zu warnen; der Fluchtweg führte nicht am Pastorat vorbei!«

Dieses Protokoll des Hausmädchens wurde vom Pfarrer des kleinen Ortes Bremen bei Werl, Dinkloh, später aufgenommen. Es sollte mithelfen, den Tod des Pfarrers von Himmelpforten aufzuklären, der im Keller seines Hauses umkam. Über den Untergang von Pastorat und Kirche sagten auch andere Augenzeugen aus, so der stellvertretende Vorsitzende des Himmelpfortener Kirchenvorstandes, Langesberg, der berichtete, daß er kurz vor ein Uhr die Leute rufen hörte, die Kirche sei eingestürzt, und daß dies schon ganz am Anfang der Flutwelle passiert sei. Auch die Besitzerin einer bei dem Pastorat gelegenen Hühnerfarm, ein Fräulein Müller, sagte aus, daß sie gesehen habe, wie beim Heranbrausen des Wassers das Gutshaus und das Pastorat zuerst verschwanden. Kirche und Turm hätten aber noch eine Viertelstunde standgehalten, dann seien auch sie zusammengestürzt.

Der Pfarrer von Himmelpforten, Joseph Berkenkopf, der hier drei Jahrzehnte lang tätig gewesen war, hatte in seiner Sonntagspredigt am 16. Mai, am Tag vor der Katastrophe, seine Predigt zu dem Bibelwort gehalten: ›Noch eine kleine Weile und ihr werdet mich nicht mehr sehen, denn ich gehe zum Vater!‹ Sein Leichnam wurde später unter hohen Schuttmassen im Keller des Pastorats gefunden.

Über die Bergung berichtete ein Vikar Kemper:
»Nach ein oder zwei Tagen, nachdem sich das Wasser verlaufen hatte, da haben wir die Leute angesprochen und erforscht, wo der Pfarrer von Himmelpforten wohl war. Es wurde gesagt: Im Luftschutzkeller! Das ist sicher! Und seine Schwester, die abends zu Besuch gekommen war, ist auch dort, ebenfalls seine Haushälterin. Diese wurde am nächsten Morgen in Neheim angeschwemmt und erkannt. Aber wo war der Pfarrer! Allem Anschein nach einige Meter weiter von der Kirche in seinem Luftschutzkeller. Erst spät war es einer Handvoll Männer vom Kirchenvorstand möglich, zu graben und zu hacken. Wir gruben etwa einen Meter tief. Die Essener Luftschutzpolizei, die das Gebiet sicherte und bewachte, meinte schon, es sei zwecklos. Aber die Männer vom Kirchenvorstand ließen nicht nach und sagten: Wir graben weiter bis zum Grund! Und nach kurzer Zeit stieß man auf einen Absatz, und nun hörte das Hacken auf. Man arbeitete mit den Händen, fand einen Fuß, dann einen schwarzen Strumpf und eine schwarze Hose. Und da war Pfarrer Joseph Berkenkopf, der fast drei Jahrzehnte hier gelebt und segensreich gewirkt hatte. Wir gruben weiter. Man ritzte leicht den Kies und Sand auf und schob ihn mit den Händen beiseite. Der arme Mann war im Keller überrascht worden von einem ungeheuren Strudel von Wasser und Geröll. Er lag schräg im Raum, mit Kopf und Gesicht nach unten. Es war furchtbar schwer, ihn herauszuziehen. Schließlich hatten wir den Toten geborgen. Wir legten ihn auf eine alte Tür, die sich in der Nähe befand. Und dann kam für mich als Priester etwas sehr Entscheidendes, etwas ganz Erfreuliches: Da sagte ein Herr vom Kirchenvorstand, ich glaube, es war Herr Langesberg: Hut ab zum Gebet! Und alle standen still und ehrfürchtig, auch die Polizisten von der Essener Luftschutzpolizei, die vielleicht etwas ganz anderes dachten als wir.«
Die Flut hat Kloster und Kirche mit sich gerissen, eine ehrwürdige siebenhundertjährige Geschichte war in einem Augenblick beendet worden, hatte einen tragischen Abschluß gefunden. Vom Gotteshaus mit seiner so kostbaren Einrichtung blieb nichts zurück. Teile der Ausstattung schwammen mit den Fluten bis in den Schwerter Raum, so eine Figur des Heiligen Franziskus Xaverius.
Aber schon bald nach dem Kriege bauten die Bewohner von Niederense ihre Pfarrkirche wieder auf, diesmal jedoch am Hang eines Berges mitten im Ort, unerreichbar für jede Wasserflut. Man grub aus

dem Geröll am Standort des alten Klosters Steinkonsolen, Gewölberippen und Profile aus und benutzte viele der alten Steine zum Bau der neuen Kirche. So konnte doch Einiges von dem versunkenen Gotteshaus gerettet werden, das nun die neue Pfarrkirche schmückt. Bei weiteren Grabungen auf dem Trümmerfeld wurde unter sechs Meter Geröll fast unversehrt der Tabernakel der alten Kirche gefunden, innen eingeschlossen noch die heiligen Meßgeräte.

Ein Einwohner von Niederense, Franz Wertschulte, baute Ortschaft und Kloster Himmelpforten in einem Modell getreu nach. So kann man heute noch an dieses Baudenkmal und seine ehrwürdige Geschichte erinnern. Über der Stelle, wo das Kloster stand, bilden noch Trümmer den Grundriß der Anlage nach. Die Einwohner von Niederense gehen an den Jahrestagen zu dieser Steinwüste, die selbst heute noch kaum von Grün bewachsen ist, um der Toten der Katastrophennacht zu gedenken. Die Stätte soll eine Erinnerung sein und eine Warnung vor weiteren von Menschenhand heraufbeschworenen Katastrophen. Eine Bronzetafel mahnt:

»Hier stand Himmelpforten, Kirche der Zisterzienserinnen 1349-1804. Gotteshaus des Dorfes Niederense 1840-1943. Der gotische Bau wurde im 30jährigen Krieg, der barocke im zweiten Weltkrieg zerstört. Daher laßt uns alles tun, was dem Frieden dient, und miteinander hüten, was erbaut!«

Einsam und mahnend erhebt sich heute ein schlichtes Kreuz, geformt aus Stahlrohr, über dem Trümmerfeld von Himmelpforten, errichtet an der Stelle, wo sich einst der Hochaltar erhob.

Im Dorf Niederense selbst hatte die Flut zuerst das Sägewerk Hennecke zerstört, gleichzeitig mit ihm ein kleines Kraftwerk. Hier unten im Tal der Möhne war eine völlig neue Landschaft entstanden aus Schlick, Sand und Trümmern, ein Bild der furchtbarsten Zerstörung. Mit elementarer Wucht waren die Wassermassen durch den tiefer liegenden Teil von Niederense gerast, alles vernichtend, was sich ihnen in den Weg stellte. Eisenbahnschienen wurden hier zu Spiralen verformt, Häuser halbiert, die Füllungen aus den Fachwerkhäusern herausgedrückt, so daß deren Balkenwerk wie totes Gerippe stehenblieb. Tierkadaver, Möbel, Klaviere, aber auch Leichen hingen schlammüberzogen in Baumkronen. Die Stämme der Bäume waren entrindet. In den Fluten treibende Menschen hatten versucht, sich auf Scheunentore zu retten, an Balken anzuklammern. Mütter hatten ihre Kinder aus der braunen, kalten Flut auf treibende Baumstämme gerissen und manche überlebten. Eine junge Frau aus Niederense, Elisabeth Hennecke, erinnert sich:

»An dem Abend vor der Schreckensnacht kamen wir jungen Leute mit dem Fahrrad aus dem Kino in Neheim. Kaum waren wir zu Hause, da gab es Alarm. Wir nahmen unsere Koffer mit Papieren und Wertsachen mit in den Keller. Es war uns allen nicht ganz geheuer, denn die Flieger flogen ziemlich niedrig und kreisten immer wieder über dem Stetsberg. Wir gingen nach draußen um zu sehen, ob sie keine Brandbomben warfen, was schon mal war. Plötzlich gab es eine furchtbare Detonation. Wir flogen zurück an die Hauswand, und das Licht im Haus war aus. Wir liefen in den Keller und zündeten Kerzen an. Sie hatten nämlich das Kraftwerk getroffen. Eine Weile war es still, aber dann hörten wir ein ohrenbetäubendes Brausen, Knacken und Bersten. Wir liefen nach oben, wo das Wasser schon knietief auf dem Hof stand. Wir schrien: ›Die Mauer ist getroffen!‹ und liefen nochmals in den Keller, um die Kinder und alten Leute zu holen. Dann brach im Keller alles zusammen. Wir rannten nach oben, aber das Wasser war fast ebenso schnell wie wir. Wir liefen noch eine Treppe höher zum Boden. Da hatten wir zum Glück eine alte Leiter, die der Schornsteinfeger immer benutzte. Mit dieser stiegen wir auf den Räucherverschlag, rissen die Sparren und Pfannen weg und kletterten aufs Dach. Unter uns das brodelnde Wasser mit viel Holz und Geröll, die Kinder weinten und schrien, einige beteten. Ich konnte beides nicht, mir war alles trocken im Munde. So knieten wir auf dem Dach bis vier Uhr morgens. Wir winkten mit Taschenlampen, und die Bergbewohner sahen, daß wir noch lebten. Gegen neun bis zehn Uhr morgens kamen Nachbarn mit Leitern durchs Wasser und den metertiefen Schlamm und holten uns vom Boden. Die Haustreppen waren herausgespült. Man gab uns trockene Kleider und etwas Warmes zu trinken.«

Das ungelöste Geheimnis des »Möhneschatzes«

Das Arbeiterlager bei Neheim – 800 Tote hinter Stacheldraht – Das Schicksal einer russischen Ärztin – Das »Möhnegold« wird gefunden – Ein Schatz ohne Eigentümer für den Wiederaufbau von Neheim-Hüsten – Die wertvolle Beute des Captain Bogatin – Das Geheimnis bleibt, eine Freundschaft wird geschlossen –

Zwischen dem Dorf Niederense und der Stadt Neheim-Hüsten lag direkt am Möhneufer oberhalb des Stadtteils Neheim während des Krieges ein großes Fremdarbeiterlager. Hier wohnten Männer und Frauen, vor allem aus Osteuropa, die in Neheimer Rüstungsbetrieben arbeiteten. Augenzeugen sahen, wie die Holzbaracken des Lagers von der Flutwelle erfaßt wurden, einen Augenblick wie Archen auf dem Wasser trieben und dann wie Streichholzschachteln zerquetscht wurden, um in den Wogen zu versinken.
Für die Bewohner dieses Lagers kam jede Warnung zu spät. Wenn einzelne doch die Flucht versucht hatten, wurden sie durch die Stacheldrahtzäune gehindert, die das Gelände umgaben. Nach dem sich das Wasser verlaufen hatte, fanden die Bergungstrupps weiter unten im Möhnetal etwa 800 männliche und weibliche Tote, von vielen waren die Namen nicht mehr festzustellen. Andere aber wurden nie mehr gefunden. Sie lagen unter den meterhohen Geröllschichten für immer begraben.
Die Spuren der Flutkatastrophe sind immer noch nicht aus dem Gesicht der Landschaft in diesem Abschnitt des Möhnetals getilgt. Auf langen Strecken gleicht dieser Flußabschnitt einer Urlandschaft. Unter Lehm und Gestrüpp verbergen sich die damals in Beton angelegten Toilettenanlagen des Arbeiterlagers. Der Leiter des Lagers, Werner Kittler, wurde selbst von den Fluten erfaßt. Nur durch einen glücklichen Zufall entkam er dem Tod. Noch heute spricht er mit Entsetzen von den furchtbaren Erlebnissen in dieser Nacht. Als über den Hergang der Möhnekatastrophe ein Dokumen-

tarfilm gedreht wurde, berichtete Werner Kittler vor der Kamera an der Stelle, wo das Lager stand:

»An dieser Stelle erlebte ich im Jahre 1943 die furchtbare Möhnekatastrophe. Ich war damals als Lagerleiter der Wohn- und Pflegelagergemeinschaft eingesetzt und hatte 1200 Ukrainerinnen zu betreuen, welche im Rüstungsdienst eingesetzt waren. Im Mai gab es gegen Mitternacht Fliegeralarm. Es war eine Vollmondnacht, man konnte die Zeitung lesen. Und da kamen Tiefflieger und schossen bei mir in die Baracke hinein. Da habe ich Vollalarm und Anweisung gegeben durch meine Dolmetscher und Dolmetscherinnen, daß sich ihre Arbeitskameraden in den Schatten der Baracken stellen sollten.«

»Mein treuer Schäferhund Olly gebärdete sich wie toll, er war einfach nicht mehr zu beruhigen und wollte mich aus dem Lager fortziehen. Dann hörte ich auf einmal ein furchtbares Rauschen. Erst war ich der Annahme, es wäre die Kleinbahn, die seinerzeit von Neheim zur Möhnetalsperre fuhr. Auf einmal sah ich ganz weit weg eine riesige Wasserwelle kommen. Ich dachte, paß auf, jetzt haben sie die Sperre getroffen. Und es war auch so!

Da habe ich wieder durch meine Dolmetscher Anweisung gegeben, daß sie ihren Leuten sagen sollten, den benachbarten Wiedenberg durch den hier niedrigen Möhnefluß hinaufzulaufen. Aber es war einfach nichts zu machen. Sie wurden kopflos, ein Teil hat mich über den Haufen gerannt. Ich konnte sie nicht mehr zurückhalten. Dann habe ich meinem Dolmetscher eine Pistole gegeben und ich habe meine Pistole gehabt und mich hingestellt und habe sagen lassen: »Wer mich jetzt noch über den Haufen rennt, den schieße ich über den Haufen!« Und dadurch habe ich seinerzeit Hunderten von Menschen das Leben retten können.

Aber was da passiert ist, war schlimmer als an der Front, diese Schreierei um Hilfe und Hilfe! Da sah ich plötzlich ein Ausflugsboot (ein Arbeitsboot des Ruhrtalsperrenvereins in der Größe eines Ausflugsbootes) von der Möhnetalsperre schwimmend ankommen, mit D-Zug-Geschwindigkeit bei mir in die Baracke rein, und weg war die Baracke! Das ganze Spiel hatte vielleicht fünf bis zehn Minuten gedauert. Mir gelang es, mich auf einer Fünf-Tonnen-Dampfwalze, die vor dem Lager stand, festzuklammern mit dem Schäferhund fest an der Leine. Als ein Balken gegen mein Arm prallte, konnte ich die Olly nicht mehr länger halten, und der treue Hund wurde von den Fluten mitgerissen.

Dann wurde ich besinnungslos und fand mich später auf einem Barackenholzteil treibend in einem toten Winkel einer Fabrik, umgeben von Leichen Ertrunkener. Wie ich überhaupt das alles überlebt habe, ist für mich heute noch schleierhaft und als wirkliches Wunder zu betrachten. Für mich war es ein schwacher Trost, wenigstens einige Hundert Ukrainerinnen gerettet zu haben.«

Einen Dank für seine mit dem Mut der Verzweiflung durchgeführte Rettungsaktion, bei der er die Frauen mit der Schußwaffe zur Flucht in die einzig rettende Richtung zwang, hat Werner Kittler nie erhalten, auch nach dem Kriege nicht, als die Geretteten wieder in ihre Heimat zurückkehren konnten.

In den Baracken des Lagers lebte auch eine russische Ärztin, Dr. Nadja Milhailova, die als Lagerärztin tätig war, und ihre beiden Töchter Theresa und Ala bei sich hatte. Alle drei kamen in den Fluten um. Werner Kittler kannte diese Frau, die im Lager gut angesehen und allseits beliebt war. Es war eine sehr gebildete Frau, die Tochter eines Priesters, die 1941 mit ihren beiden Töchtern von Jalta nach Deutschland deportiert worden war. Über den Charakter und das Wesen dieser Frau geben einige Briefe Auskunft, die sie 1943 zu Verwandten nach Jugoslawien geschickt hatte. Um diese Ärztin sollte sich nach der Katastrophe eine Legende ranken.

Frau Dr. Milhailova schrieb am 26. April:

»Innigste Lida und Kolja! Die Kinder sandten Euch gestern einen Brief, ich hatte keine Zeit zum Schreiben. Mein Gott, wann wird dies einmal ein Ende nehmen? Man sagt, Christus ist auferstanden, und um uns herum ist das schrecklichste Blutvergießen, Millionen Menschen in Gefangenschaft, ohne Haus, ohne Verwandte, und die vielen Toten. An den Werktagen ist es sehr schwer und an den Sonn- und Feiertagen noch schwerer. Für mich ist es eine Plage, wenn ich meine Mädchen als Fabrikarbeiterinnen sehe. Wie viel Leben hat es mich gekostet, bis ich sie soweit brachte, und jetzt ohne Heimat, ohne Vaterland, ohne Haus. Die Gesundheit schwindet zusehends. Warum habe ich sie unterrichtet? Und was wartet noch weiter auf sie? Werden wir auf ewig unsere Freiheit verlieren? Sie hatten ganz recht, als sie mir heute morgen sagten: Es sei besser eine getrocknete Baumrinde in Freiheit zu essen, als Kuchen in Unfreiheit. Wir haben es Euch zu verdanken, daß wir an den Ostertagen gut gegessen haben, und es tut mir leid, daß Ihr nicht hören konntet, was die Kinder laut sagten, als sie sich nebeneinander auf das Bett setzten: »Tante

Lida und Onkel Kolja, wir danken Euch für den Schinken, die Gänse und den Kuchen.«
Sie sind groß geworden, aber oft sind sie ganz wie kleine Kinder. Lida, wie gern möchte ich bei Dir sitzen und Dir alles erzählen, unsere Erlebnisse, und mich dabei ausweinen. Ja, es war so schrecklich, aber jetzt wird es noch schlimmer. Zuhause, da hatten die Kinder ihre strahlende Zukunft vor sich, da war die Mutter, die sie geschützt hatte wie eine steinerne Mauer. Gottseidank, daß ich Diplomärztin geworden bin und hier eine Art Wohnung vorhanden ist, wo ich sie ausruhen lassen kann, wenn sie aus der Fabrik kommen. Lida, warum ist unser Leben so bestimmt worden? Es gibt Tage, wo ich so denke, dann habe ich keine Kraft mehr zum Weiterleben. Was ich einst haßte und was mir zuwider war, ist mir jetzt so lieb. Ich will nicht zurück zu dem, was alles war, aber es ist besser gewesen als in diesem Kerker. Das Wetter ist schlecht, wir können keinen Spaziergang machen. Die Musja geht in das Kinderheim und pflegt die Kinder, von denen ich schon 15 im Lager habe, die sehr lieb sind.«
Als letzter Brief der russischen Ärztin blieb ein Schreiben vom 2. Mai erhalten:
»Ihr Lieben! Was nützt uns alles, wenn wir es nicht verwirklichen können, mit Euch zusammenzukommen. Ich lese Eure Briefe, um ein bißchen Kraft zu bekommen. Ala kann das Bett wieder verlassen, aber sie ist noch sehr schwach durch diese Kälte. Diese Tage haben wir Euch nicht geschrieben, da eine Kommission aus Berlin hier war und mir versprochen hat, die Kinder im Lager arbeiten zu lassen. Mein Gott, wenn wir nur alle zusammen sein könnten, denn ich habe sehr große Angst in der Zeit, wenn Alarm ist. Dann denke ich nur an sie, daß sie vielleicht irgendwo im Fabrikkeller an der Arbeit sind, das ist für mich am schlimmsten.
Schon seit Tagen habe ich durch das Abwarten keine ruhige Nerven mehr, aber morgen kommt die entscheidende Antwort. Hier im Lager werden sie in der Küche arbeiten. Meine Ala, die auf der Hochschule als Studentin mit der Goldmedaille ausgezeichnet wurde, arbeitet dann in der Küche! Aber ich freue mich trotzdem, denn es sind noch bessere Leute hier, und die Arbeit ist nicht schwer. Unsere Lagerführer, der eine wie der andere, sind sehr gut und entgegenkommend, denen tuen meine Kinder leid. Sie verhalten sich wie alle Männer den Mädchen gegenüber korrekt. Das Essen ist im Lager

Fröndenberg-Bösperde im Ruhrtal, 30 km vom zerstörten Möhnedamm entfernt. Der hellgraue Streifen durch die Bildmitte steht am Morgen des 17. Mai 43 unter Wasser.

1 Unterspülte Straßen
2 Ein abgeschnittenes E-Werk
3 Eine zerstörte Eisenbahnbrücke
4 Überschwemmte Straßen und Gärten
5 Überschwemmtes Bahnhofsgelände

Dieses sensationelle Luftbild lief damals durch die Weltpresse.

In einem zerstörten Haus in Fröndenberg-Westick blieben nur das Kreuz und die Familienbilder hängen.

Mehr blieb nicht von der Eisenbahnbrücke Menden-Fröndenberg stehen. Die Stahlkonstruktion wurde über 100 Meter weit abgetrieben.

So wie hier in Fröndenberg sieht es 50-70 km tief im Möhne-Ruhrtal aus. In der Bildmitte liegt die über 100 Meter weit abgetriebene Eisenbahnbrücke Menden-Fröndenberg.

Fröndenberg-Halingen: Nachdem die Fluten gefallen sind, sammeln Hausfrauen ihre Habe.

Am 27. Mai 1943 erschien in der Mendener Zeitung eine mysteriöse Todesanzeige über den Tod einer 15 köpfigen Familie. Diese Anzeige war fingiert und sollte die Verheimlichung der Auswirkungen der Katastrophe entlarven.

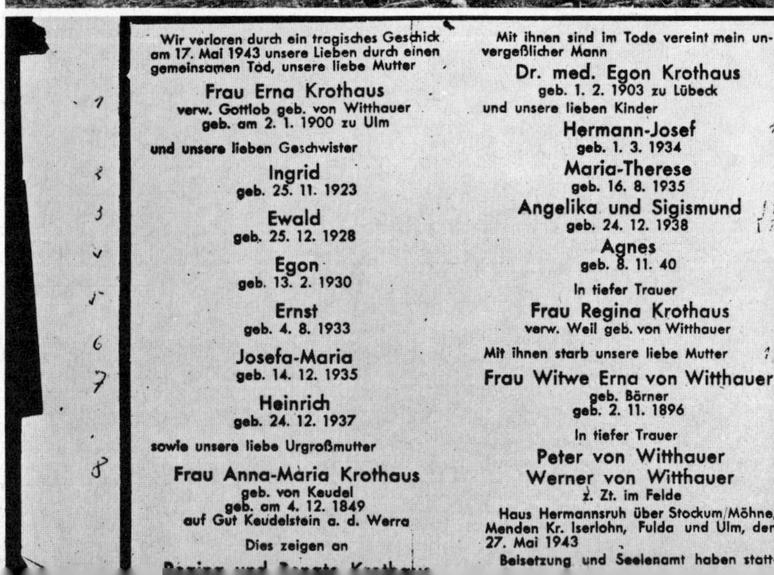

Wir verloren durch ein tragisches Geschick am 17. Mai 1943 unsere Lieben durch einen gemeinsamen Tod, unsere liebe Mutter

Frau Erna Krothaus
verw. Gottlob geb. von Witthauer
geb. am 2. 1. 1900 zu Ulm

und unsere lieben Geschwister

Ingrid
geb. 25. 11. 1923

Ewald
geb. 25. 12. 1928

Egon
geb. 13. 2. 1930

Ernst
geb. 4. 8. 1933

Josefa-Maria
geb. 14. 12. 1935

Heinrich
geb. 24. 12. 1937

sowie unsere liebe Urgroßmutter

Frau Anna-Maria Krothaus
geb. von Keudel
geb. am 4. 12. 1849
auf Gut Keudelstein a. d. Werra

Dies zeigen an

Mit ihnen sind im Tode vereint mein unvergeßlicher Mann

Dr. med. Egon Krothaus
geb. 1. 2. 1903 zu Lübeck

und unsere lieben Kinder

Hermann-Josef
geb. 1. 3. 1934

Maria-Therese
geb. 16. 8. 1935

Angelika und Sigismund
geb. 24. 12. 1938

Agnes
geb. 8. 11. 40

In tiefer Trauer

Frau Regina Krothaus
verw. Weil geb. von Witthauer

Mit ihnen starb unsere liebe Mutter

Frau Witwe Erna von Witthauer
geb. Börner
geb. 2. 11. 1896

In tiefer Trauer

Peter von Witthauer
Werner von Witthauer
z. Zt. im Felde

Haus Hermannsruh über Stockum/Möhne, Menden Kr. Iserlohn, Fulda und Ulm, den 27. Mai 1943

Beisetzung und Seelenamt haben statt

Vom Hochwasser ihrer »alliierten Freunde« eingeschlossen, sitzen französische Kriegsgefangene auf dem Dach ihrer Unterkunft in Schwerte. Die Gastwirtschaft trägt den Namen »Im Reich des Wassers«....

Ein Bild aus dem Ruhrtal bei Witten. Das schon von den Fluten halbzerstörte Haus in der Bildmitte an der früheren Dorfstraße in Witten-Heven stürzte kurze Zeit nach dieser Aufnahme vollkommen ein.

Der zerstörte Herdekker Eisenbahnviadukt. Am Mittag des 18. Mai 1943 wurde ein Pfeiler aus dem Mauerverband gerissen. Ein sich nähernder Personenzug konnte noch rechtzeitig gestoppt werden.

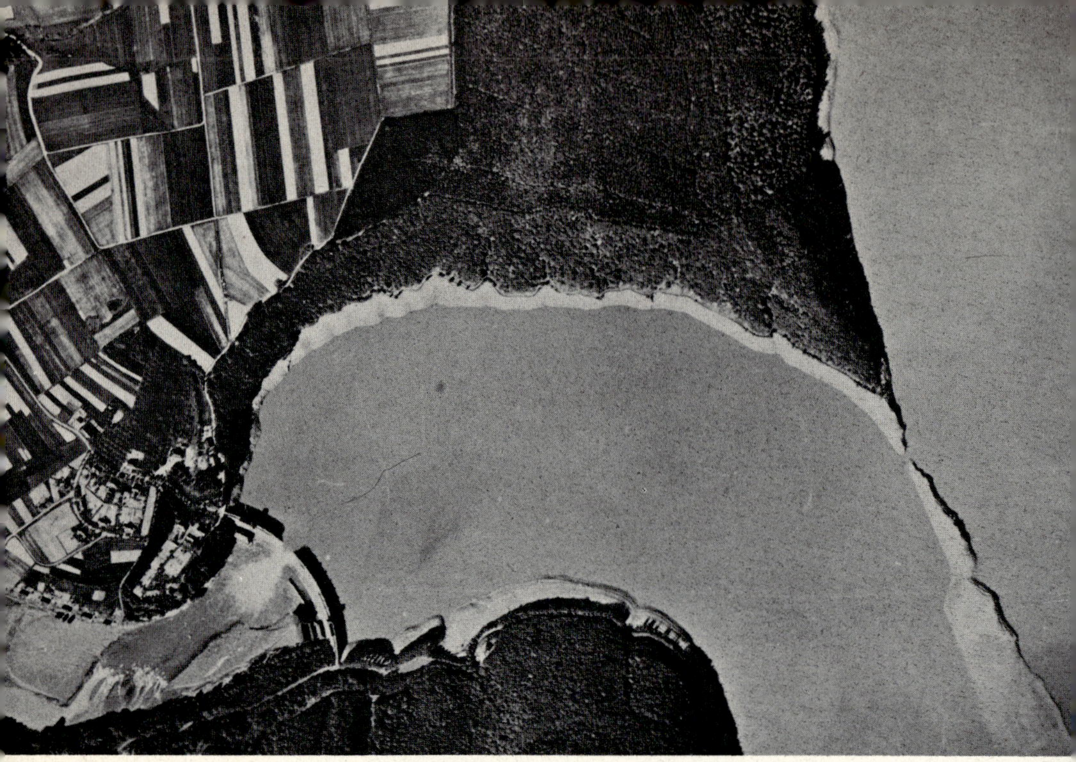

Die zerstörte Edermauer im englischen Luftbild. Der gebrochene Damm im Bild unten links war der Ausgangspunkt der furchtbaren Zerstörung im Edertal. Oben rechts die Spitze des Hammerberges, die sich schützend vor die Mauer in den See schiebt. Der Felsen im See ist wie bei Niedrigwasser aufgetaucht.

Die Edermauer war in einer Breite von 70 Meter geborsten. 8500 cbm Wasser stürzten pro Sekunde in das Edertal, Tod und Verderben verbreitend. Unterhalb der Sprenglücke wurde aus dem gewachsenen Fels ein Kolk von 10 Meter Tiefe und 80 Meter Breite ausgewaschen. Im Hintergrund Schloß Waldeck, das den angreifenden Maschinen als Orientierungshilfe diente.

Zerstörte Wohnhäuser in Affoldern unterhalb der Ederstaumauer.

Rechts unten im Bild ist die Ortschaft Affoldern im Edertal von den Fluten vollständig eingeschlossen. Im sich diagonal durch das Foto ziehenden grauen Wasserstreifen sind zerstörte Ederbrücken zu erkennen.

Aufräumungsarbeiten im Edertal. Im Hintergrund die zerstörte Bahnbrücke in Giflitz.

»Amtliche Bekanntmachung« im Edertal Mai 43.

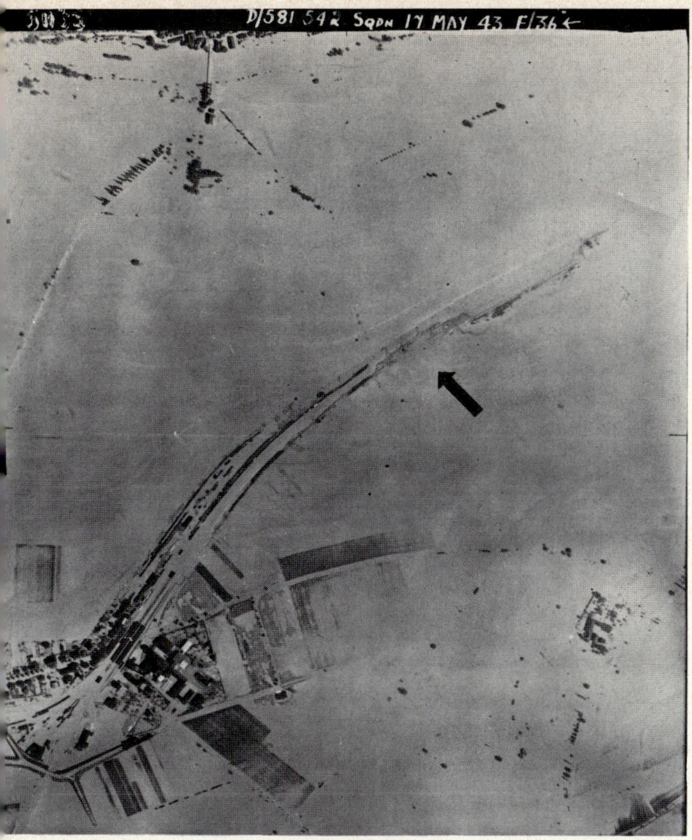

Aus 9500 Meter Höhe fotografierte ein englischer Aufklärer den Ort Wabern im Edertal am 17. Mai 43. Aus dem riesigen See zeichnen sich nur der höher gelegene Bahnkörper und Häuser ab. Vergleichen Sie die Bäume am oberen linken Bildrand und die gefluteten Gleisanlagen in der Bildmitte mit der unten wiedergegebenen deutschen Luftaufnahme.

Nachdem die Fluten gefallen waren, machte der deutsche Flugzeugführer Riediger diese Aufnahme aus einem Fieseler Storch. Oben am rechten Bildrand finden sich die Pappeln von der englischen Luftaufnahme wieder. Die Gleisanlagen der Bahnlinie Kassel-Frankfurt in der Bildmitte sind vollständig unterspült.

Zwischen Grifte und Wolfershausen wurde von der Flut die Eisenbahnbrücke über die Eder zerstört und dadurch die Hauptbahnlinie Kassel-Giessen-Frankfurt unterbrochen. Entfernung zur Edermauer circa 50 km, nach Kassel 20 km.

Ein R.A.F. Mosquito Fernaufklärer fotografierte am 18. Mai 43 Kassel. Weite Teile der Altstadt sind überschwemmt. Deutlich sichtbar im grauen Wasserstreifen des Bildes:

1 Der Friedrichsplatz
2 Die Karlswiese, über der Zahl 2 die Orangerie
3 Wolfsanger
4 Überflutete Straßen, das Losse-Kraftwerk
5 Unterneustadt
6 Überflutete Felder
7 Der Karlsaue Park

gut, besser als in der Fabrik. Schreibt uns an die Lageradresse und nicht an die Fabrik.
Gott, ich weiß nicht, wie ich es aussprechen soll, diesen Dank für alles, was Ihr uns immer geschickt habt, überhaupt immer zu den Feiertagen. Von Wien haben wir alles in Ordnung erhalten und von Euch direkt drei Pakete. Alles ist gut angekommen, das Fett und auch die Eier. Ich möchte Euch auch weiter schreiben, aber ich kann jetzt nicht weiter, die Augen sind mir voller Tränen. Morgen werde ich Euch den Brief beenden, denn jetzt bin ich schon sehr müde und kann nicht mehr weiter.«
Sechs Tage später erst wird der Brief beendet mit nur noch wenigen Worten:
»Ich küsse Euch vielmals. Morgen werde ich Euch noch schreiben. Es ist mir auf einmal so schwer geworden ums Herz! Eure Nadja.«
Lagerführer Werner Kittler berichtete dem Bruder der Ärztin, der in Kroatien lebte, über den unglücklichen Tod seiner Schwester. Der Bruder Nikolaj Sokolov antwortete Werner Kittler mit einem Schreiben vom 15. Juni 1943 aus Hrv. Karlovici:
»Sehr geehrter Herr Lagerführer! Ihre Zuschrift von dem tragischen Tod meiner Schwester Dr. Mihailova und ihrer beiden Töchter habe ich erhalten. Ich erachte es als meine Pflicht, Ihnen meinen innigsten Dank für Ihre Güte auszusprechen, die sie ihnen erwiesen haben. Es hat mich tief gerührt, daß Sie in meiner Schwester nicht nur eine gute Ärztin sondern auch einen guten Menschen erkannt haben. Ich weiß nicht, ob Sie mir nähere Umstände über den Unglücksfall mitteilen können und ob der Tod meiner liebsten Schwester augenblicklich eintrat?
Ich bitte Sie, mir auch mitzuteilen, ob ein junges Mädchen namens Tala, welche sich bei ihnen befand, ebenfalls bei dieser Gelegenheit den Tod fand? Außerdem, sollten eventuell später für meine selige Schwester nachträglich Briefe eintreffen, bitte ich Sie, mir diese zuzusenden. Im Falle, daß vielleicht noch Briefe oder Fotografien aufzufinden wären, bitte ich um Zusendung. Mir wäre jede Kleinigkeit wertvoll. Alle Kosten werde ich Ihnen, sehr geehrter Herr Lagerführer, erstatten.
Jetzt noch eine letzte Bitte: Wollen Sie bitte den beigelegten Brief an meinen Bruder, in welchem ich ihn von dem Tod unserer lieben Schwester verständige, weiterbefördern, da es mir von hier unmöglich ist, den Brief nach der Krim zu senden. Empfangen Sie meinen

herzlichen Dank für Ihre Güte. Ihr Brief war mir ein großer Trost in diesen schweren Stunden. Hochachtungsvoll Nikolaj Sokolov.«
Auch nach dem Krieg beschäftigte die russische Lagerärztin Dr. Nadja Mihailova die Phantasie vieler Möhnetalbewohner. Werner Kittler, der sich wie viele andere um die Aufklärung des Schatzfundes der Katastrophe bemühte, korrespondierte nach dem Krieg mit dem Onkel der Ärztin, Kolja, der ihm als Dank den letzten Brief der Ärztin und eine Fotografie von ihr zurückschickte. Aber auch Werner Kittler hat das Geheimnis des »Möhneschatzes« nicht klären können.
Dies ist die Geschichte des »Möhneschatzes«, die der Neheimer Rektor Bahnschulte 1950 veröffentlichte unter dem Titel »Geheimnis um einen Schmuckschatz, den die Möhneflut anspülte«.
»Am Morgen dieses unglückseligen Tages findet ein Luftwaffensoldat im Flutgelände Neheims unter den angeschwemmten Gegenständen einen kleinen, leinenen, lehmverschmutzten Beutel, dessen Gewicht ihn stutzig macht. Er sieht hinein – glitzerndes Gold schaut ihm aus Schmutz und Dreck entgegen. Er widersteht der Versuchung und liefert den Fund dem Hilfspolizisten Martin Tönnesmann bei der Sammelstelle im Neheimer Rathaus ab. Der den Beutel entgegennehmende Polizeibeamte, nichts ahnend vom wirklichen Wert des Inhalts, vergißt nach dem Namen des Finders und den Fundumständen zu fragen. So blieb der Finder unbekannt, unbekannt wie der Verlierer, der trotz eifriger Nachforschungen nicht ermittelt werden konnte.
Um den wertvollen Fund nicht Unberechtigten in die Hand zu spielen, wurde die Suche nach dem Eigentümer streng geheim durchgeführt. Ich war damals vom Ortskommandanten der Wehrmacht mit der Bergung kulturell wichtigen Gutes beauftragt, rettete und barg mit Hilfe von Arbeitsmännern eine Anzahl der Heiligenstatuen des Klosters Himmelpforten und verschiedene andere und erhielt auch Kenntnis vom vorgenannten Fund, über den aber nichts gesagt und geschrieben werden durfte. So ist bisher wenig in der Öffentlichkeit über das Möhnegold bekannt geworden.
Da man den hohen Wert der Schmuckstücke erkannte, beauftragte man einen Juwelier mit der Beurteilung und Abschätzung. Der unscheinbare, schmutzige Leinenbeutel enthielt insgesamt 38 Schmuckstücke, fast sämtlich aus hochkarätigem Gold. Darunter befanden sich nicht weniger als zehn Brillantringe, von denen einer

zwanzig, ein anderer dreizehn Diamanten und zwei echte Rubine, ein dritter neun Diamanten hatte. Ferner enthielt der Beutel drei wertvolle Uhren, teils mit Brillanten geschmückt. Broschen, darunter eine mit zehn großen Diamanten und echtem Saphir, drei Paar Ohrringe mit echten Steinen, Saphiren und Türkisen, aber auch Diamanten, eine goldene Uhrkette, drei goldene Armbänder, darunter eines mit Saphir und mehreren Brillanten, ein Paar brillantengeschmückte Manschettenknöpfe, mit Smaragden und Saphiren, des weiteren Kettchen, Anhänger, Chemisetteknöpfe und eine schwere, goldene Muffkette.

Nach dem Gutachten des Juweliers handelte es sich einwandfrei um Schmuckstücke russischer Herkunft, denn alle trugen russische Stempel. Die damaligen Nachforschungen ergaben mit großer Sicherheit, daß als Verliererin eine ukrainische Dolmetscherin in Frage kam, die in den Fluten umgekommen und auf dem Neheimer Friedhof bestattet ist. Sie hat ihr Geheimnis bis zum Tode gehütet. Von den überlebenden Arbeitskameradinnen hat keine von dem Schatz gewußt. So hat er seinen offensichtlichen Zweck, in notvoller Zeit als Helfer und Retter zu dienen, nicht erfüllt.

Die Frage, ob die letzte Besitzerin einst vermögenden Kreisen angehörte, oder ob der Schmuck, durch die unsicheren Kriegsverhältnisse begünstigt, auf nicht redliche Weise den Weg zu einer Unberechtigten gefunden hat, wird ebenso unbeantwortet bleiben wie die Frage nach dem jetzigen Besitzer. Als die Bemühungen, den Eigentümer zu ermitteln, erfolglos blieben, entschied der Finanzminister, den Fund bis zum Ende des Krieges an sicherer Stelle aufzubewahren. Er wurde gut versiegelt einem Geldinstitut in Verwahrung gegeben. Nach ministerieller Anordnung sollte er zu gegebener Zeit zugunsten der kriegsgeschädigten Stadt Neheim-Hüsten meistbietend versteigert werden.

Der Kriegsausgang bestimmte dem Möhnegold, über das die einrückenden amerikanischen Truppen auffallenderweise gut im Bilde waren, einen anderen Weg: Sie verlangten die sofortige Herausgabe. Wer der neue Besitzer nun auch sein mag: Ob der Schmuck, der aus zaristischer Zeit stammt und den Vorbesitzern wenig Glück gebracht hat, ihm zum Segen wurde?

Ein Neheimer Juwelier bezifferte den Wert der gefundenen Gegenstände auf 12.000 Goldmark. Der wirkliche Kunstwert soll weit höher gewesen sein. Bei Kriegsende erschien ein amerikanischer Captain bei der Neheimer Verbandssparkasse, wo der Fund aufbewahrt wurde, und verlangte die Herausgabe der Schmuckstücke. Er setzte Bankdirektor Müller so unter Druck, daß der Vorgang nur als eine Beschlagnahme bezeichnet werden konnte. Die Abgabe quittierte der Amerikaner folgendermaßen: »Die oben genannten Gegenstände wurden von dem 19. CIC Sonderkommando in Empfang genommen. 30. Mai 1945, Irving Bogatin, Captain.«

Von diesem Vorfall erfuhr der ehemalige Lagerleiter Werner Kittler erst im März 1958. Kittler vermutete sofort, daß der Schatz der russischen Lagerärztin gehört hatte und setzte sich erneut mit dem Bruder der Toten in Verbindung, der damals noch in Jugoslawien lebte. Gleichzeitig ließ er den diensteifrigen »Kunstschutz-Offizier« durch das Hauptquartier der amerikanischen Armee in Deutschland suchen, um den Schmuck den rechtmäßigen Erben zurückgeben zu können. »Ich will ja keine Bestrafung, sondern ihn nur privat bitten, die Erbstücke herauszugeben!« versicherte Kittler den amerikanischen Behörden, deren Vertreter von Heidelberg aus bei ihm erschienen waren.

Da der Name Bogatin nicht aufgespürt werden konnte, wurde auch nach dem Namen Boxen oder Baxen gefahndet, denn einige Personen erinnerten sich, einen Offizier unter diesem Namen bei den Amerikanern in Neheim gekannt zu haben. Aber alle Nachforschungen endeten ergebnislos. Werner Kittler hatte sich inzwischen mit dem Bruder der Ärztin angefreundet und ihn auch später in seinem Wohnort Karlovici, rund 70 Kilometer von Belgrad entfernt, besucht. Auf die erste Anfrage erhielt Kittler schon bald eine Antwort. Nikolaj Sokolov schrieb unter dem Datum vom 29. November 1958 folgenden Brief:

»Dankend erhalte ich Ihr Schreiben vom 11. November und beantworte dasselbe der Reihe nach wie folgt: Viele Jahre sind verflossen seit der Zeit, daß ich meine Schwester verloren habe, und bald ein halbes Jahrhundert, daß ich meine Heimat verließ. Ich kann mich daher nur sehr mangelhaft an Einzelheiten erinnern. Wir stammen nämlich aus einer priesterlichen Familie, welche einige bedeutungsvolle Schmuckstücke besaß. Wie ich mich noch erinnern kann, besaß mein gottseliger Vater ein großes Goldkreuz mit einer Goldkette. Das Kreuz war mit echten Rubinen versehen. Weiter besaß er ein Goldcollier mit der Heiligen Jungfrau und mit einer dazugehörigen schweren Goldkette. Dann einen großen Fingerring mit einem großen Rubinstein, eine Golduhr mit einer Goldkette. Der übrige Teil der Schmuckstücke, der sich im Familienbesitz befand, bestand aus cirka zehn goldenen Brasseletten, davon vier Stück aus Tulasilber und sechs aus Gold, zwölf goldene Uhrketten, von denen sieben Damenketten waren, elf goldene Uhren, davon fünf Damenuhren, von denen vier mit Edelsteinen, Rubinen und Brillanten versehen waren. Ferner sieben Broschen verschiedener Größe, davon zwei mit Rubinen, eine mit Saphir und vier mit Diamanten versehen. 18 verschiedene Fingerringe, darunter drei alte Eheringe, die übrigen mit Diamanten und anderen Edelsteinen versehen. Weiterhin eine große Anzahl von Ohrringen, davon vier Paar mit Brillanten, bis auf die übrigen, soweit es mir wieder in den Sinn kommt, mit Rubinen und anderen Edelsteinen versehen waren. Allerdings, wenn ich die Schmuckstücke sehen könnte, würde ich sie bestimmt erkennen. Sehr geehrter Herr Kittler, ich möchte Sie nochmals höflich ersuchen, irgendwie herauszufinden, wo der wertvolle Schmuck geblieben ist. Ich bin nämlich der Meinung, daß sich bei der Bank, wo seinerzeit die Gegenstände sichergestellt waren, unbedingt ein Verzeichnis derselben befinden muß. Weiter wird sich unter dem damaligen Personal der Bank sicher jemand finden, der sagen kann, welche Besatzungsmacht die Beschlagnahme vorgenommen hat. Ich danke Ihnen im voraus für Ihre diesbezügliche Mühewaltung und hoffe zuversichtlich, daß wir endlich das Ziel erreichen werden.«

So folgte der Mitteilung über den Tod der Lagerärztin Dr. Nadja Milhailova, die Kittler damals noch mit »Heil Hitler!« unterschrieben hatte, eine Kette freundschaftlicher Briefe. Aber vergleicht man heute die Fundliste der Neheimer Sparkasse mit der Aufstellung des Schmucks der Familie Sokolov, so wird doch eine große Diskrepanz zwischen beiden deutlich und es werden erhebliche Zweifel daran wach, ob der im Möhnetal gefundene Schatz der Mihailova gehört haben kann.

Es gibt auch die Meinung, daß es sich bei dem wertvollen Fund um den Schatz einer jüdischen Familie gehandelt haben könnte. Vielleicht hat man in der allgemeinen Verwirrung, die durch die Möhnekatastrophe entstanden war, die Zeichen auf den Schmuckstücken falsch gedeutet und hebräische Schriftzeichen als kyrillische gelesen? Dies ist eine Vermutung des Autors.

Die Flutwelle erreicht Neheim

Privatalarm durchs Telefon – Der Tod in den Luftschutzkellern – Erste Fotos der Zerstörung – Die Nackten in der Baumkrone – Die Rettung des Bürgermeisters – Die Zahl der Toten wird verschwiegen – Der geheime Bericht des Landrats

Nur 25 Minuten hatten die Fluten gebraucht, um von der Bresche in der Möhnestaumauer den Weg bis zur Stadt Neheim-Hüsten zurückzulegen, auf ihrem Weg alles vernichtend, was sich ihnen in den Weg stellte. Vor allem der Stadtteil Neheim wurde von der schrecklichen Wucht des Wassers getroffen, das hier noch mit einer zehn Meter hohen Flutwelle eintraf. Die Einwohner von Neheim hatten sich in die Luftschutzkeller geflüchtet, da im Möhne- und Ruhrtal Luftalarm gegeben worden war, als die britischen Bomber im Anflug auf die Staudämme des Sauerlandes waren.

Nur wenige Bewohner Neheims waren telefonisch von Bekannten und Verwandten vor der Flut gewarnt worden, von Leuten, die in Günne und Niederense am Berghang wohnten und das schreckliche Schauspiel miterlebt hatten, das sich unter ihnen im Tal abspielte. Auch die polizeilichen Dienststellen in Neheim waren von Privatleuten alarmiert worden. Dort schenkte man diesen Mitteilungen keinen Glauben, weil man die Möhnemauer für unzerstörbar hielt. Als aber der Sonderdienst der Regierung in Arnsberg die Zerstörung des Möhnedammes offiziell bestätigte, war es für eine Alarmierung der Bevölkerung bereits zu spät. Außerdem gab es für diesen Fall keinen Alarmplan, nach dem man hätte vorgehen können. Und so kam es, daß in Neheim erneut Fliegeralarm gegeben wurde und viele Menschen, die sich schon wieder auf den Weg in ihre Wohnungen gemacht hatten, erneut in die Luftschutzkeller eilten, wo sie dann von den Wassermassen überrascht wurden. So wurde der erneute Alarm für viele Bewohner von Neheim zum Verhängnis. Nur wenige hatten, gewarnt durch ein eigenartiges Brausen und Rauschen in der Luft, sich in höher gelegene Stadtteile retten können.

Morgens gegen 05.45 Uhr fotografierte ein Neheimer Bürger die nun schon sinkenden Fluten im Möhnetal. Auf seinen Bildern war zu sehen, daß die Gewalt des Wassers ganze Häuser glatt von ihren Fundamenten abgeschnitten hatte und daß die Keller, in ihnen viele Tote, mit Sand und Geröll zugeschwemmt worden waren.
Viele Tote forderte auch die Neugier, die manchen dazu trieb, sich das schreckliche Schauspiel von einem höheren Standort aus im hellen Mondlicht anzusehen, dabei alle Vorsicht außer acht zu lassen und sich so nah an die brausende Flut heranzutrauen, daß diese die Verwegenen schließlich doch noch erfaßte und mit sich riß. Andere wollten noch schnell einige Gegenstände aus ihren Häusern retten, nachdem der erste Wasserschwall vorbei war. Die steigende Flut jedoch schnitt Vielen den Fluchtweg ab, die dann von Stockwerk zu Stockwerk höher liefen, schließlich aus den Dachluken kletterten und sich in ihrer Todesangst an den Schornstein klammerten. Aber auch dorthin folgte ihnen das Wasser.
Der Neheimer Heimatforscher Rektor Bahnschulte, Träger des Ehrenringes der Stadt, schildert in seinen Aufzeichnungen die Ereignisse der Nacht so:
»Das Unglaubliche war Wirklichkeit geworden, der Möhnedamm war gebrochen. Für die RAF eine Nacht des Triumphes. In Großbritannien sollte dieses Ereignis immer wieder geschildert werden, aber auch in Deutschland. Meine Frau und die Kinder waren davongelaufen, mitgerissen von der rennenden, schreienden, erschreckten Menge. Aber ich konnte mich nicht dazu bewegen, mitzulaufen. Fixiert stand ich im Mondlicht, betäubt vom Brüllen der Millionen von Tonnen Wasser, die aus der gebrochenen Mauer durch das Tal stürzten, um sich dann mit einer mächtigen Flutwelle auf Neheim-Hüsten zu ergießen, die kleine Ruhrstadt, die ich so liebe.
Sogar als der fürchterlich schäumende Schrecken in Sicht war, konnte ich kaum glauben, daß diese Tragödie – von der unsere Naziführer geschworen hatten, daß sie nicht eintreffen würde – nun doch tatsächlich passiert war, daß in dieser phantastischen Mainacht von 1943 die RAF den großen Möhnedamm gebrochen hatte. Hunderte mußten sterben in den Luftschutzkellern, in den Ruinen ihrer Häuser, in den Straßen, als sie zu flüchten versuchten. Wie so viele, die ihr Leben im Schatten der Sperrmauer verloren haben, war ich immer davon überzeugt gewesen, daß es unmöglich sein würde.
Nur einige Stunden vorher, als englische Aufklärungsflugzeuge den

Damm umkreisten – auf der Anflugstrecke bestand von 18.40 Uhr bis 19.20 Uhr öffentliche Luftwarnung – hatte ich meiner verängstigten Frau gesagt: Was soll schon geschehen, wenn die Briten den Damm treffen! Sie können höchstens ein Stück aus dem oberen Damm schlagen, doch wird es niemals eine Öffnung sein, die groß genug ist, alles Wasser auf einmal herauszulassen. Sei also unbesorgt! Beruhigt war sie schlafen gegangen. Und ich schlief so tief, daß ich noch nicht einmal das Heulen der Sirenen hörte, als Gibsons Lancaster-Bomber durch den Nachthimmel jagten, um den Möhnedamm und andere Dämme zu zerstören.
Als der Krieg ausbrach, hatten wir mit Angriffen auf den Damm gerechnet, und die Regierung traf einige vorbeugende Maßnahmen. Als jedoch die Jahre verstrichen und keine Flieger auftauchten, wurde der Schutz abgeschwächt. Auch unser Bürgermeister, der auf einer besonderen Ausbildung unserer Bevölkerung bestand, wurde durch einen Mann ersetzt, dessen Aufgabe es war, jedes Gespräch über Wasseralarm zu verbieten. Bis zu jener schrecklichen Nacht vom 16. auf den 17. Mai wußte Neheim nicht, was es im Krieg noch mitmachen sollte. Wir waren eine blühende Stadt von 27.000 Einwohnern. Der größte Teil der arbeitenden Bevölkerung war in örtlichen Fabriken beschäftigt. Abgesehen vom Verdunkeln und den Rationalisierungsmaßnahmen, der Anwesenheit von Kriegsgefangenen und anderen Fremdarbeitern, die ihr Lager am Möhneufer hatten, war das Leben, wie es seit Jahren gewesen war.
Ich war damals Rektor an einer der Schulen und nebenher Denkmalspfleger. Unser Haus stand auf einer steilen Bergstraße, von wo aus man den größten Teil der Stadt überblicken konnte. Die Sicht auf den Möhnedamm wird durch einen Bergrücken verdeckt. In der Schrekkensnacht heulten die Sirenen gegen Mitternacht. Nicht mehr als eine Viertelstunde später wurde ich durch den Lärm der Flugzeuge geweckt, so daß ich wußte, daß irgendetwas nicht stimmte.
Ich nahm meine Frau und unsere vier Kinder mit in den Luftschutzkeller und lief zum Fenster. Der Himmel wurde von roten Leuchtkugeln bedeckt und der Lärm vergrößerte sich. Einige Minuten später sah ich das Zerbersten von Flammen am Himmel. Ein Bomber wirbelte zur Erde. Beim Aufschlag gab es eine fürchterliche Explosion. Danach gab es ein neues Geräusch. Bald war die Luft davon erfüllt. Menschen liefen auf die Straßen, standen dort in erschreckten Gruppen und sahen zum Tal. Plötzlich hörte man über dem Donnern

Schreien und Rufen. Und dann wußte ich, was geschehen war, denn das Schreien kam aus dem Zwangsarbeiterlager. Ich rief meiner Frau zu: »Schnell, hol die Kinder aus dem Keller, der Damm ist gebrochen!« In der Dunkelheit liefen wir durcheinander, als wir nach Geld und Wertsachen griffen. Als wir auf die Straße liefen, rief ich mit aller Macht meiner Stimme: »Der Damm ist gebrochen, lauft um euer Leben!« Auch meine Nachbarn wußten es schon, denn hunderte von erschreckten Frauen, Kindern und Männern vom unteren Ende der Straße liefen den Berg hinauf. In der Aufregung lief unsere Familie den falschen Weg, noch rechtzeitig erkannten wir dies.
Das Geräusch des heranstürzenden Wassers wurde ohrenbetäubend. Als ich mich zu meiner Frau umdrehte, sah ich sie und die Kinder in der Menge den Berg hinaufeilen. Anstatt ihnen zu folgen, nahm ich einen anderen Weg, von dem ich wußte, daß er mich ebenfalls vom Wasser fernhalten würde. Dann sah ich die Flut, eine enorme, schäumende Mauer, die mit der Geschwindigkeit eines D-Zuges gegen die Stadt raste. Diese Flutwelle mußte in dem engen Tal eine Höhe von zehn Meter gehabt haben.«
»In der schwarzgrauen Masse wurden Telegrafenmasten, Teile von Häusern und Möbeln hin und her geworfen. Es brüllte vorüber, Bäume und Häuser hinwegreißend. Hochspannungsdrähte wurden ergriffen und tauchten mit grellen Blitzen im Wasser unter. Dann war es vorüber, mich gestrandet zurücklassend. Völlig erschöpft und krank vom Schrecken, mein Kopf zerschlagen von diesem Geräusch, wartete ich, bis das Wasser genügend zurückgewichen war, so daß ich mich auf den Weg zu meinem Haus machen konnte, durch Gerümpel und Schlamm. Ich passierte Gruppen von Menschen, die völlig blind vor Entsetzen Namen von Freunden und Verwandten riefen.
Mein Keller war überschwemmt. Wären wir dort verweilt, wäre unser Schicksal wie das so vieler Nachbarn gewesen. Vergeblich versuchte ich ein kleines Mädchen zu trösten, das, weil es wegen Kopfschmerzen den Keller verlassen hatte, dem Schicksal entronnen war. Elf Mitglieder der Familie waren umgekommen. Bald erfuhr ich, daß meine Frau und die Kinder in Sicherheit waren. Mit meiner Frau lief ich wieder zurück auf den Berg und wir starrten ins Tal. Ich sah kleine Menschengruppen, die auf Dächern gestrandet waren, und Ertrunkene, unter denen viele Fremdarbeiter waren. Ein Teil der Stadt war ein riesiger See. Häuser und Brücken waren fortgeschwemmt.«

»Ein örtlicher Nazi-Führer stolzierte vorbei. Ich hörte wie er sagte: ›Nun ja, die Briten haben hervorragende Arbeit geleistet! Ein Deutscher würde dafür die größte Auszeichnung erhalten!‹ Ich konnte es fast nicht glauben! Jemand brach Hitlers strengste Order, indem er den Feind lobte! Wenn er sich so etwas erlauben kann, so dachte ich, so kann ich es auch. So nahm ich am Morgen Bilder der Verwüstung auf, eine Beleidigung, welche mich ins Gefängnis hätte bringen können. Soldaten und andere Hilfskräfte marschierten ein.
Gegen acht Uhr kamen ein Unteroffizier und acht Mann an meine Tür. Sie hatten den Befehl, mir bei den Aufräumungsarbeiten von Kulturdenkmälern zu helfen. Das war meine Arbeit, mit der ich einige Tage beschäftigt war. Heiligenfiguren und andere wertvolle Gegenstände waren kilometerweit den Fluß hinabgetrieben worden. Das Bild, das das zurückweichende Wasser hinterlassen hatte, war unbeschreiblich: Leichen überall, Gebäude nur in Ruinen, dicker Schlamm bedeckte die Straßen. Tausende von Menschen arbeiteten Tag und Nacht, um die Trinkwasserversorgung und die Stromzufuhr wieder herzustellen. Wir erfuhren auch, daß die Edertalsperre fast zur gleichen Zeit zerstört wurde und nicht nur Neheim vom Unheil überschattet wurde.«
Die Augen von Tausenden, die sich auf die Berge und Höhen geflüchtet hatten, blickten hinab auf die tosende Flut. Plötzlich weiteten sie sich vor Schrecken: In schneller Fahrt näherte sich von Nordosten her etwas Unheimliches, ein treibendes Motorboot, das den Sturz durch die Bresche in der Staumauer unversehrt überstanden hatte. Erst unterhalb von Neheim zerschellte es endgültig.
Vor seinem Hof, der direkt an der Möhne lag, stand der Bauer Pähler. Schon stieg das Wasser um seine Füße, als er noch einmal ins Haus rannte, um seine Frau und die beiden Kinder herauszuholen. Im Nu stand das Wasser in der ersten Etage. Die Familie flüchtete im Haus höher hinauf in das nächste Stockwerk. Schließlich blieb nur noch der Weg auf das Dach des Bauernhauses. Von hier aus sah Pähler, daß die Häuser seiner fünf Nachbarn noch standen. Aber eines nach dem anderen drehte sich plötzlich um die eigene Achse und versank in der kochenden Flut. Zunächst hielt das Pählersche Haus noch dem Druck des Wassers stand, dann aber wankte es plötzlich in seinen Fundamenten.
Schnell ergriff der Bauer eines seiner Kinder, die Frau nahm das

zweite. Als plötzlich ein dicker Baumstamm vorbeitrieb, klammerte sich der Mann daran fest, das Kind noch im Arm. Seine Frau hatte eine große Tür erwischt, an der sie sich festhalten konnte.
Noch konnte sich das Ehepaar durch Zurufe verständigen, bis plötzliche die Rufe der Frau abrissen, verstummten. »Bist Du noch da?« rief Pähler verzweifelt. Es kam keine Antwort, Frau und Kind waren verschwunden, ertrunken. Plötzlich riß die Strömung dem Vater das Kind aus dem Arm. Ihn selbst spülte die unbarmherzige Flut lebend in der Nähe von Vosswinkel an Land.
Bis gegen 01.30 Uhr stieg das Wasser unaufhörlich an. Das bewiesen die Uhren in der Leuchtenfabrik Kaiser und in einer Gastwirtschaft »Im Ohl«, die zu diesem Zeitpunkt stehen geblieben waren. Wie die Katastrophennacht über die Stadt Neheim-Hüsten hereinbrach, darüber gibt es eine Reihe von Augenzeugenberichten. So erinnert sich ein Herr Mette:
»Ich wohnte mit meiner Frau und den Kindern in einem Haus am Sportplatz. Mitten in der Nacht wurde ich durch Krachen und Brausen ringsum geweckt. Wankte etwa das Haus oder sollte dies eine Täuschung sein? Ich öffnete das Fenster. Durch eine Erschütterung des Hauses wurde ich durch das Fenster geworfen und fiel direkt ins Wasser, wurde von den Wirbeln in die Tiefe gezogen und wieder ausgespuckt. Ich fasste einen Baumstamm, der mir Sekunden später entrissen wurde und erwischte schließlich den Ast eines sehr hohen Baumes. Dort blieb ich die ganze Nacht sitzen. Die Kleider wurden mir vom Leib gerissen und es war bitter kalt. Als der Rettungsdienst mich am Tag vom Baum holte, fragte man mich, wie ich das ausgehalten habe? Meine Antwort: Wäre ich doch auch umgekommen! denn inzwischen hatte ich erfahren, daß Frau und Kinder ertrunken waren und das Haus abgetrieben war ....«
Der Maschinenmeister Josef Rösen erzählt:
»Der Himmel im Nordosten war blitzartig von einem hellen Flammenschein erleuchtet. Mein erster Gedanke: Das ist die Talsperre! Ich lief so schnell nach Hause, wie ich konnte, und weckte meine Schwester und forderte sie auf, Trinkwasser und Kerzen bereitzustellen, weil Wasser und Licht ausfallen mußten. Ich hörte ein merkwürdiges Rauschen. Es gab für mich keinen Zweifel mehr, das was das Wasser, das vom Staudamm durch das Tal kam. Über das Rauschen hinweg hörte ich Menschen schreien und Tiere brüllen. Ich fuhr mit dem Rad zur Stadt. An der Neheimer Kirche stand das Was-

ser bereits einen halben Meter hoch. Hier war kein Weiterkommen. Mein Ziel war der Schlachthof. Dort wollte ich meinen diensttuenden Kameraden helfen. Wasser und dicker Schlamm standen über einen Meter hoch. Die Nacht war so hell, daß ich auf dem Dach eines Schuppens der Firma Hillebrandt ein Schwein angstvoll hin und her laufen sah. Ich kehrte um und versuchte, zur Friedrichstraße vorzudringen. Schritt für Schritt mußte ich Balken und Bretter und andere angeschwemmte Gegenstände beiseite räumen, um vorwärts zu kommen.

Plötzlich entdeckte ich unter dem Geröll die Leichen von vier unbekleideten jungen Frauen. Ich barg sie hinter der nächsten Haustür und räumte mir weiter den Weg am überschwemmten Kleinbahndamm entlang. Inzwischen sank die Temperatur durch das kalte Wasser rapide. Es waren nur drei bis vier Grad. Über den Wassermassen bildete sich Nebel. So kam ich bis zum Schlachthof. Im Wurzelwerk der Büsche und Bäume am Mühlengraben fand ich weitere Leichen und barg sie.

Dann hörte ich plötzlich aus dem Nebel über mir angstvolle Rufe. Ich sah hoch und erkannte in den Astgabeln der Bäume menschliche Gestalten, auch sie vollkommen nackt. Es waren junge Fremdarbeiterinnen aus dem Lager oberhalb des Schlachthofes. Das reißende Wasser hatte den Mädchen die Kleider vom Leib gezerrt. Vier oder fünf Russinnen konnte ich lebend aus den Bäumen retten und in Sicherheit bringen. Im Wohnhaus am Schlachthof sah ich ein Streichholz aufflammen. Dort wohnten der damalige Bürgermeister Löffler mit seiner Frau und drei Kindern, sowie der Amtmann Mattis mit Frau und Kind. Ich vermutete, daß auch der Hallenmeister Franz Topp mit seiner Frau dort Zuflucht gesucht hatte.

Bis an die Hüften im Wasser arbeitete ich mich am Bahndamm entlang bis zum Haus vor. Dort baute ich aus herumschwimmenden Türen und Balken ein primitives Floß, mit dem ich einige Menschen, darunter auch den Bürgermeister, über den Mühlengraben hinweg bis zur stadtseitigen Böschung bringen konnte. Frau Löffler erlitt ein tragisches Geschick, die zwei ihrer Kinder schon auf den Dachboden gebracht hatte und noch einmal in ihre Wohnung zurücklief, um ihren sechsjährigen Sohn zu holen. Während sie im Zimmer war stieg das Wasser so rasch, daß sie mit dem Kind, obwohl sie eine gute Schwimmerin war, nicht mehr unter dem Türrahmen hinwegtauchen konnte; beide sind im Zimmer elend ertrunken. Das

Ehepaar Topp war von der Flut in den Keller des Hauses gedrückt worden und ebenfalls ertrunken. Ein furchtbares Schicksal erlitten auch circa 50 Menschen, die beim Luftalarm in den nahegelegenen Tiefbunker der Firma Bröckelmann, Jäger und Busse gegangen waren. Durch den steigenden Wasserdruck konnten sie die Türen nicht mehr öffnen und ertranken.«

Unzählige Einzelschicksale erfüllten sich in dieser Nacht. Gegen Morgen verlief sich das Wasser und gab weggeschwemmte Brücken, umgeworfene Personenzüge, wie Kartons zusammengedrückte Häuser frei. Die zu Tode geängstigte Bevölkerung begann sofort, nach ihren Toten zu suchen. Als später gegen Abend der Großdeutsche Rundfunk die ersten Meldungen über die Katastrophe brachte und nur geringe Todeszahlen nannte, da lachte mancher bitter angesichts des Todes über diese Lügen. Man brauchte nur die Särge in der Neheimer Kirche St. Johannes zu zählen und die leblosen Gestalten, die man immer noch zur Identifizierung in das Innere der abgedunkelten Kirche trug. Währenddessen wurde in den Wirtshäusern Sprudelwasser zum Waschen ausgegeben, Trinkwasser war nicht mehr zu bekommen. Und immer mehr Talbewohner erfuhren Einzelheiten über die Ereignisse dieser schrecklichen Nacht. Der Landrat des Kreises Arnsberg verfaßte am 3. Juni einen geheimen Bericht an den Regierungspräsidenten in Arnsberg. Das Schreiben war adressiert an den Oberregierungsrat von Lübke und trug das Aktenzeichen L Nr. 154/43. Darin hieß es:

»Betrifft: Bruch der Möhnetalsperre. Erstattung eines zusammenfassenden Berichtes entsprechend den Verfügungen vom 27. und 31. Mai 1943. Der Verlauf der Katastrophe: In der Nacht vom 16. zum 17. Mai wurde in Neheim-Hüsten gegen 21.30 Uhr Fliegeralarm gegeben. Als der Wachhabende der Polizeiwache in Neheim-Hüsten, Revierleutnant Dicke, nach Auslösung des Alarms Motorengeräusche von Flugzeugen hörte, begab er sich auf den im Rathaus befindlichen Beobachtungsturm, um sich einen Überblick über die Lage zu verschaffen. Leutnant Dicke vernahm um 00.15 Uhr zunächst einen hellen und nach ganz kurzer Zeit einen zweiten dumpfen Einschlag. Hierauf begab sich Dicke von seinem Beobachtungsturm herunter in die Polizeiwache, um etwa eintreffende Meldungen entgegenzunehmen.

Etwa zehn Minuten nach dem Einschlag der Bomben fragte die Polizeiverwaltung Arnsberg bei der Polizeiverwaltung in Neheim-

Hüsten an, ob Bomben im Stadtgebiet Neheim gefallen seien. Auf diese Frage erklärte der wachhabende Leutnant Dicke, daß die Bomben nicht im Stadtgebiet, sondern in Richtung der Möhnetalsperre, und zwar wohl in der Nähe des Fliegerschießplatzes Werl, abgeworfen seien. Nach einiger Zeit rief der Stadtbaumeister Kraft aus Neheim-Hüsten bei der Polizeiverwaltung an und erklärte, in der Stadt ginge das Gerücht um, die Möhnetalsperre sei getroffen und laufe aus. Auf diese Frage erwiderte Leutnant Dicke, amtlich sei bisher nichts gemeldet oder bekanntgegeben. Der bei der Möhnetalsperre bestehende Warndienst habe in solchen Fällen die Ortspolizeibehörde in Neheim-Hüsten unmittelbar zu benachrichtigen; dies sei bisher nicht geschehen.
Sofort nach diesem Anruf erschien auf der Wache der Zigarrenhändler Kampmann aus Neheim-Hüsten und erklärte, er habe soeben von privater Seite aus Niederense eine telefonische Nachricht erhalten, die Möhnetalsperre sei getroffen. Daraufhin griff Leutnant Dicke sofort zum Telefon und rief die erste ihm ins Auge fallende Telefonnummer (er glaubt 2425) an. Dort meldete sich aber niemand. Unmittelbar darauf ging bei der Wache ein Fernruf des Sonderdienstes der Regierung in Arnsberg ein, der bekannt gab, die Möhnetalsperre sei getroffen und laufe aus. Diese Mitteilung des Sonderdienstes der Regierung erfolgte etwa um 00.50 Uhr.
Da auf der Polizeiwache in Neheim-Hüsten weder ein Auto noch ein Motorrad zur Verfügung stand, verständigte Leutnant Dicke zunächst den Bürgermeister Löffler vom Inhalt des Telefongespräches. Dieser erklärte: Ich komme sofort! Schicken Sie mir aber einen Beamten entgegen. Der zu dem Bürgermeister Löffler in Gang gesetzte Oberwachtmeister der Reserve Röse, der diesem für den Fall, daß die Flut schon bis zu seinem Haus vorgedrungen war, bei der Beschaffung seines Wagens aus der Garage behilflich sein sollte, konnte die Wohnung des Bürgermeisters nicht mehr erreichen, da sie von der Wasserflut bereits ganz umspült war.
Nach der Entsendung des Oberwachtmeisters Röse zur Wohnung des Bürgermeisters hat Leutnant Dicke alsdann sofort die übrigen noch auf der Polizeiwache befindlichen zwei Polizeibeamten in die am meisten gefährdeten Stadtteile entsandt, um die Bevölkerung so weit wie möglich zu warnen. Seine sofortigen Versuche, das Wasserwerk der Stadt und die im Alarmplan aufgeführten Industrie-

firmen telefonisch zu benachrichtigen, gelangen jedoch nicht mehr, da zu dieser Zeit bereits das Wasser in die Keller des Postamtes eingedrungen war und sämtliche Telefonanlagen zerstört hatte. Dieser Vorgang vollzog sich etwa in der Zeit von 00.50 Uhr bis 01.15 Uhr. Auch eine weitere Alarmierung, vor allem der Werler Straße und der Nebenstraßen, war nicht mehr möglich, da das Wasser bereits bis zum Rathaus vorgedrungen war. Die zur Möhnestraße entsandten Beamten konnten ebenfalls nicht mehr durch die Wassermassen fortkommen ....«

Neheim nach der Katastrophe

Die Rettungsaktionen laufen an – Trotz Parteiverbots Kreuze auf den Särgen – Panik bei der Trauerfeier – Bilanz der wasserwirtschaftlichen Schäden – Die Wasserwerke: Nach vier Wochen wieder volle Förderleistung – Die »Waffenschmiede des Reiches« kennt keine Wassersorgen

Das Ausmaß der Katastrophe war riesenhaft. Entsprechend groß angelegt war die Rettungsaktion. Insgesamt wurden im gesamten Raum, also auch im Katastrophengebiet des Edertales, rund 10000 Arbeitskräfte eingesetzt, unter ihnen fast alle Feuerwehren des westdeutschen Raumes, die schon unmittelbar nach Bekanntwerden des Unglücks anrückten und oft mit ihren Leitern, Seilen und Pumpen die erste Hilfe leisteten. Aber keiner der vielen tausend Helfer wurde später für seinen Einsatz ausgezeichnet. Sie alle hatten »nur ihre Pflicht getan«, oft genug unter Einsatz ihres Lebens. Die Hilfsaktionen liefen auch bald für die Stadt Neheim-Hüsten an. Schon am 17. Mai kamen die ersten Rettungsmannschaften; bis zum 22. Mai waren im Stadtgebiet 1250 Soldaten eingesetzt, davon stellte die Kraftfahrausbildungsabteilung der Luftwaffe in Menden allein 600 Mann. Die Wehrmacht war zunächst für die Beseitigung der unmittelbaren und öffentlichen Notstände eingesetzt. Ihre Aufgabe war es vor allem, die Leichen zu bergen, die Straßen zu räumen und für den Verkehr wieder benutzbar zu machen und drohende Einsturzgefahren an Gebäuden und Bauwerken zu beseitigen.
Aus einheimischen und auswärtigen Kräften setzte sich die Technische Nothilfe zusammen, die bis zum 22. Mai mit 380 Personen in der Stadt half. Unter ihnen befand sich ein TN-Spezialtrupp aus Köln mit 21 Mann und der TN-Schlammpumpentrupp Bielefeld mit 18 Kräften. Weiter waren vom Roten Kreuz 42 Männer und 60 Frauen eingesetzt, sowie rund 150 Feuerwehrmänner.

Karlshafen liegt 139 km von der Edertalsperre entfernt. Am 18. Mai 43 fuhren Bürger der Stadt mit dem Ruderboot zum Milchmann. Ein Bild, das über die Grauen der Katastrophe hinwegtäuscht.

Diese 20 Tonnen schwere Spiralturbine des Möhnekraftwerkes wurde mehrere hundert Meter weit fortgespült. Der dazugehörige Absperrschieber steht heute im Deutschen Museum in München als Demonstrationsobjekt für den Talsperrenbau.

Blick in die 77 Meter breite Bresche in der Möhnemauer. Beim Wiederaufbau der Dämme an Möhne und Eder entschließt man sich nicht zu einer Behelfslösung aus Beton, die aus propagandistischen Gründen einen überschnellen Fertigungstermin ermöglicht hätte. Zudem war das Verhalten des Betons in der Mauer als Fremdkörper unbekannt.

Der Wiederaufbau der Edertalsperre vollzieht sich durch die Organisation Todt in Verbindung mit der Philip Holzmann AG Frankfurt, die seinerzeit die Mauer erbaute. Am Fuß der Bruchlücke beträgt die Mauerstärke 18 Meter.

Stehengebliebenes Mauerwerk am Möhnedamm ist durch starke Risse in Mitleidenschaft gezogen worden. Am Ederdamm wurden allein 11 200 Meter laufende Bohrung durchgeführt, um sie zur Wiederherstellung der Standfestigkeit mit Zementmilch abpressen zu können.

Die Fieberkurve des Todes. Im 125 km entfernten Geophysikalischen Institut Göttingen wurden die Schockwellen der Wallis-Bomben seismisch registriert. Circa eine Minute bebte die Möhnemauer beim Einsturz. Fast identische Kurven gab es in England bei registrierten Dammodellversuchen.

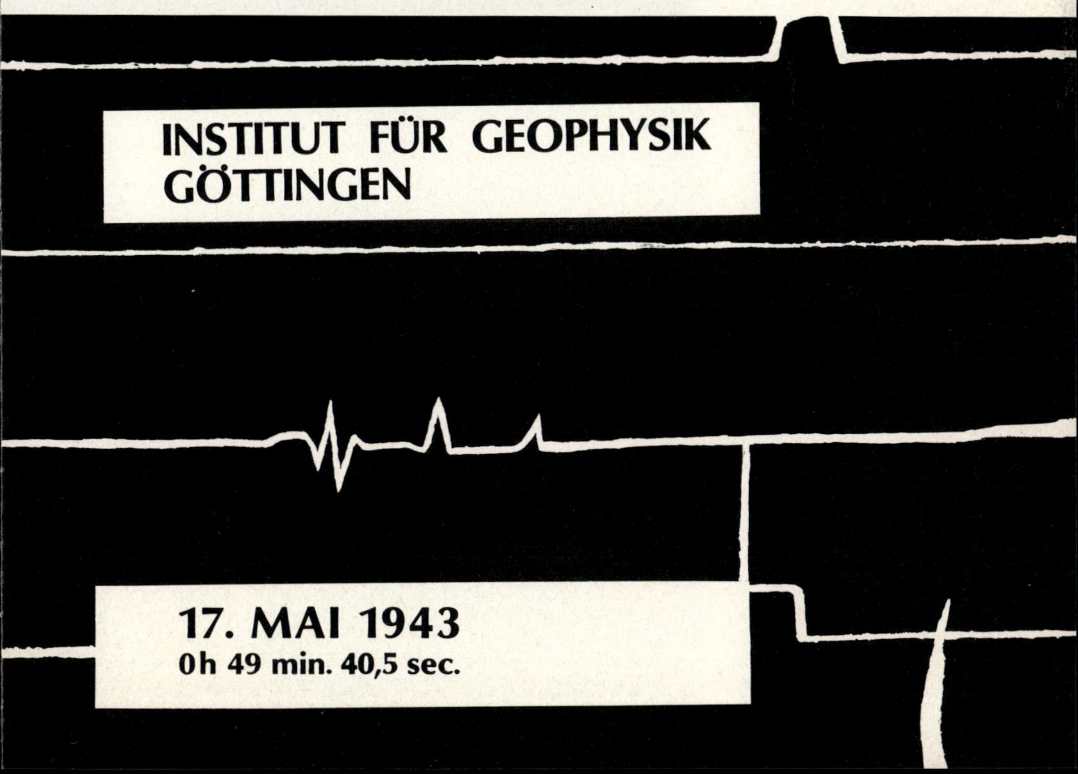

Blick auf das 8 Stockwerk hohe Baugerüst an der Möhnemauer von der Wasserseite her. Vergleichbar mit einem feinmaschigen Spinnennetz. Ein Meisterwerk der Zimmermannskunst.

Trotz Luftgefahr lief der schnelle Wiederaufbau der Talsperren auch nachts unter Scheinwerferlicht weiter. Alarmanlagen waren direkt an das Warnnetz der Flak angeschlossen. Lichtstreifen dokumentieren fotografisch die Aktivität der Kranbewegungen.

Der Wiederaufbau der Möhnetalsperre erfolgte nach Originalplänen durch Maurer aus Italien, Kroatien und Deutschland.

Der Wiederaufbau der Möhnetalsperre wurde am 3.10. 1943 mit der Fertigstellung der Fahrbahndecke beendet.

Fernschreiben des Führers zum Wiederaufbau der Möhnetalsperre.

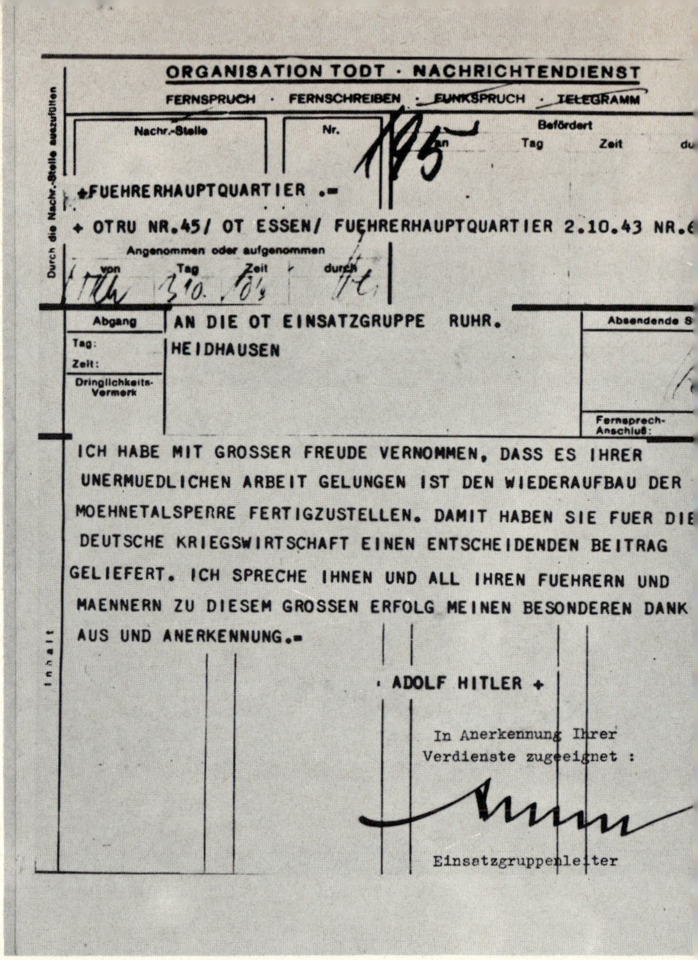

ORGANISATION TODT · NACHRICHTENDIENST

FERNSPRUCH · FERNSCHREIBEN · ~~FUNKSPRUCH~~ · ~~TELEGRAMM~~

Nachr.-Stelle | Nr. | Befördert an Tag Zeit du

Durch die Nachr.-Stelle auszufüllen

+FUEHRERHAUPTQUARTIER .-

+ OTRU NR.45/ OT ESSEN/ FUEHRERHAUPTQUARTIER 2.10.43 NR.6

Angenommen oder aufgenommen von Tag Zeit durch

Abgang Tag: Zeit: Dringlichkeits-Vermerk

AN DIE OT EINSATZGRUPPE RUHR.
HEIDHAUSEN

Absendende S

Fernsprech-Anschluß:

Inhalt

ICH HABE MIT GROSSER FREUDE VERNOMMEN, DASS ES IHRER UNERMUEDLICHEN ARBEIT GELUNGEN IST DEN WIEDERAUFBAU DER MOEHNETALSPERRE FERTIGZUSTELLEN. DAMIT HABEN SIE FUER DIE DEUTSCHE KRIEGSWIRTSCHAFT EINEN ENTSCHEIDENDEN BEITRAG GELIEFERT. ICH SPRECHE IHNEN UND ALL IHREN FUEHRERN UND MAENNERN ZU DIESEM GROSSEN ERFOLG MEINEN BESONDEREN DANK AUS UND ANERKENNUNG.-

ADOLF HITLER +

In Anerkennung Ihrer Verdienste zugeeignet :

Einsatzgruppenleiter

Neues Wasser für das Ruhrgebiet. Der Wiederanstau hat begonnen. Das Bild zeigt einen Probelauf der Ablaßrohre.

Nachdem die drohendsten Gefahren beseitigt und der größte Notstand behoben war, verblieben vom 22. bis zum 29. Mai noch rund eintausend Helfer in Neheim-Hüsten. Die eine Hälfte hatte die Aufgabe, im Stadtgebiet allgemeine Aufräumungsarbeiten durchzuführen, die andere Hälfte arbeitete in den Industriebetrieben, um die unterbrochene Produktion wieder in Gang zu bringen. Vom 30. Mai an verringerte sich die Zahl der eingesetzten Hilfskräfte auf 900 Mann, jedoch rückten am 31. Mai 300 russische Kriegsgefangene in Neheim-Hüsten an, für die eine entsprechende Zahl deutscher Soldaten abgezogen wurde.
Neben diesen militärischen Einsatzkräften und denen der staatlichen Hilfsorganisationen beteiligten sich auch Organisationen der NSDAP an den Aufräumungs- und Aufbauarbeiten, das NSKK mit 50 bis 60 Personen, die Hitler-Jugend mit 500 bis 600 Mitgliedern, die SA mit 30 bis 40 Kräften und die NS-Frauenschaft mit 50 bis 60 Personen. Außerhalb des Stadtgebietes waren der Reichsarbeitsdienst und auswärtige Pioniereinheiten mit Wiederaufräumungsarbeiten beschäftigt, vor allem an den zerstörten Anlagen der Reichsbahn.
Den Gruppen der Organisation Todt, rund 400 Personen, wurde der Brücken- und Straßenbau, der Bau einer Kläranlage, sowie Baggerarbeiten an Möhne und Ruhr und die behelfsmäßige Wiederherstellung der Ruhr-Lippe-Eisenbahn zwischen Neheim-Hüsten und dem Möhnesee übertragen. Schon war von dem OT-Einsatz-Gruppenleiter Landesrat Adam mitgeteilt worden, daß in den folgenden Wochen für die Wiederherstellung der Möhnesperrmauer und die in Zusammenhang damit erforderlichen Nebenarbeiten im Bereich des Möhnesees zwei- bis viertausend Arbeitskräfte eingesetzt werden sollten. Sie sollten in einem Zeltlager untergebracht werden. Da noch im Mai mit dem Abzug der militärischen Hilfskräfte aus dem Stadtgebiet von Neheim-Hüsten gerechnet werden mußte, bestand für die Neheimer Industrie und für die von der Stadt durchzuführenden Arbeiten ein großer Bedarf an Arbeitskräften: 800 Personen als Ersatz für die im Arbeitslager ertrunkenen Ausländer, 700 als Ersatz für das abgezogene Militär und damit für die Aufräumungsarbeiten in den Industriebetrieben und 200 Arbeitskräfte für die Bauarbeiten im Rahmen der Wiederherstellungsarbeiten in der Industrie. Darüberhinaus forderte die Stadtverwaltung zur Instandsetzung von Wasserwerk, Wasserleitungen, Straßen und

zur allgemeinen Schadensbeseitigung an Wohnhäusern und Dienstgebäuden 300 Hilfskräfte an. Insgesamt wurden also 2000 Arbeitskräfte benötigt, die beim Landesarbeitsamt angefordert wurden. Wegen dieser großen Zahl wurde man auch vorstellig bei der Dienststelle des Generalbevollmächtigten für den Arbeitseinsatz.
Die Zerstörung der Staudämme von Möhne und Eder sollte nach den englischen Vorstellungen eine neue Variante des Luftkrieges gegen Deutschland bilden. Diese gezielten Angriffe gegen Einzelobjekte entsprachen der sogenannten »Casablanca-Direktive«, in der die Alliierten dem Chef des britischen Bomberkommandos, Air Marshal Harris, den Auftrag erteilt hatten, solange durch gezielte Bombenangriffe das militärische und industrielle Potential des Deutschen Reiches zu schwächen, bis die Bereitschaft zum bewaffneten Widerstand aufhöre. Doch das wurde bei den Bombenangriffen auf Deutschland nicht erreicht, eher trat das Gegenteil ein, wie an dem Beispiel Neheim-Hüsten abgelesen werden konnte. Zwar war die in dieser Stadt untergebrachte Rüstungsindustrie nicht von ausschlaggebender Bedeutung, aber sie produzierte schon bald wieder in gewohntem Umfang, obwohl die Fabrikhallen und Betriebsanlagen schwer zerstört worden waren.
Hergestellt wurden in Neheim-Hüsten (an Rüstungsgut): Bunkertüren vom Typ »Atlantikwall«, Panzerwurfgranaten vom Gerätetyp »Puppchen«, Leitwerke, Bordmunition, Zünder, Schubdüsen und ein Teil des U-Boot-Zubehörs. In den zwölf Betrieben wurden außerdem Flugzeugserienteile für den Zellenbau sowie Motore, aber auch Teile des Funkmessprogramms hergestellt.
Während die ersten Instandsetzungsarbeiten anliefen und in den Rüstungsbetrieben alles darauf ausgerichtet war, so bald wie möglich wieder mit der Arbeit beginnen zu können, wartete auf die Bevölkerung von Neheim die traurige Pflicht, ihre Toten zu beerdigen. Es war sehr schwer, die vielen Leichen zu identifizieren. Die toten russischen Fremdarbeiterinnen wurden sofort in Massengräbern beigesetzt. Deutsche Tote wurden in der Pfarrkirche St. Johannes aufgebahrt.
Dabei kam es zu einem traurigen Zwischenfall, als die Parteileitung darauf bestand, die Kreuze von den Särgen zu entfernen. Die Neheimer ließen sich hiervon jedoch nicht beeindrucken, und schließlich mußten die Vertreter der Partei die Kreuze dulden. Am Donnerstag nach dem Angriff fand auf dem Friedhof von

Neheim die Trauerfeier für die rund 800 Toten statt. Die Partei hatte eine gemeinsame Trauerfeier der beiden Konfessionen nach dem offiziellen staatlichen Trauerakt an den offenen Massengräbern gestattet. Zu der Feier waren als Vertreter der Partei der stellvertretende Gauleiter Vetter und weitere hohe Funktionäre erschienen.

Über den Verlauf dieser Trauerfeier berichtete Max Freiherr von Boeselager später so:

»Ohne sichtbare Verbindung mit der kirchlichen wird zunächst mitten auf dem Friedhof die politische Feier mit entsprechender Lautsprecherrede des stellvertretenden Gauleiters absolviert. Erst dann erscheint der Geistliche zur kirchlichen Einsegnung. Die Kirchenglocken müssen schweigen in diesen Tagen. Ihr Klang soll als Sturmgeläut der Warnung vor einer besonderen Gefahr vorbehalten sein.

Nachdem die zahlreichen Särge von der Stelle der politischen ›Kundgebung‹ zu den Gräben getragen sind, beginnt der Paderborner Generalvikar seine Ansprache. Ihm hat man keinen Lautsprecher zur Verfügung gestellt. Nach wenigen Sätzen schon wird er jäh unterbrochen. Die bisher vermißten, sonst zu solcher Trauerstunde gewohnten Glocken vom Turm der Pfarrkirche beginnen mit schweren Schlägen. Warnung vor neuem Unheil bedeutet das jetzt. Das ist das Alarmsignal für die befürchtete zweite, die Sorpe-Flut. Als Sturmgeläut hallt es dumpf und drohend über der erschreckten Stadt.

Sofort gibt es Unruhe unter den vielen Menschen. Schrecken und Angst sitzen allen noch in den Knochen. Manche entfernen sich eilig und sorgenvoll. Der Vertreter des Bischofs rafft die Blätter seiner kaum begonnenen Rede zusammen. Er verkündet notgedrungen die Abkürzung der Feier. Und nun kommt in halsbrecherischem Tempo und mit großem Getöse aus der Stadt ein offener Lastwagen die Möhnestraße herauf. Auf ihm stehen Uniformierte mit Hakenkreuzbinden. Sie schicken mit den Armen wild fuchtelnd die Menschen vom Tal auf die Höhe. Alles Volk, das da unten trauervoll in Schlamm und Dreck seine verwüsteten Heime mühselig aufräumt, hetzt bergauf. Die auf dem Friedhof zahlreich anwesende Polizei gibt gleichzeitig Anweisung, den Ort zu räumen. In Windeseile verbreitet sich die Schauernachricht, der Staudamm der Sorpesperre sei gebrochen. Seine entfesselte Flut sei unter-

wegs. Er war in der Katastrophennacht neben der ebenfalls mit Erfolg bombardierten Edertalsperre auch angegriffen und beschädigt worden.
Die Panik ist groß! Bald stehen die Geistlichen mit nur wenigen allein zwischen offenen Gräben und den noch über der Erde stehenden Särgen. In abgekürztem Verfahren führen sie ihr Amt zu Ende. Dann müssen alle fort. Dabei gibt es für die Räumung des Friedhofes, der durch seine Lage an einem Talhang weit über den Wassern der Möhne geblieben ist, bei einer etwaigen Sorpeflut gar keinen vernünftigen Grund.
Die Erleichterung ist groß, aber auch die Empörung und Wut, als schon auf dem Rückweg in die Stadt durchsickert: Alles war nur ein Fehlalarm! Hinter vorgehaltener Hand munkelt man, es sei eine vorbedachte Aktion der allmächtigen Partei zur Störung der kirchlichen Feier gewesen. Das ist jedoch wenig wahrscheinlich. Die Machthaber hatten wahrhaftig bei aller Feindschaft gegen die Kirche keinen Grund, die schon unter Null stehende Stimmung sich noch weiter zu verderben.«
Der diensttuende Beamte am Klappenschrank des Neheimer Rathauses wollte vom Arnsberger Landrat von Engel das Wort »Wasseralarm!« gehört haben. Daraufhin hatte er diesen falschen Alarm ausgelöst. Der Vorfall wurde aber nie ganz geklärt. Die Zeitungen mußten ihn auf Anordnung der Partei verschweigen.
Hinter Neheim hatte sich die Flutwelle in das Tal der Ruhr ergossen, wo die Wassermassen einen großen See bildeten, der die Landschaft völlig veränderte. Noch heute findet man hier an verschiedenen Stellen Zeichen des hohen Wasserstandes, Hochwassermarken des Todes, die nie zuvor und auch bis heute nicht mehr erreicht wurden. Der gesamte Wasserhaushalt des Ruhrtales war in Unordnung geraten, das machte der Bericht des Hygiene-Institutes in Gelsenkirchen deutlich, der die Folgen für die Wasserwirtschaft des Ruhrgebietes schilderte. »Da die Sperre zur Zeit des Angriffs fast vollständig gefüllt war, ergoß sich das Wasser der Möhnetalsperre durch das entstandene Loch in so gewaltigen Ausmaßen, daß im Möhne- und Ruhrtal eine Hochwasserwelle erzeugt wurde, die an den engen Talstellen der Möhne eine Höhe von zehn Meter und darüber erreichte. Selbst an der oberen Ruhr lag die Wasserwelle in den ersten Stunden nach dem Bruch der Sperrmauer zwischen sechs und acht Meter über dem Fluß. Erst im Gebiet der

unteren Ruhr, in Höhe des Baldeneysees bei Essen, das heißt also rund 100 Kilometer unterhalb der Sperrmauer, hatte sich die Flut bis auf die Welle der früheren Hochwasser abgeflacht und sank dann weiter bis zur Mündung der Ruhr in den Rhein unter die Hochwasserlinie.

Die Wassermassen erreichten zu Beginn eine Geschwindigkeit von sechs Meter pro Sekunde, wodurch sehr umfangreiche Schäden vor allem im Möhnetal und auch im oberen Ruhrtal verursacht wurden. Die größten Beschädigungen entstanden naturgemäß in den Talengen und besonders an Stellen, an denen der Abflußquerschnitt durch Einbauten von Fabriken, Brücken mit anschließenden Straßendämmen und Wohnbauten künstlich eingeengt worden war. Dies war vor allem der Fall in den Städten Neheim, Wickede und Fröndenberg. Die Fließgeschwindigkeit wurde an solchen verengten Talstellen durch die Abflußhindernisse besonders erhöht und dadurch die Zerstörung beträchtlich gefördert.

Die abfließenden Wassermassen betrugen in den ersten Stunden schätzungsweise bis 9.000 Kubikmeter in der Sekunde und sind dann später auf 6.000 Kubikmeter in der Sekunde bis zum langsamen Abebben der ausstürzenden Wassermassen zurückgegangen. Die Zerstörung der Möhnetalsperre hatte sich in der Trinkwasserversorgung und auch in der Abwasserbeseitigung sehr stark ausgewirkt. Einige Wasserwerke wurden durch die Flutmassen total zerstört, so daß sie entweder wieder aufgebaut werden mußten, oder aber es mußte die Trinkwasserversorgung der betreffenden Städte durch Behelfswasserwerke gedeckt werden. Die meisten Wasserwerke allerdings konnten zum Teil schon nach wenigen Stunden wieder in Betrieb genommen werden. Das war insbesondere der Fall bei den mit Dampf betriebenen Wasserwerken. Die Wiedereinschaltung der elektrisch betriebenen Wasserwerke verzögerte sich dadurch, daß die Elektromotoren zunächst ausgebaut und getrocknet werden mußten, und ferner dadurch, daß die Säuberung der Schaltanlagen längere Zeit in Anspruch nahm.

Bei zahlreichen Wasserwerken an der Ruhr sind die Maschinenanlagen überschwemmt worden und mußten, wenn auch nur zeitweilig, jegliche Förderung einstellen. Die Gesamtförderung der in Frage kommenden Großwasserwerke im Ruhrtal betrug an den Tagen vor der Möhnekatastrophe rund eine Million Kubikmeter Wasser pro Tag. Diese Förderung sank am 17. Mai 1943, also unmittelbar nach dem Bruch der Mauer der Möhnetalsperre, auf rund 260.000 Kubikmeter pro Tag ab. Eine Tabelle zeigt den steilen Wiederanstieg der Förderleistung:

Fördermenge	bis zum	16. Mai	1.000.000	cbm/Tag
	am	17. Mai	260.000	
		18. Mai	340.000	
		19. Mai	480.000	
		20. Mai	620.000	
		21. Mai	700.000	
		22. Mai	780.000	
		23. Mai	840.000	
		24. Mai	800.000	
		25. Mai	790.000	
		26. Mai	960.000	

Bis zum 8. Juni 1943 stieg die Gesamtfördermenge wieder auf 950.000 Kubikmeter pro Tag an und erreichte am 27. Juni erneut eine Million Kubikmeter.

Außer Defekten an den Pumpwerken selbst waren auch an den Wassergewinnungsanlagen größere Schäden zu verzeichnen. Neben Auskolkungen und Verkiesungen des Wassergewinnungsgeländes waren vor allem die zur Anreicherung des Grundwassers dienenden Becken von etwa 700.000 Quadratmeter Fläche so stark verschlammt, daß die Schichten praktisch wasserundurchlässig geworden waren. Noch im Laufe des 17. Mai 1943, nach Ablauf der Wassermengen, begannen die einzelnen Wasserwerke mit eigenen Arbeitskräften, unterstützt durch Feuerschutzpolizei, Technische Nothilfe und Polizeisondereinheiten mit dem Auspumpen und Säubern ihrer Pumpwerke.

Größeren Arbeitsaufwand erforderte die Säuberung und Instandsetzung der Anreicherungsbecken und das Einbringen von neuen Filtersandschichten. Diese Arbeiten nahmen mehrere Monate in Anspruch. Wenn trotzdem, wie bereits erwähnt, schon nach kurzer Zeit fast die normale Förderleistung wieder erreicht wurde, so ist das in der Hauptsache darauf zurückzuführen, daß Flußsohle und Ufer der Ruhr, die infolge der normalen Verunreinigung des Wassers verschlammt und undurchlässig geworden waren, durch die Hochwasserwelle sauber gespült waren und daß das Grundwasser vom Flußbett aus angereichert wurde. Erfahrungsgemäß war mit einer erneuten Verschlammung in relativ kurzer Zeit zu rechnen. Es mußte daher auf beschleunigte Säuberung und Instandsetzung der Anreicherungsbecken gedrungen werden.

Im übrigen war die Verteilung der Niederschläge im Sommer und Herbst 1943 verhältnismäßig günstig, so daß trotz Ausfalls der Möhnetalsperre der Wasserverbrauch in erträglichen Maßen gehalten werden konnte.
Folgende Wasserwerke wurden durch die Flut vollkommen zerstört: drei Wasserwerke in Neheim-Hüsten, das Wasserwerk der Stadt Soest in Wickede an der Ruhr und das Wasserwerk der Stadt Herdecke. Besonders große Schäden entstanden bei dem erst 1942 neu in Betrieb genommenen Wasserwerk Echthausen bei Wickede, des Wasserwerkes für das nördliche westfälische Kohlerevier um Gelsenkirchen, wo außer der bereits erwähnten Verschlammung der Anreicherungsbecken auch größere Zerstörungen an den Brunnen eingetreten waren. Hinzu kommt noch, daß die betriebseigene Kraftanlage zerstört wurde. Ähnliche Schäden erlitten die weiter talwärts gelegenen Wasserwerke: das Wasserwerk der Stadt Hamm in Warmen, das Gemeindewasserwerk Fröndenberg, das Wasserwerk der Stadt Menden, das Wasserwerk Langschede für das nördliche westfälische Kohlerevier und das Wasserwerk der Stadt Dortmund. Das zuletzt genannte Wasserwerk stand nur etwa zwei Tage lang still. Am dritten Tag wurde das Rohrnetz wieder aufgefüllt, so daß vom vierten Tag ab das Wasser aus den Rohrleitungen wieder entnommen werden konnte. Die Wasserabgabe konnte in der Stadt Dortmund allmählich von 20 auf 80 Prozent gesteigert werden. Das Wasserwerk Langschede, welches in der Hauptsache den Kreis Unna versorgte, konnte schon nach einigen Stunden wieder in Betrieb genommen werden.
Im übrigen waren die Auswirkungen auf die Ruhrgroßwasserwerke des Wasserwerkes für das nördliche westfälische Kohlenrevier Gelsenkirchen folgende:

Pumpwerk	Außer Betrieb gesetzt 17.5.	Wieder in Betrieb		Unterbrechung	Ruhrwasserstände vorher	höchste
Echthausen	02.00 Uhr	25.8.	06.00	98 Tage	137.90	145.01
Fröndenberg	03.45 Uhr	2.8.	06.17	17 Tage	118.00	124.30
Langschede	04.10 Uhr	20.5.	19.35	3 Tage	113.65	119.50
Witten	10.30 Uhr	18.5.	17.10	1 Tag	75.30	80.14
Horst	17.20 Uhr	17.5.	24.00	6,5 Std.	55.08	61.15
Steele	21.20 Uhr	17.5.	22.30	1 Std.	54.93	59.18

Das Wasserwerk der Stadt Hagen, Pumpstation Hengstey, wurde vollkommen überflutet. Die Flutwelle erreichte eine Höhe von 1.80 Meter über dem Maschinenhausgelände, cirka vier Meter über dem Wassergewinnungsgelände und cirka zwei Meter über der Schnellfilteranlage. Ungeheure Schlammassen, die zum Teil noch aus dem Hengsteysee mitgerissen waren, sind dort abgelagert worden. Die 60 Prozent des gesamten Wasserbedarfs, die von dieser Pumpstation die volle Wasserversorgung der Stadt Hagen sicherstellen sollten und ausgefallen waren, mußten zum Teil aus der Hasper Talsperre in das innere Stadtgebiet umgeleitet werden, um dieses notdürftig mit Wasser zu versorgen. Die höher gelegenen Stadtteile Hagens wurden mit Sprengwagen versorgt. Ähnlich waren auch die Verhältnisse in den weiter ruhrabwärts gelegenen Wasserwerken. Beachtenswert, daß die meisten Wasserwerke bereits schon innerhalb weniger Stunden wieder ihren Betrieb aufnehmen konnten.
Die größten Schwierigkeiten hinsichtlich der Trinkwasserversorgung lagen naturgemäß in den Städten, deren Wasserwerke total zerstört waren. Aber durch Verbundleitungen aus Nachbarstädten und Quellwasseranlagen wurde auch hier Abhilfe geschaffen. Dieses Wasser mußte allerdings auf Grund der nicht einwandfreien bakteriologischen Beschaffenheit gechlort werden.
Verfügbare Brunnen wurden vom Hygiene-Institut auf Trinktauglichkeit hin dauernd untersucht. Von den Gesundheitsbehörden der einzelnen Städte wurde angeordnet, daß an den einzelnen Brunnenanlagen Schilder angebracht wurden, durch welche die Wasserentnehmer vor dem Genuß des Wassers in ungekochtem Zustand gewarnt wurden. Die Stadt Herdecke wurde aus dem unbeschädigt gebliebenen Sammelbrunnen der Trinkwasserversorgung beliefert, das Wasser nach Chlorung mit Sprengwagen den einzelnen Stadtteilen zugeführt.
Im Allgemeinen ist festzustellen, daß es den überaus großen Bemühungen der Techniker und Hygieniker gelungen ist, durch strengste Maßnahmen, durch dauernde Überwachung der Wasserversorgungsanlagen usw. der Katastrophenlage Herr zu werden, so daß Epidemien irgendwelcher Art, durch diese Katastrophe bedingt, nicht zu verzeichnen waren!«
Sieben Tage nach dem erfolgreichen Angriff auf die Staudämme von Möhne und Eder führten die Alliierten einen Großangriff

auf die Stadt Dortmund durch. Zu diesem Zeitpunkt war die Wasserversorgung Dortmunds bereits wieder so weit hergestellt, daß ausreichend Löschwasser zur Verfügung stand. Nur einige Industriebetriebe hatten zunächst Schwierigkeiten mit der eigenen Wasserversorgung. Die großen Rüstungsbetriebe wie Hoesch und Krupp konnten aber ungestört weiter produzieren. Hoesch war nur minimal beeinträchtigt, die Krupp-Werke versorgten sich mit Brauchwasser aus eigenen Brunnenanlagen und Pumpwerken an Ruhr und Rhein. Die Sorpetalsperre übernahm im Sommer 1943 mit ihrer Wasserreserve die Regulierung der Ruhr.

Die Vernichtungen im Tal der Ruhr

118 Tote in Wickede – Der Federmann im Baum – Weihwasser zum Trinken – Nach 14 Tagen fährt die Bahn wieder – Fröndenberg geht durch die Weltpresse – 20.000 Butterbrote täglich – Allgemeine Hochwasserwarnung für Schwerte – Ratten und Mäuse auf der Flucht – Die erste Zerstörung des Herdecker Eisenbahnviadukts – Der letzte Tote in Hattingen

Die Flutwelle hatte das ungewarnte Wickede gegen 02.00 Uhr erreicht. 118 Menschen kamen in den Wassermassen um, womit Wickede im Verhältnis zur Einwohnerzahl die am stärksten betroffene Gemeinde im Ruhr- und Möhnetal wurde. Die Flutwelle folgte auf weiten Strecken dem alten Bett der Ruhr und riß auf ihrem Weg rund zwanzig Häuser mit sich, vor allem am Ostring, an der Erlen- und Hauptstraße. Viele der Häuser, die nur beschädigt wurden, hatten seltsamerweise ihre westlichen Giebel und Wände eingebüßt, also die Seite, die dem herantosenden Wasser entgegengesetzt lag. Diese Zerstörungen richtete also nicht der Druck der Wassermassen an, sondern ihr Sog.

In Wickede wiederholten sich die schrecklichen Szenen, die sich gerade in den flußaufwärts liegenden Orten abgespielt hatten. Viele der Überlebenden berichteten hinterher von den sonderbarsten Erlebnissen. In größter Not waren die Bedrängten und vom Wasser Eingeschlossenen auf hohe Lichtmasten und vor allem auf Eichen geklettert, in deren Wipfel sich oft ganze Menschentrauben anklammerten. Gerade diese Bäume mit ihren tiefgehenden Wurzeln wurden so für zahlreiche Menschen zu »Lebensbäumen«. Andere wurden, angeklammert an Balken und Türen, mit den Fluten fortgerissen und erst in der nächsten Stadt am Lauf der Ruhr, in Fröndenberg, wieder an Land gespült.

Ein Mann hatte das Inferno in der Krone eines Baumes überlebt, doch hatte ihm der Wassersog sämtliche Kleidung vom Leib gerissen. Jetzt saß er nackt und frierend auf dem sicheren Baum und wartete auf Retter. Der Mann hatte nach einem vorbeitreibenden Bettkissen gegriffen und sich mit den Federn zugedeckt, so gut es ging, um seine Blöße zu bedecken, aber auch um etwas Wärme zu bekommen. Als im anbrechenden Licht des Morgens die ersten Retter erschienen, die ihn aus seinem Baum befreien konnten, zögerten sie erst, weil sie ihn für ein den Fluten entstiegenes Ungetüm hielten, so hatten ihn die an seinem Körper haftenden Federn entstellt. Schließlich aber erbarmte man sich seiner doch.

Der Wickeder Bürger Kurt Niedenführ sah vom Dach seines Hauses aus, wie eine ganze Tannenschonung als Insel auf den Wogen daherschwamm.

Bis vor das Kino waren die Eisenbahnwaggons vom Reichsbahngelände getrieben worden. In einer Gastwirtschaft, dem »Lindenhof«, hatten bei den Rettungsarbeiten vierzehn Soldaten große Mühe, einen massiven Eichenstamm aus dem Hausinnern wieder ins Freie zu bringen. Die fast neue, massiv gebaute Ruhrbrücke war vollständig verschwunden und die unter ihr durchlaufende Ferngasleitung zerstört. Die hier Wohnenden glaubten in der Nacht, bevor sich die Schäden überblicken ließen, wegen des auftretenden Gasgeruchs, daß die Engländer einen Angriff mit Giftgas durchgeführt hätten. Aus Mangel an Trinkwasser wurde manche Flasche mit Weihwasser, wie sie in vielen Häusern immer vorhanden war, in der Nacht geleert.

In ihrem von den Fluten schwer beschädigten Haus überlebte Frau Tigges die Katastrophennacht. Sie hatte sich auf das Dach ihres Hauses geflüchtet, und kann bis heute die ausgestandene Todesangst nicht vergessen. Sie berichtet:

»Nachts gegen zwei wurde ich wach von dem schrecklichen Sturm und Getöse. Ich lief ans Fenster und schrie: Wasser, Wasser! Ich nahm die Kinder aus dem Schlaf und lief mit ihnen auf den Dachboden. Vom Dachfenster aus sah ich etliche Häuser auf der haushohen Flutwelle daherschwimmen. Plötzlich hob sich unser Nachbarhaus und drehte sich vom Sockel, prallte dann gegen unseres und riß die eine Hälfte des Doppelhauses mit. Das Nachbarhaus schwamm einige hundert Meter talabwärts und krachte dann auf einmal explosionsartig mit den darin befindlichen Nachbarn in der Flut zusammen. Bange Stunden vergingen. Im Morgengrauen kreiste ein Tiefflieger über dem Ruhrtal. Erst gegen Mittag konnten Einsatzhelfer zu uns vordringen und Rettung bringen.«

Nachdem die Flut sich verlaufen hatte, war das alte Wickede nicht mehr wiederzuerkennen. Die Straßendämme waren fortgespült, metertief klafften im Boden Einbrüche, die das Wasser gerissen hatte. Auch die Umgebung des Ortes, die sonst so idyllische Landschaft des Ruhrtales, war vollständig zerstört worden. Einen sehr eindrucksvollen Bericht darüber schrieb später Max Freiherr von Boeselager:

»Sobald das fallende Wasser die Talstraße freigibt, setze ich mich zu einer Erkundungsfahrt auf mein Fahrrad. Auf dem Bahndamm und an den Hängen im Wald steht verängstigtes Weidevieh, erstaunlich viel hat sich doch gerettet. Instinktiv haben die Tiere die Gefahr kommen gefühlt. Durch das Rinderbrüllen talabwärts gewarnt, ist manchen der rechtzeitige Versuch, zu entkommen, gelungen. So waren die ersten Katastrophenmelder in Vosswinkel ein Trupp Pferde, die in vollem Galopp aus dem Tal ins Dorf kamen, noch bevor die Flut unten war. Aber nicht allen ist das gelungen. Viele wurden erst durch das Wasser über die Zäune hinweggetragen und strandeten viele Kilometer unterhalb ihrer Weiden.«

»Die in ihr Bett zurückkehrenden Fluten lassen das fruchtbare Tal als Wüste zurück. Wiesen, Weiden und Äcker sind teilweise weggespült oder mit hohen Sand- und Kiesbänken zugeschwemmt. Der Bahndamm ist streckenweise unterspült und aufgerissen, die Schienen sind wie Drähte verbogen und durcheinandergeworfen. Immer wieder sieht man hängengebliebene Tierkadaver. Und ab und an trifft der Blick auf einen ertrunkenen Toten. Einsam und wie in Abwehr beschwörend ragt aus einer Schotterbank ein Arm mit einer ausgestreckten Kinderhand.«

Über die Zerstörungen in dem Ort Wickede berichtet der Freiherr weiter:

»Wickede hat es schlimm getroffen. Hier ist keinerlei Warnung durchgekommen. Die meisten Leute lagen schlafend in ihren Betten, als die Flutwelle hereingestürzt kam. Die Totenliste ist lang. Furchtbare Szenen haben sich abgespielt. Eines der alten Fachwerkhäuser wurde vor dem Einsturz und seinem Versinken hochgehoben, und samt den verzweifelten Insassen ein Stück fortgetragen. Einzelnen Bewohnern gelang es, sich von Giebel zu Giebel kletternd zu retten. Als ich am südlichen Ufer der fortgeschwemmten Ruhrbrücke stehe, geht das schon gefallene Wasser immer noch hoch. Ein Teil der tief liegenden Häuser gegenüber ist verschwunden. Aus noch stehenden, herausragenden Giebeln sieht man verängstigte Gesichter sich nach Hilfe umsehen, die noch nicht möglich ist. Neben einem der aus den sprudelnden Fluten herausragenden Pfeilerreste der Brücke sprüht eine Wasserfontäne hoch in die Luft. Das ist der entfesselte Druck der unter der Brücke liegenden, auseinandergerissenen Ferngasleitung.«

Der verwüsteten Gemeinde halfen, das muß anerkannt gesagt werden, in den ersten Stunden und Tagen nach der Katastrophe vor allem Parteistellen, die in kürzester Zeit die Organisation für die Versorgung der über 1.200 von der Flut Geschädigten mit Verpflegung, Kleidung, Wäsche, Hausrat und Vorräten übernahmen. Allein 900 der Obdachlosen wurden von solchen Familien in ihren Häusern aufgenommen, die von den Überflutungen verschont geblieben waren. So rückten alle durch den gemeinsam erlebten Schrecken enger zusammen.

Bei den ersten Aufräumungsarbeiten sah man zahlreiche Männer, die den meterhohen Schlamm aus den überfluteten Häusern holten. Ihnen boten sich seltsame Bilder, so von Eßbestecken, die völlig eingeschlemmt in den geschlossenen Schubladen lagen, von Mänteln und Kleidern, die oberhalb der Wasserstände völlig sauber geblieben waren. Frauen mit Putztüchern und Schrubbern säuberten Möbel und Hausrat, und schon bald konnten die ersten Wohnungen wieder bezogen werden. Rote Plakate wiesen auf die bestehende Seuchengefahr hin und andere Schilder warnten: *»Plündern wird mit dem Tode bestraft!«*

Das traurigste Kapitel der Katastrophennacht blieben die 118 Ertrunkenen von Wickede, die später als die »Wassertoten« in die Geschichte des Ortes eingingen. Die Bergung und Identifizierung der Leichen gestalteten sich äußerst schwierig, vor allem der Toten, die von Günne, Niederense und Neheim den Fluß hinabgeschwemmt worden waren und noch nach Monaten, vereinzelt auch noch nach Jahren, gefunden wurden.

In einem ausgeräumten Schulsaal lagen die Leichen, auf Stroh gebettet, aufgebahrt und zum Teil mit Maiblumen geschmückt. Die Angehörigen schritten stumm an der langen Reihe ihrer Verstorbenen vorbei, niemand der Trauernden ohne Tränen in den Augen, ein erschütternder Anblick. Am Tage der feierlichen Bestattung standen weit über 100 Särge auf dem großen Platz der Fabrik Wurag-Rohr, geschmückt mit grünen Birken und Tannen. Eine unübersehbare Trauergemeinde gab den Toten das letzte Geleit zu den beiden Friedhöfen von Wickede. Die Trauerrede hielt in Vertretung des verhinderten Erzbischofs von Paderborn dessen Generalvikar Rintelen auf dem katholischen Friedhof, wo er auch die Gräber einsegnete. Auf dem evangelischen Friedhof tröstete Pastor Müller aus Werl die Hinterbliebenen.

Einige Tage nach den Trauerfeierlichkeiten kam ein Frontsoldat zurück nach Wickede. Man hatte ihm wegen der Katastrophe, die seinen Heimatort betroffen hatte, Sonderurlaub gewährt. Er fand seine ganze Familie ertrunken und schon beigesetzt. Neben den Gräbern seiner Lieben erschoß er sich. Er konnte keinen Sinn mehr in einem Weiterleben finden.

Über die nicht identifizierten Leichen wurden von dem dafür zuständigen Werler Amtsgericht in einer Akte Niederschriften angelegt, die Auskunft geben sollten über den Fundort und die Todesursache, sie enthielten außerdem eine Personenbeschreibung. Darüberhinaus wurden erkennungsdienstliche Maßnahmen getroffen, um eine spätere Identifizierung durch Verwandte oder Angehörige zu erleichtern. Neben einer Fotografie des Toten wurden dessen Fingerabdrücke festgehalten, sowie bei ihm gefundene Gegenstände oder Wertsachen. Diese umfangreiche Akte wurde zu einem makabren Dokument über das Schicksal so manchen Wickeder Bürgers, der ahnungslos Opfer des nassen Todes in der schrecklichen Nacht zum 17. Mai 1943 geworden war.

Von den Verwüstungen der Wassermassen schwer getroffen war in Wickede das Gelände der Reichsbahn. Von dort hatte man, als die Flut kam, das Notsignal einer Lokomotive gehört, bis ihr Pfiff schließlich in der stärker werdenden Flut unterging. Die Besatzung konnte sich in letzter Minute auf ein nahe gelegenes Stellwerk retten.

In den Tälern von Möhne und Ruhr wurden 30 Kilometer Eisenbahnlinie fast vollständig zerstört, darunter 20 Kilometer der zweigleisig ausgebauten Strecke zwischen Neheim und Fröndenberg. Vier Eisenbahnbrücken waren unbenutzbar, zwei total zerstört, teilweise waren ganze Bahndämme fortgeschwemmt worden. Um die unterbrochene Eisenbahnlinie zwischen dem Ruhrgebiet und Kassel wieder betriebsbereit zu machen, waren von den Behörden Pioniereinheiten aus Minden in Marsch gesetzt worden, die auch sofort mit den Aufräumungs- und Instandsetzungsarbeiten entlang des Bahnkörpers begannen. Techniker untersuchten die Zerstörungen und überprüften Brückenfundamente auf ihre Wiederverwendbarkeit. Notwendige Reparaturen wurden begonnen, erwiesen sich aber oft genug als sehr schwierig. Oft hatten sich die Fundamente der Brücken im Mauerwerk verschoben, waren Risse vorhanden, hatten sich die Stahlträger verzogen. Da Baumaterial knapp war, wurden weggerissene Steinpfeiler durch hölzerne Joche ersetzt, die man in das Erdreich rammte, eine Arbeitsweise, die die Instandsetzung beschleunigte. Auf schnelle Beseitigung aller Schäden kam es der Parteileitung nämlich an, die alles daran setzte, dieses Ziel zu erreichen. Das Leben in den zerstörten Tälern sollte sich schnell wieder normalisieren, die Verbindung mit der Außenwelt sollte schnell wieder hergestellt werden.

Die Pioniere hatten die weggeschwemmten Bahndämme bald wieder erneuert und verlegten neue Geleise. Nach gut 14 Tagen, am 4. Juni 1943, konnte die Bahn bereits wieder von Wickede nach Fröndenberg fahren. Am 7. Juni wurde der gesamte Personenverkehr zwischen Schwerte und Bestwig erneut aufgenommen. Vom 9. Juni an lief auch der gesamte Gütertransport einigermaßen normal, verkehrten selbst D-Züge wieder.

Die Mannschaften des Luftwaffenbaukommandos in Münster sorgten für die Wiederherstellung der elektrischen Leitungen, sie setzten neue Masten und zogen die Drähte. Für den Wiederaufbau der in Wickede heimgesuchten Ortsteile waren insgesamt 1.250 Menschen im Einsatz, Angehörige der Organisation Todt und arbeitsverpflichtete Ausländer aus Holland, Frankreich, Italien und Jugoslawien. Bereits am 1. September 1943 waren die Aufräumungsarbeiten soweit abgeschlossen, daß die Hilfsmannschaften Wickede verlassen konnten. Der Neubau der vollständig vernichteten Gebäude blieb allerdings dem allgemeinen Wiederaufbau nach Beendigung des Krieges vorbehalten.

Die Zeit hat inzwischen ihren Mantel über die Schmerzen und Toten der schrecklichen Nacht gebreitet, aber im Bewußtsein der Wickeder Bevölkerung ist die Katastrophe immer noch gegenwärtig. So heißt es, wenn jemand über ein damals zerstörtes Haus spricht, es sei »mit dem Wasser abgegangen«, die 118 Toten jener Nacht sind »beim Wasser umgekommen« und ein in der Frühe des 17. Mai geborenes Kind wird allgemein das »Wassermännchen« genannt.

Das einfache Wort Wasser hat hier eine neue Bedeutung gewonnen, in der etwas von der Urgewalt zu erkennen ist, der sich damals die Wickeder so hilflos gegenüber sahen.
Noch heute findet man an vielen Häusern Hochwassermarken angebracht, sogar in dem Wartezimmer eines praktischen Arztes. Der Raum war fast bis zur Decke mit dem braunen, gurgelnden Wasser angefüllt, wo es Gerümpel, Schlamm und Teile eines Baumes hinterließ, jegliches Leben erstickend, wo heute in diesem Haus der Versuch unternommen wird, Leben zu erhalten. Der Eigentümer des Hauses brachte die Hochwassermarke hoch über der Zimmertür an, an einer Stelle, wo sich noch nach Jahren immer wieder Streifen bildeten und durch die Tapete drangen, immer wieder Zeugnis gebend von der Schreckensnacht.
30 Kilometer von der geborstenen Möhnemauer entfernt liegt im Tal der Ruhr das Städtchen Fröndenberg. Dieser Ort erreichte kurz nach der Katastrophe einige Berühmtheit in der ganzen Welt. Durch die Presse der großen Weltblätter ging ein Luftbild mit der Unterschrift: Fröndenberg-Bösperde nach dem Dammbruch! Man sah überschwemmte Straßen und Felder, zerstörte Brücken und umgestürzte Eisenbahnwagen, ein ausgefallenes Elektrizitätswerk. Die Flutwelle hatte Fröndenberg kurz nach 03.00 Uhr erreicht. Schon eine Stunde vorher hatte man aus Richtung Wickede ein gewaltiges Brausen und Rauschen gehört und dann sah man von den Fröndenberger Höhen aus die ersten Wellen über das Wehr am Obergraben hinwegschießen. Vielen Fröndenbergern war die Tatsache inzwischen bekannt, daß die Möhnemauer gebrochen war, aber viele müssen die Folgen dieser Tatsache falsch eingeschätzt haben. So war es möglich, daß auch in dieser Stadt noch 21 Menschen dem Wasser zum Opfer fielen. In einem Bericht eines Fröndenberger Bürgers heißt es:
»Menschen stehen untätig an den Talrändern und schauen auf die ersten Fluten, während Bauern ihre Kühe von den Weiden in die Ställe holen. Auf einmal verstärkt sich die Wucht des Elementes und es ist kaum zu beschreiben, wie Mauern, Bäume, Häuser, Brükken, ja sogar die schwere eiserne Eisenbahnbrücke unseres Ortes mit ihren mächtigen Betonpfeilern spielend mitgenommen wird. Eisenbahnwagen wurden hochgehoben oder umgeworfen, der ganze Eisenbahndamm nach Bösperde wurde ein Raub der gierigen Fluten. Die Schienen waren wie dünner Draht gebogen und standen

»Stahlgardinen« wurden talseitig an der Möhnesperrmauer angebracht, um Bomben abprallen zu lassen.

Zusätzlich zu den aktiven Luftabwehrmaßnahmen durch Flak, Sperrballons und Seeminen wurden passive Luftschutzeinrichtungen geschaffen. Hölzerne Flöße, vor den Sperrmauern mit Beton beschwert und schräg ins Wasser abgesenkt, sollten einen direkten Bombenkontakt mit der Mauer verhindern.

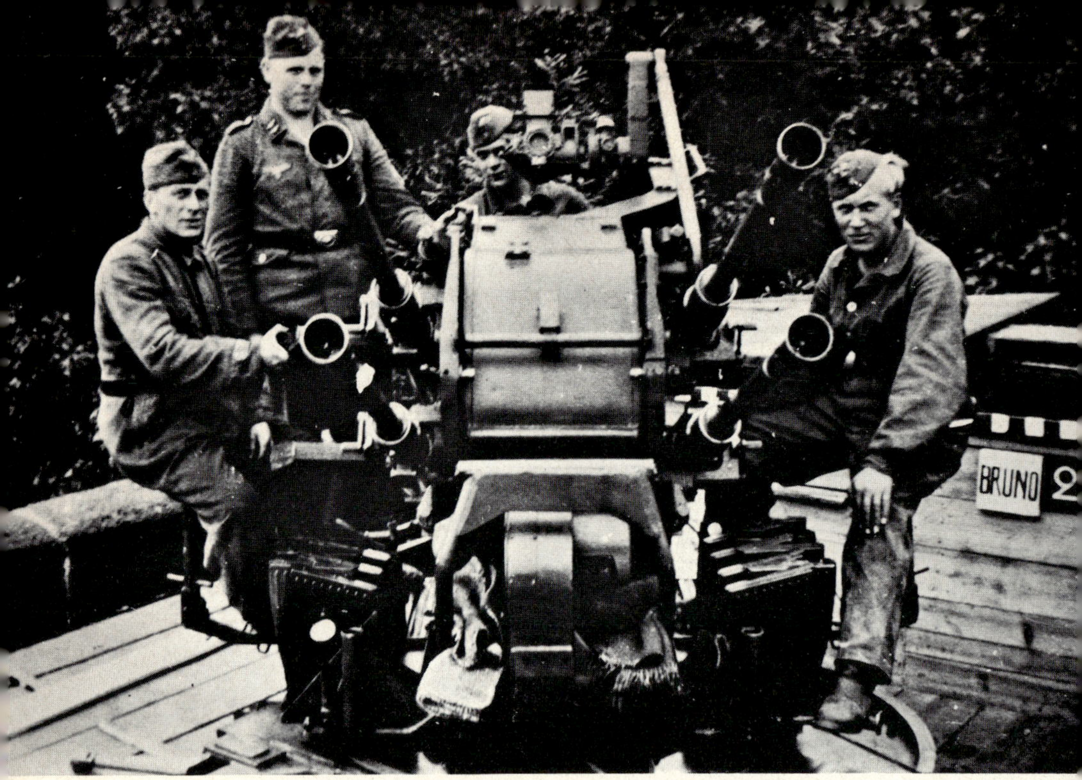

Verstärkte Flugabwehr nach dem Talsperrenangriff: Vierlingsflak am Möhnedamm sollte Tiefflieger abwehren.

Einer der über hundert Meter hohen Stahlmasten an der Möhne, zwischen denen ein Stahlseil ein Kontaktminennetz spannte. Am Boden liegen 2 Sperrballons.

Sprengversuch mit deutschen Unterwasserminen am Diemelsee für das Unternehmen »Blumentopf«.

Seeminen sind an der Möhnetalsperre eingetroffen. In einer Aktion »Blumentopf« sollten sie bei der ferngezündeten Explosion im See einen Wasserschwall vor die angreifenden Flugzeuge schleudern.

Dieses »Beutestück« von der Möhnetalsperre wurde nach dem Einmarsch der Alliierten im April 1945 aus dem Nordturm des Dammes »demontiert« und hängt heute im Kriegsmuseum in Canberra (Australien). Ein Hinweis auf die australische Beteiligung beim Angriff.

Die Wiederaufbaupyramide des Möhnedamms.

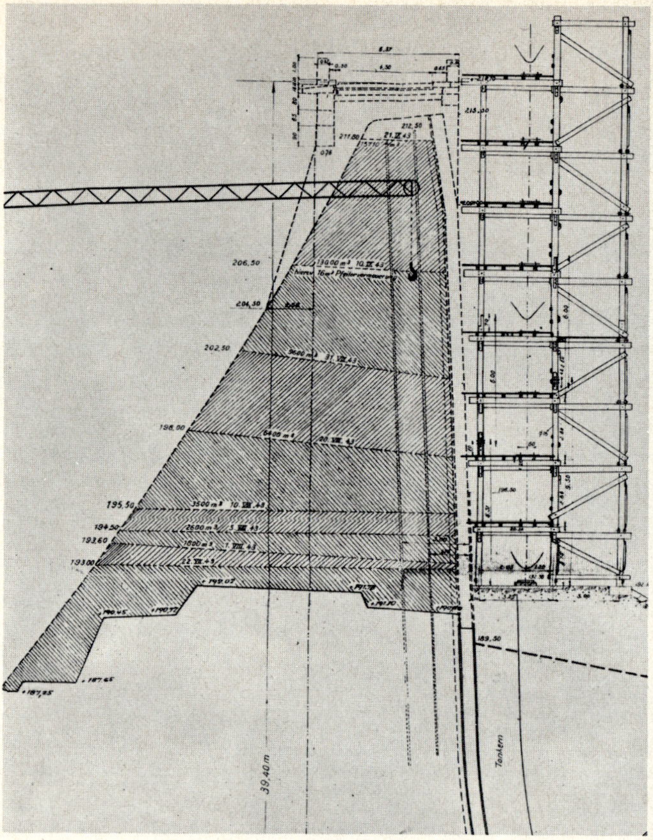

Grafik des durch die Katastrophe ausgebrochenen Mauerwerks und des notwendigen erweiterten Abbruchs.

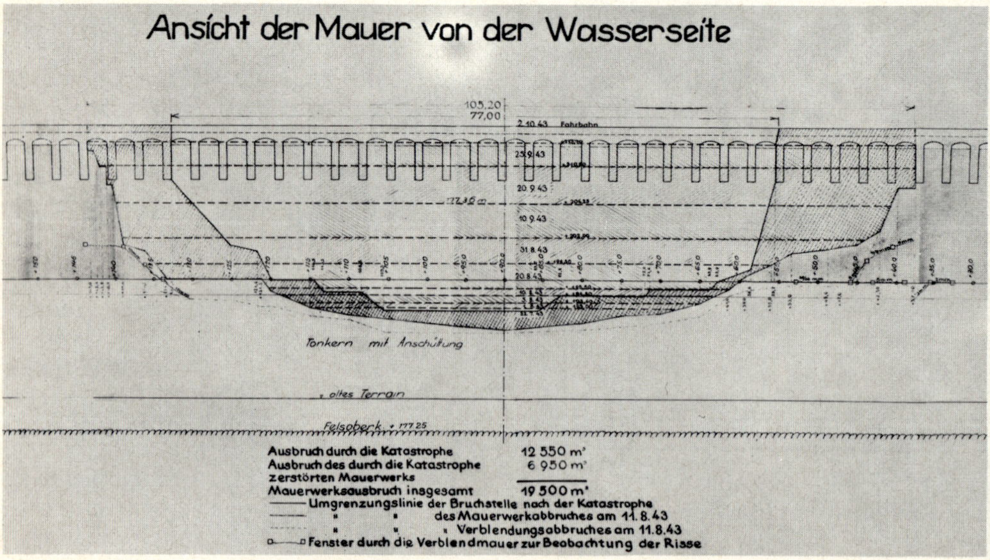

mit ihren Schwellen gespensterhaft in dem fast undurchsichtigen Nebel des Maimorgens.«

Und über die Wanrung vor den Fluten des gebrochenen Möhnedammes liest man in diesem Bericht:

»Gegen drei Uhr ertönte das Feuerwehrhorn und bald hörte man die Leute rufen: Die Möhnetalsperre ist getroffen! Viele Menschen aus dem Unterdorf kamen mit den noch schnell zusammengerafften Sachen auf den Sümberg. Indes stieg das Wasser rasch höher und höher. Bald war ein Begehen der Ruhrbrücke nicht mehr möglich. Die Bewohner der unteren Ruhrstraße hatten ihre Häuser nicht mehr verlassen können. Sie mußten aus den unteren Stockwerken in die oberen flüchten. Man hörte dort unten nur noch ein Rauschen und das Schreien von Menschen und Tieren.

Im Ortsteil Westick rettete man sich, soweit es noch möglich war, in Schulze-Westicks Wald. In Fröndenberg stieg das Wasser, bald waren die Bismarckstraße, die Bahnhofstraße, der damalige Adolf Hitler-Platz, die Karl-Wildschütz-Straße, ja sogar die frühere Hermann-Göring-Straße unter Wasser. Eine Unmenge von Sachen aller Art kam mit der Flut. Da sah man Möbel, Betten, ganze Zimmer, landwirtschaftliche Maschinen; ein Pflug und ein Kultivator brausten durch die Karlstraße heran. Ein Dreschkasten stand am Morgen im Vorgarten. Treppen, Zäune, Fußböden, Bauholz aller Art, Kaninchenställe, Papierballen lagen in den Straßen und auf den Feldern.

Gegen fünf Uhr sank das Wasser allmählich und man sah erst jetzt das ganze Bild der Verwüstung. Langsam und still kehrten die Menschen in die noch stehengebliebenen Wohnungen zurück und fanden den Keller und das Erdgeschoß voller Lehmwasser und Schlamm. Alles lag durcheinander, Möbel und Geschirr waren zerbrochen oder fortgeschwemmt. Manche hatten alles verloren, was sie im Laufe eines langen Lebens mit viel Mühe und Fleiß erworben haben. Aber schon nach kurzer Zeit sah man ein ganz anderes Bild. Überall waren fleißige Hände an der Arbeit, den größten Schlamm aus den Kellern zu tragen. Die Schrecksekunde war überwunden.

Die Arbeiten liefen unter erschwerten Bedingungen, denn die Stadt war von Trinkwasser, Licht, Gas, Telefon und Eisenbahn abgeschnitten. Zweimal hörten wir morgens von Menden her Fliegeralarm. Wahrscheinlich wollten die Feinde ihr trauriges

Nachtwerk im Bilde festhalten. Auch mehrere deutsche Maschinen und ein Fieseler Storch überflogen das Ruhrtal!«

Der Bahnhof von Fröndenberg mit seiner Verbindung nach Menden wurde sehr schwer durch die Wucht des Wassers getroffen. Umgestürzte Waggons, ausgehöhlte Bahndämme zeugten von der Kraft des Wassers. Die großen Wasserflächen wollten lange Zeit nicht verlaufen, noch geraume Zeit spiegelten sich in ihnen die stehengebliebenen Signalmasten der Eisenbahn. Der Fröndenberger Chronist berichtet weiter:

»Noch um elf Uhr morgens war es unmöglich, an das Schneidermannsche Haus heranzukommen. Zwei Soldaten schwammen durch die Flut zu den Leuten, die auf dem Dach des Hauses saßen. Die Vorderwand des Hauses war schon eingestürzt, ein weiteres Einstürzen der anderen Mauern drohte von Minute zu Minute. Auch ein ganz schnell zusammengebautes Floß erfüllte nicht seinen Zweck. Es wurde vom Wasser fortgerissen. In letzter Minute wurden die Menschen von den Soldaten auf den Schultern durch das Wasser getragen. Leider sind bei dieser Aktion zwei Männer der Technischen Nothilfe im Keller ertrunken. Bald darauf stürzten weitere Teile des Hauses ein.

Gegen Mittag waren die Straßen wieder wasserfrei, aber eine Verbindung nach Süden war nicht möglich, da die Brücken zerstört waren. Ein Gang am Nachmittag durch Fröndenberg bot ein erschütterndes Bild. Zum Glück herrschte schönes Wetter und die Säuberungsmaßnahmen konnten im Freien durchgeführt werden. Auch die gerettete Wäsche wurde notdürftig gereinigt und flatterte von Leinen zwischen den Straßenbäumen.

Einige Bilder prägten sich besonders fest ein. Da hatte sich ein Pferd auf eine Treppe gerettet, war höher und höher geklettert und dann doch noch ertrunken. Nun lag es tot vor der Haustür. Ebenso hatte eine Kuh in einem Treppenhaus den Tod gefunden. Ein Schwein war auf den Tisch im Esszimmer geklettert, war mit dem Tisch bis unter die Decke gegangen und mit ihm wieder auf den Boden. Es lebte!«

Nach dem Ausfall der Wasserwerke waren die alten Brunnen wieder zu Ehren gekommen. Da Strom, Gas und Brennmaterial fehlten, Herde, Töpfe und Kochgeschirre fortgeschwemmt worden waren, mußte die Verpflegung von über 2000 Menschen sichergestellt werden. Diese Aufgabe hatte die NSV zu lösen, die schon mittags

die ersten Küchen aufstellte und Essen verteilte. Täglich wurden 20000 Butterbrote fertiggemacht, wurden 1000 Liter Bohnenkaffee gekocht. Brot, Wurst, Käse und Butter mußten von Unna und Dortmund herangebracht werden. Die Kreisverwaltung lieferte aus ihren stillen Reserven Restbestände von Steinhäger-Korn, Zigaretten, Apfelsinen, Kakao, Bonbons und Schokolade als Sonderzulagen in das Katastrophengebiet. Nach vier Tagen kochten die ersten Familien wieder selbst. Alle anderen wurden weiter versorgt, zum Mittagessen mußten nun aber für 10 Gramm Fett und 25 Gramm Fleisch Lebensmittelmarken abgegeben werden. Am Donnerstag, dem 28. Mai, hörte die Gemeinschaftsverpflegung in Fröndenberg wieder auf, da alle Familien wieder selbst kochen konnten. In diesen Tagen der Katastrophe sind in der Stadt 15174 Essensportionen ausgegeben, 2700 Brote, 680 Pfund Wurst, 360 Pfund Butter und 70 Pfund Bohnenkaffee verbraucht worden.
Am Samstag, dem 22. Mai, fand in Fröndenberg am Ehrenmal für die Gefallenen der Kriege eine große Trauerfeier statt, wo der Ertrunkenen und Verunglückten gedacht wurde. Eine Ehrenkompanie der Wehrmacht, ein Ehrensturm der SA, Hitlerjugend und BDM-Mädchen waren aufmarschiert, Standarten und Fahnen aufgesteckt. Und dann sprachen Parteivertreter aus dem Gau und vom Kreis und versuchten, das große Leid der Betroffenen in Haß und Rachegefühle umzumünzen. So gab auch dieses Massenbegräbnis den Machthabern eine willkommene Gelegenheit, die Bevölkerung zum Durchhalten aufzufordern. SA-Leute trugen die Särge, auf denen keine Kreuze zu sehen waren, und unter dem Klang der Trommeln wurden die Toten zu ihren Ruhestätten begleitet, gefolgt von den Pfarrern und den Angehörigen.
Unbekannte Tote wurden fotografiert, nachdem man auf ihre Leichname Schultafeln mit fortlaufenden Nummern gelegt hatte. Die nicht zu identifizierenden Toten wurden in einem Massengrab beigesetzt. Noch nach Monaten fand man im Fröndenberger Raum die Leichen von ausländischen Arbeitskräften oder Evakuierten, die nicht mehr identifiziert werden konnten, da niemand sie kannte.
Hinter Fröndenberg zerstörten die Wassermassen in Langschede die Straßenbrücke nach Menden. So mußten viele Retter, die am Morgen vor der Flut noch hier über die Brücke gegangen waren, um das Vieh von den auf der anderen Seite des Flusses liegenden

Weiden zu holen, den weiten Umweg über Neheim, Arnsberg, Soest und Unna für den Rückweg nehmen. Zwischen Haarhöhe und Halingen war ein großer See entstanden, an dessen Rändern der Wald wie Schilf zerquetscht worden war. In ihm hatten sich ertrunkene Rinder, die Kadaver von weißen Hühnern, Erdbrocken, leere Kinderwagen und sogar ein buntes Marienbild verfangen. Überall über dem Tal bildete sich durch die tiefen Temperaturen, die das kalte Wasser verursacht hatte, dichter Nebel, der wie ein wolkiges Gespinst über den Greueln der Zerstörung lag. Auch die Zerstörungen in und um Schwerte wurden schon frühzeitig von den Kameras der englischen Luftaufklärer aufgenommen, früher jedenfalls als vor der deutschen Aufklärung, die die Aufgabe hatte, die Zerstörungen im oberen Ruhrtal auf Fotos aufzunehmen, die im geheimen ausgewertet werden sollten. Ein Oberstleutnant von Groote fotografierte am 18. Mai gegen 11.00 Uhr das Überschwemmungsgebiet im Maßstab 1 : 8000 aus einer Höhe von rund 1600 Meter für die Luftgaubildstelle 6 in Münster.
Selbst in der Stadt Schwerte, über 50 Kilometer von der Möhnemauer entfernt, sind noch ahnungslose Menschen ertrunken. Die Flutwelle hatte für ihren Weg in diese Stadt vier Stunden gebraucht. Schon gegen 3 Uhr waren die Bewohner gefährdeter Straßen gewarnt worden. Allerdings sprach der Warndienst nur von allgemeinen Hochwassergefahren, während die Ursache, die Zerstörung der Möhnemauer, verheimlicht wurde. Die Parteidienststellen wollten eine Panik verhindern, da sie annahmen, das sich das Wasser im breiten Tal der Ruhr bei Schwerte verlaufen würde und nur die Ruhrwiesen bedecken könnte, ohne ernsthaften Schaden anzurichten.
Um 05.15 Uhr erreichten die Fluten unter Tosen plötzlich die tiefer gelegenen Straßenzüge von Schwerte, Menschenleichen, Tierkadaver, lebendes Vieh und Möbelstücke vor sich herspülend. Über die Höhe der Flut geben heute noch Hochwassermarken in der Kötterbach- und der Mühlenstraße Auskunft, Rekordmarken des totalen Krieges. Augenzeugen berichteten, daß es nur wenige Augenblicke gedauert habe, bis die unteren Räume der Häuser in diesen Straßenzügen unter Wasser standen. Nur durch schnellste Flucht in höher gelegene Räume konnte mancher das nackte Leben retten.
In den Ruhrweiden bei Westhofen konnte man eine seltsame

Beobachtung machen. Kurz vor dem Eintreffen der ersten Flutwelle versuchten Schwärme von Kleingetier, Ratten, Mäusen, Kaninchen, sich in rasender Flucht zu retten. Durch das Zittern des Erdbodens, über den die Flut hinwegrollte, mochten die Tiere die drohende Gefahr instinktiv erkannt haben. Manche von ihnen retteten sich auf einen höher gelegenen Bahndamm.

Viele Beobachtungen in dieser Nacht und an diesem Morgen klingen so unwahrscheinlich, daß sie vielleicht durch den Umstand der großen Gefahr den Betrachtern suggeriert wurden. Man wollte beobachtet haben, daß Betten auf dem Strom schwammen, in denen noch Kinder lagen, man berichtete von Baumstämmen, auf denen rittlings Mütter mit ihren Kindern saßen und zu Tal trieben.

In den folgenden Tagen hatten die Aufräumungskolonnen hart zu arbeiten, unter denen sich ausländische Arbeiter befanden, die selbst noch kurz vorher in Lebensgefahr geschwebt hatten. Auf dem Dach eines Fremdarbeiterlagers, einer früheren Gastwirtschaft mit dem bezeichnenden Namen »Im Reich des Wassers« warteten eingeschlossene Franzosen auf ihre Rettung. Bald wurden sie aus ihrer mißlichen Lage befreit. Ihre Wäsche säuberten sie notdürftig im schlammigen Wasser, um sie später auf dem Dach ihrer Unterkunft zwischen zwei Schornsteinen zu trocknen.

Zu den besten Fotos, welche die englischen Aufklärer über dem Katastrophengebiet machten, zählte eines, das den zerstörten Eisenbahnviadukt bei Herdecke zeigte. Auf ihm waren deutlich die Zerstörungen zu sehen, die das Wasser selbst hier noch angerichtet hatte. Hier im Ruhrtal hatte sich ein Meer gebildet, auf dem eine Unmenge von Treibgut schwamm, der Inhalt ganzer Bauernhöfe, Kotten, Fabriken, Werkstätten und Wohnhäusern. Es waren Einrichtungsgegenstände aller Art, die hier zusammengetrieben wurden und die die Strömung gegen den Eisenbahnviadukt gedrückt hatte. An dessen engem Durchlass wurde alles zerschlagen. Als der Treibgutstau an dieser Brücke die Höhe eines Hauses erreicht hatte, wurde einer der Pfeiler aus dem Mauerverbund gerissen, nachdem ihn die Strömung unterspült hatte.

Der Pfeiler stand auf der Herdecker Seite und wurde gegen Mittag zerstört. Verbindungen zu den Nebenstützen gingen gleichzeitig zu Bruch. Die Gefahr erkannte ein Streckenbeamter, dem es noch rechtzeitig gelang, einen kurze Zeit später von Hagen kommenden Personenzug zu warnen und etwa 20 Meter von der gähnenden

Tiefe, die sich aufgetan hatte, zum Stehen zu bringen. Im Zug saßen Schüler, Frontsoldaten, aber auch Sensationshungrige, die sich die von den Flutwellen angerichteten Zerstörungen mit eigenen Augen ansehen wollten, wovon sie hier einen ersten Eindruck bekamen.
Der Herdecker Eisenbahnviadukt ist im Verlaufe des Krieges noch ein zweites Mal zerstört worden, diesmal aber von deutschen Einheiten. Nachdem man ihn nach der Möhnekatastrophe wieder aufgebaut hatte, sprengten gegen Ende des Krieges 1945 beim Rückzug deutsche Truppen eine Hauptstütze mit zwei Pfeileröffnungen auf dem linken Ruhrufer vor Hagen-Vorhalle. Mit der Zerstörung sollte der Vormarsch der Amerikaner verhindert werden. Dieser Versuch war jedoch sinnlos und überflüssig.
Im Wittener Raum setzte die Flut ihr Vernichtungswerk fort. Hier wiederholten sich, wenn auch in verminderter Form, die Schicksale der Dörfer und Städte weiter oberhalb des Ruhrlaufes. Selbst in Hattingen gab es noch ein Todesopfer. Der Obergefreite Granes, ein Hattinger Bürger, hatte Heimaturlaub erhalten, nachdem ihm ein Telegramm an der Front mitgeteilt hatte, daß sein Haus durch Bombenangriffe zerstört worden sei. Jetzt war er heimgekehrt, um sich um seine Angelegenheiten kümmern zu können. Er war von Herne auf dem Weg nach Hattingen, als die Flut ihn auf der Straße überraschte. Hier half er einem Mädchen, sich auf einem Baum in Sicherheit zu bringen, was auch gelang. Er selbst wurde von der Strömung erfaßt und kam in den Fluten um. Das von ihm gerettete Mädchen berichtete später über sein Schicksal. Das Telegramm, das ihn von der Front in die Heimat rief, holte ihn in den Tod.
Am 23. Mai erhielt ein Hattinger Bürger den Brief eines Verwandten aus Berlin, in dem dieser schrieb: »Habt Ihr auch unter dem Talsperrenbruch zu leiden? Ihr wohnt doch an der Ruhr! Kinder, ist das ein sauberer Krieg!« Die Antwort aus Hattingen lautete: »Natürlich haben wir unter dem Bruch der Sperre zu leiden. Eine Talsperre gehört zum Kriegspotential. Ein dreijähriger Hosenmatz gehört auch zum Kriegspotential, denn in zwanzig Jahren trägt er eine Flinte. Bei uns ist alles Kriegspotential!«
In der Stadt Hattingen erlitten 289 Menschen wirtschaftlichen Schaden durch die Flutwellen. Auch hier setzten die Aufräumungsarbeiten sofort ein, oft in Selbsthilfe, unterstützt von der Polizei. Es war ein Kampf gegen Chaos, Zerstörung und Schmutz. Auch

hier kam es zu einem neuen Alarm, als am Donnerstag, dem 20. Mai, gegen 12.30 Uhr die Schreckensmeldung kam, nun sei die Sorpetalsperre gebrochen. Diese Meldung soll vom Landratsamt in Schwelm durchgegeben worden sein. Der Alarm konnte jedoch umgehend abgeblasen werden. Es war der gleiche, der die kirchliche Trauerfeier in Neheim-Hüsten so schwer gestört hatte.
Erst weit hinter Hattingen war die verheerende Flut auf die Marke früherer Hochwasser gesunken. Hier wurden kaum noch große Schäden angerichtet. Allerdings reichten die Wassermengen immer noch aus, den Rheinpegel ab Duisburg-Ruhrort, bei der Einmündung der Ruhr in den Rhein, bis zur niederländischen Grenze sprunghaft ansteigen zu lassen.

Die Katastrophe im Edertal

Die Flut von 160 Millionen Kubikmeter Wasser – BBC berichtet schneller als der Großdeutsche Rundfunk – Die traurige Bilanz: 68 Tote – Der Privatalarm funktioniert – Der erste Tote im Kraftwerk – Die doppelte Rettung im Lindenbaum – Zuflucht im Backtrog – Überleben in einer Ruine – Die wunderliche Wasserfahrt eines Schweins – Das Wasser- und Schiffahrtsamt berichtet – »Kassel eine Insel« – In Paddelbooten durch die Straßen

Die enge Nachbarschaft von Möhnetalsperre und Edersee hatte es den britischen Planern leicht gemacht, die Angriffe auf beide Sperrmauern miteinander zu verbinden, erfolgreich, wie wir wissen. Les Knight's Bombe hatte ein halbovales Loch in die Staumauer des Edersees gerissen, ein Durchbruch, der oben 70 Meter breit war und eine Tiefe von 22 Meter aufwies. Auf dem Grund dieses Loches hatte die Mauer eine Breite von 18 Meter. Durch diese riesige Bresche stürzten fast 8500 Kubikmeter Wasser in der Sekunde, insgesamt 160 Millionen Kubikmeter des Gesamtinhalts von 202 Millionen Kubikmeter. Unterhalb der zerstörten Sperrmauer rissen die Wassermassen den größten Teil der Stoßmauer weg und spülten aus dem Felsen vor der Mauer einen zehn Meter tiefen Kolk aus. Dieses tiefe Loch im gewachsenen Gestein des Untergrundes brachte bei dem Wiederaufbau der Sperrmauer den Bauingenieuren erhebliche statische Schwierigkeiten für die Festigkeit der neuen Mauer.
600.000 Zentner Gestein waren durch die nur vier Tonnen schwere Wallis-Bombe aus der Sperrmauer gerissen worden und stürzten mit den Wassermassen zu Tal. Es war eine Flutwelle, die neunmal mehr Wasser mit sich führte, als das bisher schlimmste Hochwasser vor dem Bau der Talsperre.
Schon am frühen Morgen des 17. Mai 1943 konnten jene Deutschen, die – trotz des mit der Todesstrafe bedrohten Abhörverbotes für Feindsender – den deutschsprachigen Auslandsdienst von BBC hör-

ten, genaue Mitteilungen über das Ausmaß der Zerstörung an den Talsperren bekommen. Auch der Soldatensender Calais berichtete schneller und ausführlicher über die gelungenen Angriffe. Der Sprecher vom Deutschen Dienst der BBC, des Senders mit dem bekannten V-Signal als Pausenzeichen, brachte nach der Falschmeldung, auch der Sorpedamm sei zerstört und laufe aus, folgende Nachricht: »Der Ederdamm, der das Quellwasser des Weser- und Fuldatales reguliert und mehrere Kraftwerke versorgt, wurde angegriffen und durchbrochen. Luftaufnahmen zeigen, daß der Fluß unterhalb des Staudammes Hochwasser führt. Die Luftangriffe wurden aus sehr geringer Höhe mit großer Entschlossenheit und Kaltblütigkeit trotz starken Widerstandes geführt.«
Der Heimatforscher Christian Kohl, ein Einwohner des Dorfes Hemfurth, das kurz unter der Sperrmauer des Edersees liegt, berichtet über die Ereignisse in der Nacht vom 17. Mai 1943 so:
»Der 16. Mai 1943 war ein Maisonntag mit strahlendem Sonnenschein und zudem noch der Muttertag des Jahres. Der Edersee war bis zur obersten Staustufe gefüllt und lief über. Durch die Überläufe strömte das Wasser in weißer Gischt an der Mauer entlang in den Ausgleichsweiher. Ein Bild wie im tiefsten Frieden. Nur die Wachmänner des Wasser- und Schiffahrtsamtes Hannoversch-Münden, die mit umgehängtem Karabiner auf der Mauer patroullierten, erinnerten an die Kriegssituation. Selbst die vor kurzer Zeit erst an den See verlegten 2 cm-Flakgeschütze waren vor einer Woche abgezogen worden.
Gegen Abend war eine örtliche Luftschutzversammlung angesetzt, bei der der Luftschutzwart immer wieder betonte, bei Fliegeralarm unbedingt die Kellerrräume aufzusuchen. Als man fragte, wie man sich verhalten sollte, wenn einmal die Edertalsperre angegriffen werden solle, da erhielt der Frager die beruhigende Antwort, daß der Angriff ausgeschlossen sei, da die Mauer so versteckt zwischen den Bergen liege. Doch schon die kommende Nacht sollte diese Behauptung widerlegen.
Gegen 01.15 Uhr wurde ich durch starkes Motorengeräusch tieffliegender Maschinen geweckt. Meine Familie und die Mitbewohner des Hauses begaben sich in den Keller. Mit einem Freund, der bei mir zu Besuch weilte, ging ich ins Freie, um die Lage zu erforschen. In der hellen Vollmondnacht konnte ich die Umgebung sehr gut erkennen. Mehrmals näherten sich aus nordwestlicher Richtung tief-

fliegende, viermotorige Maschinen. Bei einer Maschine konnte man beobachten, wie ein Pilot das Kabinenfenster öffnete und mit dem Kopf herausschaute.

Mindestens eine halbe Stunde hätte die Bevölkerung Zeit gehabt, sich mit der notwendigen Habe in Sicherheit zu bringen, wenn ein Alarmräumungsplan bestanden hätte. Dann hörte ich kurz nacheinander zwei Explosionen, ohne daß sich darauf etwas tat. Nach dem Bericht eines Wachtpostens, der direkt an der Mauer stand, warf eine Maschine eine Phosphorleuchtbombe als Zielmarkierung direkt zwischen die beiden Kraftwerke luftseitig der Mauer, die die Landschaft in ein giftiges Licht tauchte.

Kurz darauf, gegen 02.00 Uhr, flog wieder eine Maschine sehr niedrig aus Richtung Waldecker Schloß kommend die Mauer an und verursachte eine dritte Detonation, der alsbald ein furchtbares Rauschen folgte, so, als ob der Wald von einem wilden Orkan gepeitscht würde. Schnell lief ich in den Luftschutzkeller meines Hauses und rief: ›Die Mauer ist gebrochen! Raus, raus auf die nächste Anhöhe!‹ Während alle um ihr Leben liefen, wälzte sich eine hohe Woge durchs Tal und kam näher. Kaum hatten wir die rettende Anhöhe erreicht, da waren die umliegenden Häuser bereits vom Wasser eingeschlossen. Mit ungeheurem Krachen wurde die oberhalb von Hemfurth befindliche starke Eisenkonstruktion der Messhänge-Brücke fortgerissen. In den Ställen brüllte das ertrinkende Vieh schauerlich durch die Nacht. Bauernhäuser, in denen sich noch Menschen befanden, stürzten in den brodelnden Wassermassen zusammen. Niemand konnte helfen!«

Unvorstellbar waren die Zerstörungen dieser Nacht. Die Gemeinde Hemfurth war der erste Eder-Ort, der von der Katastrophe getroffen wurde. Hier starben sieben Menschen in den Fluten, sieben von insgesamt 68, die durch die Zerstörung des Ederdammes ihr Leben verloren. Aber mehr als diese Zahlen zeigten die Berichte der Augenzeugen, welche Katstrophe über das stille Edertal hereingebrochen war. 14 Jahre alt war Wilfried Albrecht, der gerade als Lehrling im Kraftwerk Hemfurth arbeitete. Er erinnert sich:

»Mein verstorbener Vater, Karl Albrecht, war damals Betriebsingenieur in den beiden Kraftwerken am Ederdamm. In der Nacht des Angriffs wurden wir im Haus oberhalb der Mauer durch Fliegeralarm geweckt. Schon bald hörten wir das Brummen starker Flugzeugmotoren. Dann rief das Schichtpersonal in der Warte meinen Vater

an und teilte ihm mit, daß die Flugzeuge Brandbomben auf die Insel zwischen den beiden Kraftwerken geworfen hätten. Es müsse etwas unternommen werden, um die Bomben zu löschen.
Mein Vater machte sich sofort auf den Weg und lief die Treppe zum Kraftwerk Hemfurth II hinunter, das über eine Kabelbrücke mit dem Kraftwerk Hemfurth I verbunden war. Bei ihm war der Schichtführer Ellenberg. Beide befanden sich schon mitten auf der Brücke unterhalb der Mauer, als wieder eine Maschine im Tiefflug herangebraust kam. Die beiden Männer liefen deshalb zurück zum Kraftwerk II, wo sie Schutz suchten. Das Feuer der (wie wir annahmen) Brandbomben auf der Insel vergrößerte sich zusehends. Wir wußten nicht, daß es sich hier um Zielmarkierungsbomben handelte, die den anfliegenden Maschinen zur Orientierung dienten.
Mein Vater berichtete mir später, daß er gerade die Treppe des Maschinenhauses erreicht hatte, als es eine weitere, dumpfe Explosion gab, die ganz anders war als die beiden voraufgegangenen. Mein Vater sagte: Ich hatte das Gefühl, als ob die Mauer und das Kraftwerk schwankten und gleich umfallen würden! Wir liefen in das Maschinenhaus, in dem das Licht ausgefallen war, und tasteten uns durch die dunklen Räume. Von oben her schlugen schwere Steine durch das Dach und von unten drang rauschend Wasser ein.
Zum Glück fanden wir uns durch und erreichten die Treppe am Hang, die zur Mauerkrone heraufführte. Von dort oben war deutlich der Bruch der Mauer zu erkennen. Aus dem Loch, das sich ständig vergrößerte, stürzte das Wasser mit gewaltiger Wucht zu Tal. So weit die Erzählung meines Vaters.
Ich selbst lag, als die Bomben fielen, noch im Bett, denn es gab zu dieser Zeit fast jede Nacht Alarm, um den wir uns weiter gar nicht kümmerten. Wir hatten immer angenommen, daß sich die feindlichen Flugzeuge für Angriffe auf entfernter liegende Ziele über dem Edersee sammelten und sich an der glitzernden Seeoberfläche orientierten, bevor sie weiterflogen. Nach der ersten Detonation aber rüttelte mich meine Mutter aus dem Schlaf und ich lief vor unser Holzhaus auf die Straße. Von dort aus sah ich das Wasser des Sees durch das Loch in der Mauer tosen.
Auf der riesigen Kaskade schwammen Motorboote und ganze Bootshallen durch die Dammbresche zu Tal, angesaugt von der reißenden Strömung. 30 Jahre nach der Katastrophe fand man bei Baggerarbeiten zur Erweiterung des Unterbeckens für ein Pumpspeicherwerk im

alten Ederbett eigenartige Schwimmer, deren Herkunft man sich nicht erklären konnte. Ich aber erinnerte mich sofort daran, daß diese zu den Bootshallen gehört hatten, die vom Sog durch das Mauerloch getrieben worden waren.

Durch die Kraft der gewaltigen Detonation war der Wasserspiegel des Edersees in der Nähe der Mauer um einige Meter angehoben worden. Die Flutwelle warf einige Segelboote und Kähne hoch auf den Strand. Auch die Uferböschung wurde an vielen Stellen durch die Flut stark beschädigt.

Den ersten Toten der Edertalkatastrophe gab es im Kraftwerk Hemfurth I. Die Kraftwerke waren in jener Nacht mit vier Leuten besetzt, in jedem der Kraftwerke ein Maschinist und auf der Schaltwarte zwei Männer. Ich gehörte damals auch zum Personal der Edersee-Kraftwerke und hatte meine Lehre gerade vor vier Wochen begonnen. In dieser Nacht aber hatte ich dienstfrei. Als die Flugzeuge angriffen, suchte der Maschinist im Kraftwerk I im Keller unter den Turbinen Schutz vor den Bomben. Er mag geglaubt haben, daß er sich hier am besten vor Bombensplittern würde sichern können. Niemand mußte damit rechnen, daß die Mauer einmal zerstört würde. Unten im Kraftwerk muß der Maschinist von dem tödlichen Wasser überrascht worden sein. Er konnte sich nicht mehr retten. Wir haben ihn später lange gesucht, aber nicht gefunden. Erst Monate später wurde sein Leichnam bei Aufräumungsarbeiten über 20 Kilometer entfernt bei der Ortschaft Wabern gefunden. Der Maschinist des anderen Kraftwerks hatte sich mit meinem Vater retten können. Die beiden Leute auf der höher gelegenen Schaltwarte konnten auf das Dach flüchten, von dem man sie später herunterholte.«

Vom Ort Hemfurth aus, der der Ederseemauer am nächsten liegt, sah Heinrich Münch die Katastrophe über das Tal hereinbrechen. Der damalige Beigeordnete von Hemfurth berichtet:

»Am Sonntagabend hatten wir gerade noch eine Luftschutzversammlung im Gasthof Bergmann gehabt. Unser damaliger Bürgermeister Ochse fragte zu später Stunde den Luftschutzleiter aus Korbach, wie man sich denn verhalten solle, wenn einmal die Talsperre angegriffen würde. Der antwortete: Ach reden Sie doch keinen Unsinn! Die Sperrmauer, die kann kein Mensch kaputt kriegen! Und dann sprach er weiter über die Bekämpfung von Brandbomben.

So gegen Mitternacht gingen wir nach Hause. Es dauerte aber nicht lange, so etwa um ein Uhr, da gab es Alarm. Nach einiger Zeit hörte ich in der Ferne Flugzeuggeräusche, etwa zehn bis fünfzehn Minuten lang, die aber nicht näher kamen. Wie sich später herausstellte, hatten die feindlichen Flugzeuge zunächst einen Steinbruch bei dem Dorf Brinkhausen angegriffen, aus dem man früher die Steine für die Edermauer gebrochen hatte. Die Piloten hatten die steil aus dem Wasser aufsteigenden Felswände für die Mauer des Edersees gehalten und wiederholt Anflüge durchgeführt, ohne allerdings eine Bombe abzuwerfen. Schließlich hatten sie den Irrtum bemerkt.

So kamen die Flugzeuge wieder hörbar näher. Sie tasteten sich sozusagen an die Mauer heran, bis sie auf einmal laut dröhnend unser Tal hinunterflogen und zwar so tief, daß ich die Besatzung gut erkennen konnte. Es war ja so hell, daß man auf der Straße hätte Geld zählen können. Meine Frau und ich beobachteten die Flugzeuge von unserem Garten aus, und ich sagte noch: Uns ist eben noch gesagt worden, wir sollten bei Fliegeralarm den Keller aufsuchen! Meine Frau erwiderte: ›Ich gehe heut nicht in den Keller, da kannst Du machen, was Du willst!‹

In der Zwischenzeit flogen die Bomber mehrere Runden durch das Tal, und zwar so tief, daß ich schon dachte: Gleich fliegen sie gegen die Schornsteine! Dann folgten in relativ kurzen Abständen zwei oder drei Explosionen. Meine Frau, die noch einmal ins Haus gelaufen war, um sich etwas Warmes zum Anziehen zu holen, denn die Nacht im Edertal war ziemlich kühl, kam aufgeregt zurückgelaufen und sagte: ›Jetzt hat es aber eine Erschütterung gegeben, daß ich dachte, das ganze Haus wäre eingestürzt!‹

Wir standen noch einen Augenblick unten im Garten, da sah ich auch einmal eine hohe, grauweiße Wasserwand um den Bergrücken herum, der uns den Blick auf die Mauer versperrte, das Tal herunter auf uns zurasen. Ich sagte zu meiner Frau: ›Lauf Du vor und sage den Nachbarsleuten, daß die Mauer gebrochen ist und daß sie sich auf den Berg retten sollen!‹ Dann nahm ich meine Mutter am Arm und schob sie schnell die Anhöhe hinauf. Wir hatten kaum die paar Meter bis zum Haus zurückgelegt, da kriegten wir schon nasse Beine. Als ich mich umdrehte, sah ich, das das Wasser im Ederfluß schneller lief als auf dem Land.

Meine Frau hatte inzwischen laut geschrien, daß die Leute die Keller verlassen sollten. Dadurch konnten sich nebenan noch etwa zwölf Menschen aus dem Keller einer Wirtschaft in Sicherheit bringen. Auf der anderen Hausseite wurden etliche Leute noch so rechtzeitig ge-

warnt, daß sie einen verrohrten Graben, den sie bei Alarm als Schutzstollen benutzten, noch früh genug verlassen konnten.
Meine Schwester, Frau Höhle, die im Nachbarhaus verheiratet war, suchte in dieser Nacht ebenfalls dort Schutz. Sie hatte den Unterstand aber als letzte noch rechtzeitig verlassen können. Weil sie noch einen schweren Luftschutzkoffer mit ihren Wertsachen zu tragen hatte, kam sie nicht so schnell von der Stelle wie die anderen. So wurde sie von der Flut erfaßt und mit Balken und Trümmern auf eine Linde vor unserem Haus geworfen. Doch schon bald konnte die Linde dem Wasserdruck nicht mehr standhalten. Sie wurde entwurzelt und neigte sich zur Seite. Meine Schwester wurde wie durch ein Wunder nicht zurück in das tosende Wasser geschleudert, sondern auf eine zweite Linde gehoben, wo sie sich an den Zweigen festklammerte. Vier Stunden lang mußte sie, durchnäßt von dem eiskalten Wasser, bis gegen sechs Uhr früh ausharren. Um diese Zeit was das Wasser schon wieder ein wenig zurückgegangen. Wir konnten von der Anhöhe her an das Haus herankommen, wo das Wasser aber noch bis zur Zimmerdecke stand. Als ich so vor dem Haus stand, hörte ich lautes Rufen: »Heinrich, Heinrich!« Ich glaubte, daß meine Schwester noch oben im Hause sei. Doch dann sah ich sie plötzlich auf der anderen Seite des Hauses oben in der Linde hängen. Nach einiger Zeit konnten wir sie endlich aus ihrer mißlichen Lage befreien. Lange stand sie unter dem Schock des Erlebten. Immerhin war sie damals 53 Jahre alt. Über die Ereignisse in jener Nacht hat sie zeitlebens nicht mehr gesprochen.«
»Am Morgen nach der Flut kamen uns die Bergungskommandos zu Hilfe. Unter all diesen Leuten war auch ein Professor, der sich bei mir genau danach erkundigte, wie sich die Wasserwand, die ich ja beobachtet hatte, bewegt hätte. Ich sagte ihm, mir sei es vorgekommen, als wenn die Wand sich immer wieder hochgestellt und sich immer wieder eine neue über die vorhergehende geschoben hätte. Ich hatte den Eindruck einer springenden, rollenden Wellenbewegung.
Eine Entschädigung für die eingetretenen Sachschäden hat es übrigens im eigentlichen Sinne später nicht gegeben. Es gab zwar Bezugsscheine zum bevorrechtigten Kauf von Hausrat und Möbeln, die zu einem günstigeren Preis eingekauft werden konnten. Das war aber auch alles! Verlorengegangenes Vieh wurde zum Teil durch die Abgaben benachbarter Bauernschaften ersetzt.«
So weit der Bericht von Heinrich Münch aus Hemfurth.

In Affoldern, dem nächsten Ort Eder abwärts, wohnte am Ortseingang in Richtung auf den See Heinz Sölzer. Er schildert seine Erlebnisse so:

»Ich war damals 14 Jahre alt. Meine Eltern und ich wurden in jener Nacht durch den Motorenlärm tieffliegender Maschinen geweckt. Als Junge war ich natürlich neugierig und lief auf die Straße hinaus, um die Flugzeuge zu beobachten. Deutlich waren die Bomber mit ihren Positionslichtern zu erkennen. Nach einiger Zeit sah ich über dem bewaldeten Berg in Richtung Sperrmauer eine weiße Gischtwolke aufsteigen und spürte einen dumpfen Schlag. Kurz darauf schellte bei uns das Telefon. Bürgermeister Ochse aus Hemfurth war am Apparat und meldete aufgeregt, daß die Talsperre getroffen sei und das Wasser auslaufe. Wir sollten sofort alle Bewohner im Dorf Affoldern warnen!«

»Schnell holte ich mein Fahrrad und fuhr ins Dorf, um die Warnung weiterzugeben. Gemeinsam mit einem Freund, den ich unterwegs traf, klopften wir an viele Fenster des Ortes, wie das hier so üblich war, und sagten Bescheid oder riefen laut: »Rettet Euch auf die Anhöhen! Die Sperre läuft aus!« Beim Radfahren sprang mir mehrmals die Kette ab und behinderte dadurch meine eigene Flucht zurück auf die nahen Höhen. Da brauste auch schon die Flut heran mit einer Geschwindigkeit, der man mit einem Fahrrad nicht hätte entfliehen können. Viele Häuser wurden durch die Wasserkraft weggeschoben, herumgewirbelt und brachen dann in dumpfen Explosionen in sich zusammen.«

In dem Dorf Affoldern erlebte auch Elise Schäfer, geborene Paar, die Schreckensnacht, über die sie so berichtet:

»Ich war am 16. Mai, dem Muttertag des Jahres 1943, mit meiner Mutter zum Friedhof spazieren gegangen, und wir hatten dabei noch die herrlich blühende Natur bewundert. Mein Vater sagte später beim Abendessen: »Das gibt diesmal eine Obsternte, wie wir sie noch nie erlebt haben!« Aber – am nächsten Tag war alles fortgeschwemmt! In der Nacht, so um zwei Uhr herum, wurden wir durch die Flieger geweckt, und ich schaute aus dem Fenster. Da wir am Ende des Dorfes wohnten, konnte ich die Flugzeuge gut sehen, wie sie über der Gegend zum Bahnhof Buhlen hin kreisten. Da nahm ich an, daß sie das Mauserwerk angreifen wollten. An die Edertalsperre habe ich gar nicht gedacht.

Meine Mutter rief von unten: »Kinder, zieht euch an, die Flieger

sind heute Nacht so schlimm!« Meine Schwägerin kam aufgeregt zu mir ins Zimmer gelaufen. Ich zögerte noch eine Weile mit dem Anziehen. Auf einmal gab es eine solch schwere Erschütterung, daß die Bodentür nur so klapperte. Darauf lief ich sofort zu meinem Opa, einem damals 86jährigen Mann, der noch oben im Hause schlief. Ich sagte ihm: »Steh schnell auf, die Flieger sind da!« – »Ach Kind«, sagte er, »die tun mir nichts!« Daraufhin lief ich wieder die Treppe hinunter zu meiner Mutter, die inzwischen die Flugzeuge gezählt hatte, wohl ein Dutzend an der Zahl, wie sie meinte. Aber es waren ja immer dieselben, nur vier, wie wir später gehört haben.
Meine Mutter sagte: »Los, schnell in den Keller, dahin, wo schon die Sachen von den Verwandten und Bekannten aus Frankfurt stehen.«
Die wähnten hier bei uns ihre Wertsachen und ihre Wäsche sicher vor den Bomben. Mein Vater schaute aus dem Fenster und sagte: »Das ist keine Rauchwolke dort in der Ferne, das muß etwas anderes sein!« Ich ging mit ihm nach draußen auf die Straße, wo uns schon die Leute aus einem öffentlichen Luftschutzraum entgegenliefen und wild durcheinander redeten. In der Ferne hörte man Rauschen, wir glaubten zunächst, daß man Wasser aus einem Ausgleichsweiher ablassen würde.
Auf einmal gab es oben im Dorf ein großes Geschrei. Zwei Schulbuben gaben die Alarmmeldung weiter, die der Bürgermeister von Hemfurth nach Affoldern telefonisch durchgegeben hatte. Ich glaube, es waren Heinz Sölzer und Heinz Heck, die bis mitten ins Dorf mit dem Fahrrad gefahren waren und brüllten: »Rettet Euch, das Wasser kommt!« Wir hier unten verstanden zunächst nichts, bis ein Soldat, der von einem kleinen Kraftwerk im Tal kam, mich sah und rief: »Ist dort alles raus? Das Wasser kommt!« Ich sagte zu ihm: »Hier unten ist noch keiner raus!« Dann drehte ich mich um und lief zurück.
Der Nachbar stand noch auf dem Hof, und ich fragte ihn: »Was macht Ihr denn jetzt? Nehmt Ihr die Pferde mit?« Ich bekam keine Antwort, so sprachlos waren sie alle. Im Haustüreingang begegnete ich meiner Mutter, zu der ich sagte: »Die Sperre ist getroffen! Hast Du Dich auch warm angezogen?« Mein Vater wollte im Stall die Pferde anspannen, da sagte meine Mutter zu ihm: »Wirf das Geschirr fort, sonst kommen wir nicht mehr weg!« Sie sind dann hinten durch den Stall und einen Feldweg hinauf gelaufen. Meine Schwägerin, die damals in Umständen war, fragte mich, was ich

G r u p p e n b e f e h l.

In der Nacht vom 16. auf 17. Mai 1943 wurde die Möhnetalsperre von vier feindlichen Maschinen im Tiefflug in kurz aufeinanderfolgenden wiederholten Anflügen angegriffen. Die an der Möhnetalsperre unter der Führung von Leutnant Widmann eingesetzten zwei Züge der 3/840 haben in hervorragender Tapferkeit und soldatischer Pflichterfüllung, ungeachtet der neben ihnen einfallenden Bomben, die immer wieder angreifenden Maschinen bis zum Heissglühen der Rohre mit sehr guter Trefferlage bekämpft und trotz deren starken Panzerung eine (zwei) von ihnen zum Absturz gebracht. Für ihren vorbildlichen Einsatz und die hervorragende Leistung spreche ich Leutnant Widmann und seinen Geschützbedienungen besondere Anerkennung aus.

Leutnant Widmann und sechs Angehörige der 3/840 wurden am Tage nach dem Angriff für die von ihnen bewiesene hervorragende Tapferkeit mit dem Eisernen Kreuz II Klasse ausgezeichnet.

Vorstehender Befehl ist allen Batterien vor der Front bekannt zu geben.

Diese Abschrift aus dem Tätigkeitsbuch der Polizei beweist, daß der Bruch der Möhnemauer telefonisch weitergegeben wurde!

L.N. 415 A b s c h r i f t . (lt. Tätigkeitsbuch)

L.N. 415 16-17.5.43

Gegen 0020 Uhr erfolgte ein feindlicher Fliegerangriff auf das Schutzobjekt Sperrmauer und Kraftwerk. Der Angriff wurde mit mehreren feindlichen schweren Maschinen durchgeführt. Das Kraftwerk war vollständig zerstört. Die Sperrmauer wurde zwischen den beiden Türmen so schwer getroffen, dass sich das angestaute Wasser fast vollständig mit fürchterlicher Wucht in das untere Tal ergoss. Nach der erfolgten Meldung dieses Zustandes durch den Pol.-Obwm. d.R. Strotkamp, der am Kraftwerk auf Posten stand, wurde der Kreisführer der Gendarmerie Ltn. Hilse sowie der Regierungsoberinspektor Herr Junghölter beim Landratsamt in Soest telefonisch benachrichtigt. Regierungsoberinspektor Junghölter übernahm die weitere Benachrichtigung der gefährdeten Ortschaften. Die nächste Wache wurde zum sofortigen Einsatz alarmiert.

gez. Schmitz Th.
(Wachhabender)

DAS GAS- UND WASSERFACH

Nr. 30 **23. Juli 1932** **75. Jahrgang**

Talsperren und ihre Einwirkung auf die Wasserversorgung an der Ruhr.[1])

Von Baudirektor Dr.-Ing. E. h. Link, Essen.

Die Wasserentnahme aus der Ruhr. — Die Wasserentziehung aus der Ruhr, insbesondere der Verbrauch in fremden Niederschlaggebieten. — Die natürliche Leistungsfähigkeit der Ruhr (Fehlbetrag). — Die Aufgabe des Ruhrtalsperrenvereins: Sicherstellung der Wasserbeschaffung ihrer Menge nach. — Das Mittel: Talsperrenbau. — Die Durchführung: a) genossenschaftliche Talsperren, b) Möhnetalsperre, c) Listertalsperre. — Das Auftreten von Doppeltrockenjahren. — Veränderung der Auffassung bezüglich des Verhältnisses des Talsperrenraums zur Wasserentziehung. — Die Sorpetalsperre. — Die untere Versetalsperre.

Der größte Teil des rheinisch-westfälischen Industriebezirks ist auf die Wasserversorgung aus der Ruhr angewiesen, wenn auch in neuerer Zeit die Versorgung einzelner Gebietsteile vom Rhein oder vom Norden her an Bedeutung gewonnen hat. Dem Ruhrtalsperrenverein ist hierbei die Aufgabe zugefallen, die Wasserversorgung ihrer Menge nach sicherzustellen. Es handelt sich um sehr bedeutende Zahlen. Im Jahre 1897, für das die erste vollständige Statistik vorliegt, betrug die Wasserentnahme aus der Ruhr etwa 175 Mio m^3. 32 Jahre später, 1929, dem Jahr der bisherigen Höchstentnahme, war der Bedarf mit 668 Mio m^3 auf fast das Vierfache gestiegen.

[1]) Vortrag auf der 73. ordentlichen Vereinsversammlung des Deutschen Vereins von Gas- und Wasserfachmännern e. V. am 30. Mai 1932 in Essen.

Die Sicherstellung der Wasserversorgung hängt weniger von der entnommenen, d. h. von der Gesamtheit der Pumpwerke geförderten Wassermenge ab, als vielmehr von der sog. Entziehung. Wir verstehen hierunter diejenige Wassermenge, die dem Fluß dauernd verlorengeht. Wie aus

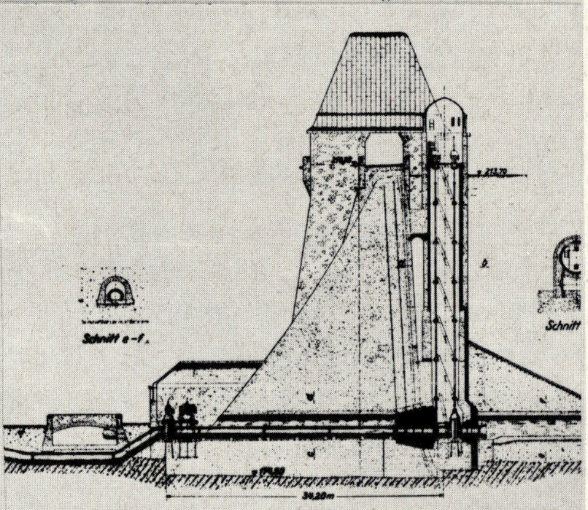

Abb. 6. Querschnitt der Möhnemauer.

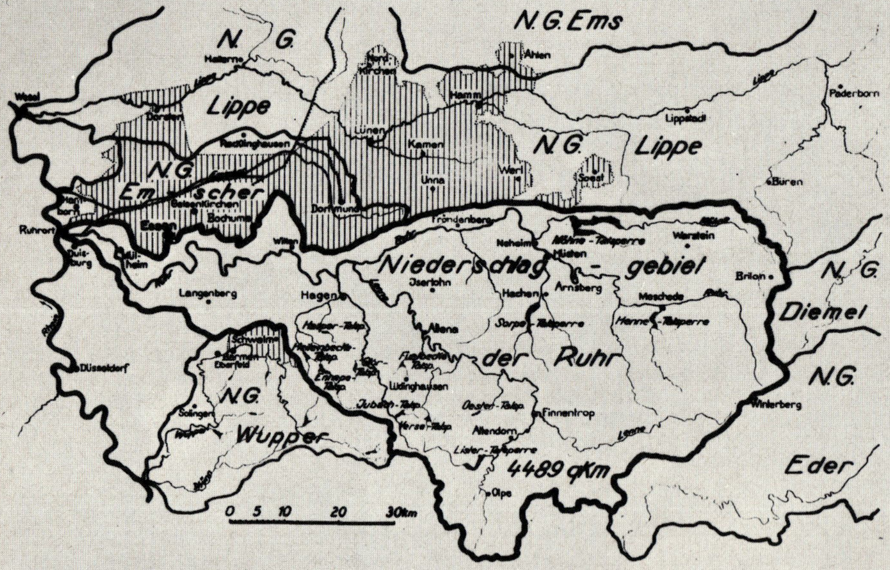

Abb. 1. Lageplan des Ruhrgebiets und des Versorgungsgebiets der Ruhrwasserwerke.

Aus dieser Zeitschrift »Das Gas- und Wasserfach« vom Juli 1932, die Barnes Wallis in der Bücherei des Institutes für Zivil-Ingenieure vorfand, bezog er die technischen Details über die Sauerland-Talsperren.

denn noch mitnehmen könne. In dem Moment fiel mir ein, daß der Opa noch oben im Bett lag. Ich lief wieder bis oben ins Haus und rief: »Opa, schnell aus dem Bett, die Sperre ist getroffen!« Er stand dann sofort auf. Als ich das Licht andrehen wollte, brannte es nicht mehr. Ich habe mir dann noch schnell einige Kleider ins Köfferchen gepackt und glaubte noch, mein Vater hätte angespannt und ich könnte noch ein paar Sachen auf dem Wagen mitnehmen. Als ich aber hinunter in den Hof schaute, sah ich niemanden mehr. Ich lief zurück zum Opa, der in Hemdsärmeln dastand.
In dem Moment raste etwas die Straße hinunter! Ich schaute noch einmal aus dem Fenster, da glitzerte etwas im Mondschein, es war das Wasser auf der Straße. Ich dachte noch: Wir haben noch einen Moment Zeit, das Wasser steigt so wie beim Hochwasser von der Eder her! Ich wollte die Stalltür aufmachen, durch die die anderen fortgelaufen waren. Die Tür ging nach außen auf. Ich faßte zum Riegel, aber die Tür rührte sich nicht. Ich warf mich mehrmals mit Gewalt dagegen, aber die Tür öffnete sich dennoch nicht! Und wie ich noch so dastand, da spürte ich schon das Wasser an meinen Füßen.
Ich lief dann zurück, die Treppen ins Haus hinauf. Das Vieh unten im Stall brüllte schauerlich. Auf der Treppe begegnete mir mein Opa, zu dem ich sagte: »Opa, wir können nicht mehr weg, wir müssen hier bleiben!« Er fragte: »Ja, wo sind denn die Anderen?« Ich antwortete: »Ich weiß es nicht!« Wir kletterten dann auf den Boden hinauf!
Mein Großvater setzte sich auf einen Sack Erbsen, der am Schornstein stand. Ich sandte manches Stoßgebet zum Himmel. Unten brauste es so durch das Haus, als wenn das Wasser alles verschlingen wollte. Von Zeit zu Zeit hörte man das gurgelnde Wasser lauter aufbrausen, jedesmal, wenn ein Haus oder eine Scheune untergingen. Auf einmal gab es einen fürchterlichen Schlag, so daß ich glaubte, unser Haus würde sich aufbäumen. Es war aber die Scheune des Nachbarn gewesen, die gegen unser Haus geschleudert wurde. Sie war prall gefüllt mit Stroh und Luzerne.
Von da an wurde es ruhiger im Haus, und das Brausen ließ nach. In der höchsten Todesangst hatte ich mich in einen Backtrog gelegt, der neben dem Schornstein stand, um damit eventuell schwimmend zu überleben, wie man das schon mal gelesen hatte. Beim Einsteigen in den Backtrog kam mir eine Bibelstelle in den Sinn, die lautet: »...und sie legten ihn, Moses, in ein Binsenkörbchen an einer ge-

schützten Stelle des Nils, hoffend, daß er gerettet werde ... und er wurde gerettet!« So hoffte auch ich, in dem Backtrog sicherer überleben zu können. Und auch ich wurde in meinem Beten erhört, die göttliche Vorsehung ließ mich überleben. Das Wasser stieg nicht bis zu uns herauf! Meine Schwägerin meinte später, ich hätte mir den Backtrog als Sarg ausgesucht, weil ich schon mit meinem Leben abgeschlossen hätte.

Als der Morgen nun heraufzog und ich mich aus meinem Backtrog heraustraute, blickte ich durchs Bodenfenster und sah ringsum eine riesige Wasserwüste. Zögernd ging ich die Bodentreppe hinunter und sah in den Zimmern die Verwüstung. Im Stall wollte Rosa, unsere Stute, durch die zerbrochene Tür zu mir herüberkommen, was ihr aber wegen der vielen Trümmer nicht gelang. Die Stute hatte überlebt, wenn sie auch am Kopf blutig geschunden war. Sogar ihr kleines erst vier Wochen altes Fohlen lebte noch. Es muß wohl während der Flut sich auf der schwimmenden Mutter festgehalten haben, anders ist dieses Wunder nicht zu erklären! Ein weiteres Pferd, ebenfalls mit einem Jungfohlen, kam in den Fluten um, ebenso all unser anderes Vieh. Kein Stück überlebte!

Überhaupt entstanden entlang der Wasserstraße der Eder schreckliche Verluste, nicht nur an Hab und Gut, auch an Tieren: Pferde, Kühe, Schweine, Schafe und Hühner waren zu beklagen. Ersatz zu bekommen war sehr schwierig. Alles blieb völlig unzureichend. Gegen Mittag endlich kamen dann Soldaten mit Schlauchbooten und brachten uns die heiß ersehnte Rettung!«

Noch weiter Eder abwärts als die Orte Hemfurth und Affoldern liegt der Ort Mehlen. Hier erlebte Soldat August Kötter die Nacht der Katastrophe, nachdem er gerade den Schrecknissen der Rußlandfront für einige Tage entronnen war. Er berichtet:

»Am Tag vor der Katastrophe, am Sonntag, war ich gerade gegen acht Uhr abends aus dem Kaukasus nach Mehlen gekommen, zu einem lang ersehnten Heimaturlaub. Aber kaum war ich daheim, da kamen auch schon die Nachbarn und Bekannten aus dem Dorf, um von mir Neuigkeiten von der Rußlandfront zu erfahren. Bis Mitternacht saßen sie bei uns, bis meine Frau sagte: »Ihr seht doch, er schläft fast ein! Geht jetzt und kommt morgen wieder!« Schließlich gingen sie auch, und ich legte mich ins Bett. Ich schlief sofort ein, denn die zehn Tage dauernde Fahrt von der Front in mein Heimatdorf war anstrengend und sehr ermüdend gewesen.

Plötzlich wurde ich durch meine Kinder wieder aufgeweckt, aber auch durch lautes Schreien und aufgeregte Stimmen draußen auf der Straße. Man rief: »Die Sperre ist getroffen! Die haben den Ederdamm bombardiert!« Ich aber sagte mir: So leicht bombardieren sie den doch nicht! Da steht doch die Abwehr! Denn die Flugabwehr stand noch hier, bevor ich zur Front nach Rußland mußte. In diesem Moment blickte ich aber doch durchs Fenster nach draußen und sah die Bomber aus der Richtung von Schloß Waldeck das Tal hinunterfliegen.

Hinter einem Bergrücken, in derselben Richtung, sah ich auf einmal Lichter wie die Farben eines Regensbogens hochspritzen, die wohl von einem Treffer und dem damit verbundenen Kurzschluß in einer Hochspannungsleitung des Kraftwerkes herrühren mochten. Eine Detonation war aber nicht zu hören. (August Kötter hatte wohl die Abwürfe der Zielmarkierungsbomben beobachtet.) Die Bomber flogen ab, und ich legte mich wieder zu Bett.

Meine Kinder waren draußen geblieben, während meine Frau sich anzog und dann zu mir hereinkam. Sie sagte: »Was ist denn nun? Du liegst schon wieder im Bett?« Ich antwortete ihr: »Das ist doch alles halb so schlimm! Das ist doch sozusagen schon vorbei!« In diesem Moment gab es draußen ein großes Geschrei und die Leute auf der Straße riefen: »Die Sperre ist kaputt! Rettet euch auf die Anhöhen!« Ich zog mir schnell das Nötigste an und sagte zu meiner Frau: »Wenn das Wasser kommt, wir haben doch noch ein schönes Schwein im Stall, das wird ja elendig ersaufen! Wir wollen mal sehen, ob wir es nach oben ins Haus kriegen!« Ich bin dann schnell in den Stall gelaufen und wollte das Schwein durch die Waschküche die Kellertreppe hochtreiben. Das Tier lief die Treppe hoch, als wenn es schon hundertmal dort hochgelaufen wäre. Das war wohl Instinkt, das Tier mußte die Gefahr spüren! Das Schwein lief weiter die Haustreppe hoch bis in die Küche.

In dem Augenblick kam meine Frau gelaufen: »Komm, komm! Das Wasser steigt schon!« »Ja«, sagte ich, »wenn das Wasser schon kommt, dann können wir nicht mehr weggehen, dann müssen wir bleiben. Denn bis zu der rettenden Anhöhe ist es zu weit!« Zur Orientierung schaute ich noch einmal aus dem Fenster ins Edertal in Richtung Sperrmauer, und da sah ich das Wasser wie eine Schneelawine ankommen, mit einer Höhe von über drei Meter, aber genau läßt sich das heute nicht mehr sagen. Das Wasser war steil, wie

abgeschnitten, wie eine gerade Wand mit Schaum davor! Ja, was war denn nun zu tun? Zu meiner Frau sagte ich: »Wir müssen abwarten was passiert!« Ich durfte ihr gegenüber doch keine Angst zeigen.
Die Kinder waren zum Glück mit den anderen Leuten fortgelaufen. Im nächsten Moment gab es einen lauten Knall, und im selben Augenblick flog die Haustür durch den Wasserdruck auf. Das Wasser stand mir sofort bis zur Brust, und ich konnte mich nur mit Mühe am Treppengeländer hochziehen. Die Flut drückte die Tür zur Küche auf, in der das Schwein laut quietschte. Die nächste Druckwelle riß das Küchenfenster nach außen auf, und durch das offene Fenster trieb das Schwein brüllend mit den Wasserfluten fort.
Wir flüchteten eine Etage höher, aber das Wasser kam immer höher und höher, bis wir dann schließlich auf dem Boden angelangt waren, direkt unter dem Dach. Da haben wir dann gestanden und hörten nur das schreckliche Brausen. Ich zog einige Dachziegel hoch, um zu sehen, was sich draußen tat. Ich sah, daß das Nachbarhaus schon gar nicht mehr da war, wie auch mehrere andere Häuser in der Nachbarschaft neben uns. In dem Augenblick krachte es bei uns, Trümmerteile wurden gegen unser Haus gedrückt und zerstörten den Hauseingang. Die ganze Seitenfront stürzte ein mitsamt einer Küchenhälfte. Zum Glück fiel das Wasser etwas, aber die Deckenlampe im ersten Stockwerk stand noch immer unter Wasser.
In dem Moment, wo ich nach unten sah, gab es eine furchtbare Erschütterung. Ich sprang zurück die Treppe herauf, die ich einige Stufen herabgegangen war und griff nach meiner Frau, die die Hebamme des Dorfes war. Ich hatte sie noch nicht fest im Griff, da fiel die ganze Vorderfront des Hauses, die bisher dem Wasser noch standgehalten hatte, explosionsartig zusammen. Wir rannten wieder auf den Dachboden und horchten auf jedes neue Geräusch. Immer wieder bröckelten Teile des Hauses ab, die krachend in die Fluten verschwanden. Dazwischen hörte man ein entfernteres dumpfes Krachen, verbunden mit gurgelnden Geräuschen, wenn wieder ein Haus oder eine Scheune des Dorfes unterging.
Unser Haus war inzwischen von der Flut halb demontiert. Vom offengerissenen Boden aus sah ich, daß das Haus hinter uns noch nicht beschädigt war, da unseres schützend vor ihm lag. So dachte ich darüber nach, wie wir wohl dorthin gelangen könnten. Ich kam auf den Gedanken, die hölzerne Bodentreppe als Floß zu verwenden, um damit durch das ruhigere Wasser hinter unserem Haus zum Neben-

gebäude übersetzen zu können. Wie ich die Bodentreppe überhaupt losgekriegt habe, ist mir noch heute unerklärlich.
Damit die Treppe nicht abtrieb, bevor wir sie überhaupt bestiegen hatten, banden wir sie mit einem Seil an einem Dachbalken fest. Meine Frau sollte sich als erste an diesem Strick abseilen. Ich sagte ihr noch, sie solle sich so langsam wie möglich daran heruntergleiten lassen. Aber sie schaffte es nicht und sauste mit Schwung herunter ins Wasser, konnte sich aber noch an der Treppe festhalten. Das Seil hatte ihre Hände blutig aufgerissen, es war fast keine Haut mehr in den Handflächen.
Als Ruder für unser Rettungsfloß hatte ich die Fahnenstange heruntergelassen, die wir immer für die Fahne zu Führers Geburtstag benutzten. Schließlich war ich dann auch noch am Seil heruntergeklettert. Gerade wollte ich auf die tief im Wasser liegende Bodentreppe steigen, auf der meine Frau schon saß und deren Gewicht das »Floß« schon halb unter Wasser drückte, als dieses plötzlich umschlug und meine Frau mit in das Wasser riß. Ohne zu zögern tauchte ich und konnte sie wieder fassen. Aber es war ein schweres Stück Arbeit, sie wieder auf die Bodentreppe zu ziehen, die zum Glück immer noch an dem Wäscheseil hing.
Vor Schrecken war meine Frau fast erstarrt, und es dauerte eine lange Zeit, bis ich sie wie einen nassen Sack durch das Toilettenfenster in unser eigenes Haus zurückschieben konnte. Als sie wieder etwas zu sich kam, hatte sie schrecklichen Durst. Ich sagte zu ihr: »Das lehmige Wasser kannst Du doch nicht trinken!« Sie antwortete: »In der Speisekammer steht noch ein Topf voll Milch!« Ich kletterte durch das Toilettenfenster wieder hinaus und zum Küchenfenster hinein und sah den Milchtopf in kreisenden Bewegungen auf einem Wasserstrudel herumtreiben. Schnell fischte ich ihn heraus. Obwohl die Milch von einer dicken Staubschicht bedeckt war, trank meine Frau den Topf in einem Zug aus!
Nach einigen Stunden fiel das Wasser und wir hörten in der Ferne Stimmen. Dann versuchte man, uns mit einem Boot Hilfe zu bringen, was aber nicht gelang, da sich vor dem Haus ein starker Strudel gebildet hatte. Schließlich wurde ein Pionierboot aus Hannoversch-Münden auf uns aufmerksam, angelockt durch die lauten Rufe der Leute am Talrand. Sofort schwenkte das Boot zu unserer Hausruine herüber, dabei wäre es fast gekentert.
Das reißende Wasser hatte hier an unserem Haus an der Ederbrücke,

die selbst vollständig verschwunden war, eine Höhe von fünf Meter erreicht. Ich dachte noch: In Rußland hast du Glück gehabt, und hier in der Heimat sollst du elendig ertrinken!
Wie ich nachträglich erfuhr, war die Flakabwehr am Ederdamm mehrere Tage vor dem Angriff abgezogen worden, es handelte sich um mehrere 2cm-Flakeinheiten.
Und selbst unser Schwein, mit dem ich mir so viel Mühe gegeben hatte, wurde gerettet. Einige Tage nach der Flut suchten wir talabwärts und fanden es schließlich zehn Kilometer entfernt im Stall eines Bauern in Wega, der es vorläufig bei sich untergebracht hatte. Als meine Frau es rief: »komm, komm,« lief es freudig quiekend auf sie zu. Es hatte seinen Futtermeister an der Stimme wiedererkannt.«
Groß waren die Zerstörungen, die die drei abgeworfenen Bomben und die nachfolgende Flutwelle an der Mauer des Edersees, an den vor der Mauer liegenden Kraftwerken und den gesamten wassertechnischen Anlagen unterhalb des Sees angerichtet hatten. Durch die Gewalt der Detonation war eine große Bresche in die Mauer gebrochen und das umgebende Mauerwerk so stark gelockert worden, daß die ausströmenden Wassermassen auch von diesem noch Teile mit fortrissen. In einem Bericht des Wasser- und Schiffahrtsamtes Hannoversch-Münden heißt es:
»Es entstand ein ungefähr halbovalförmiges Loch von etwa 70 Meter oberer Breite und 22 Meter Tiefe. Außerdem wurde das Gefüge des Mauerwerkes um die Sprenglücke herum gelockert und vielfach in das stehengebliebene Mauerwerk meist waagrecht verlaufende Risse gesprengt. Von dem 202 Millionen Kubikmeter betragenden Wasserinhalt der vollgefüllten Talsperre waren rund 160 Millionen Kubikmeter frei geworden und brausten durch die Sprenglücke mit großer Gewalt in das Sturzbett vor der Mauer ab. Hier wurde der größte Teil der Stoßmauer weggerissen durch die ungeheure Gewalt der großen, tief herabstürzenden Wassermassen in Verbindung mit der mahlenden Wirkung der herunterprasselnden, gewaltigen Mauerbrocken. Vor der Sprenglücke wurde in den felsigen Untergrund ein Kolk von etwa zehn Meter größter Tiefe und 80 Meter Durchmesser gewühlt und an dieser Stelle der Fuß der Mauer freigelegt, beziehungsweise unterspült. Um diesen Kolk herum lagerten sich die unzertrümmert gebliebenen größeren Stücke der aus der Mauer herausgebrochenen Gesteinsblöcke, im Einzelausmaße bis zu sechs Kubikmeter Inhalt, ab.«

»Ferner waren luftseitig der Mauer außer der erwähnten Stoßmauer des Beruhigungsbeckens die die Kraftwerke Hemfurth I und II verbindende Transport- und Kabelbrücke, die Begrenzungsmauer des rechteckigen Beruhigungsbeckens vor den Grundablässen des Kraftwerks Hemfurth II und ein großer Teil der vor beiden Kraftwerken gelegenen Insel fortgerissen. Glücklicherweise blieben jedoch diese beiden an den beiderseitigen Hängen vor der Mauer befindlichen Kraftwerke stehen. Sie wurden aber, wie auch die in ihnen befindlichen Maschinen und elektrischen Anlagen, durch die Kraft der Detonation und die Überflutung beschädigt. An der Wasserseite der Mauer wurden noch die Verschlußvorrichtungen der Turbinenrohre und die Notauslässe deformiert.«
»Auch an den Seeufern entstanden durch das Abströmen, beziehungsweise durch das schnelle Abfallen des Wassers, an fünf Stellen größere und an vielen anderen Stellen geringere Schäden. Der größte Teil des Fischbestandes wurde durch das Ausströmen des Wassers vernichtet. Unterhalb der Sperre, bis zum Dorfe Hemfurth, wurde das linke Ufer der Eder nebst der an ihm entlang laufenden Talstraße fortgerissen. Durch die Unterspülung des Bergfußes entstand etwa ein Kilometer unterhalb der Sperre ein Bergrutsch, der die Bergstraße auf rund 150 Meter Länge zum Absinken um etwa zwei Meter brachte. Der talseitige, etwa 3,3 Kilometer lange Damm des Ausgleichsbeckens Affoldern wurde bis auf drei Reststrecken von insgesamt 500 Meter Länge fortgespült.«
Im Tal der Eder wurde wertvoller Ackerboden durch die Abspülung der Muttererde vernichtet... über 50 Hektar Land. Weitere 40 Hektar gingen verloren durch die Geröllablagerungen, die das Wasser mit sich führte. Felder wurden mit Kiesbänken überschüttet, die sich bis zu einer Höhe von zwei Meter auftürmten und alles Leben unter sich erstickten.
Von allen Edertalgemeinden wohl am stärksten betroffen war das Dorf Affoldern. Durch die Wassermassen war es gänzlich eingeschlossen und von der Umgebung nicht mehr zu erreichen. Kirchenschiff und Schule, aber auch ein großer Teil der Häuser, fielen den Fluten zum Opfer. Der Sachschaden, der in den Ederdörfern angerichtet wurde, ging in die Millionen Goldmark. 213 Wohnhäuser wurden durch die Wassermassen zerstört oder beschädigt.
Die relativ geringe Anzahl von Toten in den Tälern von Eder, Fulda und Weser war darauf zurückzuführen, daß hier der Alarm beson-

ders gut funktionierte. Das Wildunger Postamt war durch einen privaten Anruf aus Affoldern informiert worden und hatte sofort einen Katastrophenalarm ausgelöst, der direkt an alle Bürgermeister der Edertalgemeinden ging. Diese wiederum ließen die Sturmglocken läuten und die Orte so weit wie eben möglich von Menschen räumen.
Nachdem sich die Wassermassen verlaufen hatten, bot sich ein Bild des Grauens. In Mehlen lagen Pferde und Kühe verendet an der Kette im Stall. Der größte Teil des Viehs, das sich auf den Weiden befand, wurde abgetrieben und kam um. Wohlhabende Menschen waren über Nacht arm geworden, waren froh, wenigstens ihr eigenes Leben gerettet zu haben.
Im Bahnhofsgelände von Giflitz war der Bahnkörper verschwunden, waren die Gleise verbogen oder zu bizarren Spiralen verformt. Alle Eisenbahn- und Straßenbrücken waren zerstört. Die Stadt Fritzlar war zwar gewarnt worden, der Warnung hatte man aber so recht keinen Glauben schenken können. So kam es, daß die Wasserfluten einen größeren Schaden anrichten konnten, als es bei der richtigen Einschätzung der Flutwarnung geschehen wäre. Hier stand das Flughafengelände unter Wasser. Die Ederbrücke hatte dem Druck des Wassers als einziges Brückenbauwerk in diesem Abschnitt des Katastrophentales widerstanden.
Im Dorf Wabern versuchte man, mit Kähnen zu den im Ortsinnern eingeschlossenen Bewohnern vorzudringen. Die Abdeckereien bis hin nach Hannover waren in den folgenden Tagen überlastet, so stark war in diesem Abschnitt der Verlust an Vieh. Die Wassermengen hatten hier die volle Breite des Tales überschwemmt, verloren jedoch an diesen Stellen an zerstörender Gewalt. Sie sammelten sich erneut an den engen Stellen des Flußlaufes, um hier das Werk der Zerstörung fortzusetzen.
Auch die Ortschaft Altenburg war von den Fluten völlig eingeschlossen. Hier sollte es Monate dauern, bis man die Landschaft wieder von Geröll, Unrat und Morast gesäubert hatte.
Am Vormittag des 17. Mai erreichte die Flutwelle die Großstadt Kassel, damals Hauptproduktionsstätte im U-Boot-Bau. Weite Teile der Altstadt wurden hier überschwemmt. Diese Überschwemmungen wurden von der britischen Propaganda ausgenutzt. Zu Bildern der 542. Squadron schrieb die Presse:
»Die U-Boot-Motorenstadt Kassel gleicht jetzt einer Insel. Straßen, Kraftwerke, Gleisanlagen und Industriebetriebe sind

durch die Fluten zerstört. Die Fulda führt Hochwasser und hat den Wolfsangerdistrikt überflutet.«
Auch Unterneustadt stand unter Wasser, ebenso der König-Friedrich-Platz, der Karlswieseplatz und der Karls-Aue-Park. Von den Kirchtürmen der Stadt aus fotografierte ein Kasseler Bürger gegen Mittag die überschwemmten Stadtgebiete mit Blickrichtung auf die Schleuse, die Hafenbrücke, den Wolfsanger und an der Karlskirche vorbei auf die Orangerie und das Gaswerk. Soldaten suchten an den Ufern der Fulda nach Leichen und Tierkadavern. Selbst hier in Kassel, 70 Kilometer von der Edermauer entfernt, war noch ein Mensch ums Leben gekommen. Auf Straßen, die zum Teil nur fußtief vom Wasser überschwemmt waren, standen die Menschen mit bedrückten Gesichtern. Der Reichsarbeitsdienst war hier beim Wegebau eingesetzt, damit die Fußgänger trockenen Fußes tiefer überflutete Straßenabschnitte überqueren konnten. Trecker der Wehrmacht zogen Personenwagen aus dem Hochwasserbereich.
Findige Bürger benutzten ihre Paddelboote für den Straßenverkehr. Erst im Wesertal bei Karlshafen war die Wucht der Flutwelle gebrochen. Unweit dieses Solebades, in Herstelle, zeigt heute noch eine Hochwassermarke, eine schmale, weiße Tafel an einer Hauswand, wie hoch damals hier die Wasserfluten standen.
Schon in der Nacht des 17. Mai begannen die Rettungs- und Aufräumungsarbeiten in den betroffenen Gemeinden. Landesschützen, Pioniere und Wehrmachtsverbände standen im Einsatz. Später halfen Kolonnen der Deutschen Handwerkerhilfe, die zerstörten Gebäude wieder aufzubauen oder Baracken als Notunterkünfte herzurichten.

Der Aufbau der zerstörten Sperrmauern

Bahnbau als Generalprobe – Ein Seismograph registriert die Bombardierung – 250 Kubikmeter Mauerwerk pro Tag – Schwierigkeiten beim Ederdamm – Sechs Tage vor dem Termin fertig – Ministerlob und Führerdank – Jetzt werden die Talsperren geschützt – Die Dämme überdauern die letzten Kriegstage – Guy Gibson: Ein Grab in Holland – Eine Anfrage im Düsseldorfer Landtag – Wallis an der Möhnemauer – Das Jubiläumstreffen der »Dammknacker«

Dem schnellen Wiederaufbau der zerstörten Staumauern wurde von Seiten der Reichsregierung eine nicht unerhebliche propagandistische Bedeutung beigemessen. Außerdem war man natürlich daran interessiert, die Wasserwirtschaft der von der Katastrophe betroffenen Gebiete wieder instandzusetzen. So wurde die Organisation Todt beauftragt, die Sperrdämme wieder aufzubauen. Dieses, wohl das größte Bauunternehmen der Kriegszeit, hatte sich bei anderen riesenhaften Aufträgen bereits bewährt, beim Bau von West- und Atlantikwall, bei Bauvorhaben in Russland.
Eine gelungene Generalprobe für das Wiederaufbauprogramm der Mauern war die bereits am 15. Juni abgeschlossene Wiederinstandsetzung der völlig zerstörten Bahnlinie Neheim-Möhnesee mit der Brücke in Niederense. Diese Bahnlinie brauchte man unbedingt, um die Möhnemauer wieder herstellen zu können. Gleichzeitig begannen an Möhne und Eder die Aufräumungsarbeiten. In der 22 Meter tiefen und 77 Meter breiten Bresche der Möhnemauer, ebenso in der Bresche der Edermauer, wurden Untersuchungen für den Wiederaufbau angestellt. Sorgsam untersuchte man die im Mauerwerk aufgetretenen Risse. Es stellte sich heraus, daß man einen großen Teil des Mauerwerkes noch abreißen mußte, bevor an den Aufbau zu denken war. Zu gewaltig waren die Erschütterungen gewesen, denen die Mauern ausgesetzt gewesen waren.
Einen Eindruck von der Zerstörungskraft und Energie der Wallis-

Bombe gaben die unbeabsichtigten Aufzeichnungen der Erdbebenwarte im 130 Kilometer entfernten Geophysikalischen Institut in Göttingen. Hier wurden die Erschütterungen bei der Zerstörung der Möhnemauer einmal in der Ost-West-Komponente, dann aber auch in Nord-Süd-Richtung auf Diagrammen festgehalten.

Bei der Zerstörung der Möhnemauer um 00.49 Uhr deutscher Sommerzeit entstand eine seismische Unruhe von fast einer Minute, bei der Zerstörung der Edermauer um 01.50 Uhr DSZ dauerte sie nur eine dreiviertel Minute. Sogar in Nord-Süd-Richtung, deren Ausschläge im Diagramm wesentlich geringer waren, konnten nach einer entsprechenden Vergrößerung der Zeigerausschläge die Detonationswellen bei der Explosion der Bomben deutlich gemacht werden. Der Nahbebenseismograph zeigte folgende Daten für den 17. Mai:

Möhne:		maximaler Ausschlag
00.27 Uhr	40,8 sec	0,6 mm
Die zweite Bombe, die das E-Werk traf, wurde nicht registriert.		
00.38 Uhr	14,9 sec	0,8 mm
00.44 Uhr	2,6 sec	0,2 mm
00.49 Uhr	57,0 sec	0,8 mm (Zerstörung)
Eder:		
01.37 Uhr	34,0 sec	0,4 mm
Die zweite Bombe auf die Mauerkrone wurde nicht registriert.		
01.50 Uhr	40,5 sec	0,2 mm (Zerstörung)
03.38 Uhr, ob hier eine seismische Unruhe aufgetreten ist, läßt sich nicht mit Sicherheit sagen. (Ennepetalsperre)		

Was hier der Seismograph registrierte, waren die Todeskurven für die beiden Dämme von Möhne und Eder. Die seismischen Wellen liefen mit einer Geschwindigkeit von fünf bis sechs Kilometer in der Sekunde in der oberen zehn Kilometer dicken Erdkruste. Diese Zeitangaben stimmen sehr genau mit denen der Briten überein. Geringe Abweichungen bei den Bombenabwürfen lassen sich vielleicht durch eine verzögerte Funkmeldung der Flugzeuge erklären. Auffallenderweise fehlen in den Seismogrammen die »weichen« Explosionen am Sorpedamm.

Vor Beginn der eigentlichen Maurerarbeiten am Damm der Möhne mußten rund 6000 Kubikmeter abgetragen werden, um einen festen und unzerstörten Verband zu finden. Den leitenden Ingenieuren der OT war durchaus bewußt, daß sie sich mit dem Bau beeilen

mußten, denn die Mauer mußte vor der nächsten Hochflut, die im Herbst zu erwarten war, wieder geschlossen sein. Nur so stand im folgenden Jahr der gesamte Stauinhalt des Sees wieder zur Verfügung.
Um Zeit beim Bau zu gewinnen, hatte man zunächst den Vorschlag gemacht, Betonplomben in die Sprenglücken zu setzen. Gegen dieses Verfahren sprach jedoch die Tatsache, daß man nicht wußte, wie sich der feste Beton in dem Mauerwerk verhalten würde. Sicher war jedoch ein Schwinden des Betons beim Abbinden zu befürchten. Das hätte zu Komplikationen führen können. Deshalb entschloß man sich gegen diese Behelfslösung und entschied sich nach Beratungen, auch mit dem Ruhrtalsperrenverein, für fachgerecht hergestelltes Mauerwerk. Das aber war nur mit Fachleuten zu bewerkstelligen, die aus Deutschland, Kärnten, Tirol und Ober-Italien herangeholt werden mußten. Auch am Edersee entschied man sich für diese Lösung, die Instandsetzung der Mauer in der selben Art vorzunehmen, die man beim Bau angewandt hatte.
Die Großbaustellen waren musterhaft organisiert. Jeglicher Bürokratismus war ausgeschaltet. 2500 Arbeitskräfte waren an der Möhne aufgeboten, einschließlich der Hilfskräfte und der Steinbrucharbeiter. Anfangs konnten unten in der Sprenglücke nur zehn bis zwanzig Maurer nebeneinander arbeiten. Als sich die Bresche nach oben zu verbreiterte, stieg die Zahl der in einer Reihe mauernden Handwerker auf 320 an. Im Durchschnitt wurden bei den eigentlichen Maurerarbeiten 250 Maurer und Handlanger eingesetzt, die täglich bis zu 250 Kubikmeter Gestein verarbeiteten.
Die emsige Tätigkeit an den Sperrdämmen mußte naturgemäß das Interesse feindlicher Flieger wecken, die die Baustellen auch fotografierten, aber nicht durch Angriffe störten. Aus Gründen der Sicherheit hatte man sich auf solch einen Fall vorbereitet und vorsorglich wichtige Baustelleneinrichtungen gleich zweifach angelegt, allerdings räumlich weit getrennt.
Etwa 100 Zimmerleute, dienstverpflichtete Holländer, bauten das mächtige Arbeitsgerüst zu beiden Seiten der Mauer, das schließlich die Höhe eines achtstöckigen Hauses erreichte und mit dem Anwachsen der Steinmauer in die Höhe stieg. Aus Gründen der Wirtschaftlichkeit hatte man für die Gerüstkonstruktion Holz verwenden müssen, weil der kriegstechnisch wichtige Stahl für die Rüstung gebraucht wurde. So entstand ein Meisterwerk der Zimmermannskunst, das einem riesigen Spinnennetz glich.

Die Bruchsteine, die in der Mauerlücke vermauert wurden, stammten zum großen Teil aus den gleichen Steinbrüchen, aus denen man das Baumaterial beim Neubau der Mauer gewonnen hatte. Da die alten Steinbrüche aber schon zu sehr ausgeräumt waren und für die Wiederherstellungsarbeiten nicht mehr ausreichten, wurde Steinmaterial auch aus Brüchen des Bergischen Landes herangeschafft. Außerdem vermauerte man bereits hammergerechte Steine, die eigentlich für den Brückenbau von Autobahnen vorgesehen waren.

Jeder Stein wurde mit einem starken Wasserstrahl gereinigt, bevor er vermauert wurde. Techniker überprüften immer wieder die richtige Zusammensetzung des Mörtels, da man wegen der großen Beteiligung von Fremdarbeitern Sabotagemaßnahmen befürchtete. Aber die ausländischen Arbeitskräfte erwiesen sich als hervorragende Handwerker. Die Maurerarbeiten wurden von einem Bauführer beaufsichtigt, der schon 1912 beim Bau der Sperrmauer im Auftrage des Ruhrtalsperrenvereins die Arbeiten kontrolliert hatte.

Der einzige Engpaß, der sich während der Aufbauarbeiten zeigte, war der Transport des Baumaterials über die beiden Aufzüge. Auch in der Nacht lief der Betrieb auf der Baustelle auf vollen Touren. Trotz drohender Luftgefahr sorgte eine Reihe von Tiefstrahlern für die notwendige Beleuchtung. Eine besondere Warnanlage mit Lautsprechern, die unmittelbar an das Luftwarnnetz angeschlossen war, sollte die Baustelle vor Überraschungen sichern. So vollzog sich der Wiederaufbau der zerstörten Dämme in einem Tempo, das niemand im Ausland für möglich gehalten hatte. Da man tief im Innern der stehen gebliebenen Mauerreste noch unsichtbare Risse vermutete, entschloß man sich dazu, das gesamte Mauerwerk durch zusätzliche Zementinjektionen zu festigen. Eine Firma bohrte mit Spezialgeräten die für die Einspritzungen notwendigen Löcher, in welche dann mit einem Druck von sechs Atmosphären die Zementmilch gepreßt wurde. Schwierig erwies sich dabei das Ausgleichen der Berührungsflächen des alten mit denen des neuen Mauerwerkes, dessen Nähte schließlich von der Mauerkrone her mit Zementleim verdichtet wurden.

Bei diesen Arbeiten entstanden an der Edermauer unerwartete Schwierigkeiten, da bei den Verpressungen des Mauerwerks mit der Zementmilch sich auch die Dränageleitungen innerhalb des Dammes füllten und so ein Abfließen von Feuchtigkeit aus der Mau-

er verhindert wurde. Daher mußte man ein neues Entwässerungssystem bauen und neue Bohrungen von der Mauerkrone aus senkrecht bis zum Stollen im Mauerfuß führen. Aber auch das brachte Schwierigkeiten, da man die Bohrlöcher zunächst nicht mit der notwendigen Genauigkeit nach unten bringen konnte. Erst ein wasserdicht verpackter Minisender, der in die Bohrlöcher versenkt werden konnte, half aus diesem Dilemma. Mit Hilfe der Funkpeilung konnte man schließlich die Bohrstelle exakt orten und damit das Bohrziel genau erreichen. Diese Arbeiten verzögerten die Fertigstellung der Edermauer erheblich. Die Maurerarbeiten wurden zwar zum gleichen Zeitpunkt beendet wie an der Möhne, doch konnten wegen der Verpressungs- und Dränagearbeiten die Wiederherstellungsarbeiten erst im Juni 1944 beendet werden. So ließ sich der Wasserstand im Edersee nur in Etappen anheben. Nach dem Krieg wurden sogar neue Verpressungen notwendig, und erst 1947/48, nachdem man sich an die Belastbarkeitsgrenze der Mauer herangetastet hatte, erlebten die Besucher des Edersees wieder das prächtige Schauspiel des Überlaufens.
An der Möhne liefen die Aufbauarbeiten besser als zunächst erwartet. Während sich die Mauerlücke schloß, nutzte man den niedrigen Wasserstand des Sees, um die Grundablässe durch Betonbunker zu schützen. So konnten Bomben, die direkt auf das Ablaßsystem der Mauer trafen, dieses nicht zerstören. Schon am 24. September war die Wiederherstellung der Möhne beendet, sechs Tage vor dem geplanten Termin. Seit dem 9. Juli, dem Beginn der eigentlichen Maurerarbeiten, hatte man für den Wiederaufbau nur 78 Kalendertage benötigt. Ende September begann man mit dem Wiederanstau des Möhnewassers. Auch die beschädigten Wasserablaßrohre waren wieder instandgesetzt.
Der schnelle Wiederaufbau der Möhnemauer unter den damaligen Bedingungen war eine Meisterleistung aller beteiligten Ingenieure, Baufirmen und Arbeitskräfte auf organisatorischem wie technischem Gebiet. Am 3. Oktober 1943, als auch die Fahrbahn auf der Mauerkrone wieder fertiggestellt war, erhielt die Möhnetalsperre hohen Besuch. Rüstungsminister Albert Speer, Chef der Organisation Todt, hielt zur Wiedereinweihung der Möhnetalsperre eine Rede:
»Arbeitskameraden, am 17. Mai dieses Jahres wurde hier durch den Angriff englischer Flieger die Möhnetalsperre weitgehend zerstört. Ihr habt in einer vorbildlich kurzen Zeit diese Talsperre

wieder instandgesetzt und habt damit dem Ruhrgebiet einen Dienst erwiesen, der sich in mehr Waffen und mehr Munition unmittelbar auswirken wird. Damals, am 17. Mai, fanden hier an der Möhnetalsperre Besprechungen zwischen meinen Mitarbeitern und mir statt. Es war die Ansicht aller Fachleute, daß in einem dreiviertel Jahr frühestens damit zu rechnen sei, daß das Loch in der Talsperre wieder geschlossen wäre. Wir haben, um diesen untragbar langen Termin zu verkürzen, vom Atlantikwall die OT hierher gerufen. Und die OT hat uns auch hier, wie auch sonst, nicht enttäuscht. Der Termin, der mir von Eurem Einsatzgruppenleiter Adam kurze Zeit nach seiner Berufung zu der Aufgabe, hier im Ruhrgebiet die Talsperre wieder herzustellen, genannt wurde, der 11.11. des Jahres, ist in einer vorbildlichen Arbeitsweise von Euch weitgehend unterboten worden. Ihr habt statt der sechs Monate, die für den Bau vorgesehen waren, in viereinhalb Monaten eine kaum mögliche Leistung vollbracht, die sich sehen lassen kann. Gleichzeitig damit haben aber auch eure Kameraden an der Edertalsperre, die hier zum Teil mitversammelt sind, dort die Instandsetzungsarbeiten in einem edlen Wettstreit soweit vorwärts getrieben, daß auch sie mit dem gestrigen Tag beendet werden konnten. Auch das ist eine Leistung, die genau so einzuschätzen ist wie die an der Möhnetalsperre.

Ich kann euch hier versichern, daß diese Leistungen, die im alten OT-Geist ausgeführt wurden, ganz hervorragend sind. Der Führer hat sich laufend über den Fortgang der Arbeiten hier berichten lassen, und es war für ihn eine besonders freudige Überraschung, als ich ihm vor kurzem melden konnte, daß die Arbeiten vor der Vollendung stehen. Wir glauben, daß wir mit dieser Arbeit einen Teil des Wortes eingelöst haben, das ich für die Ruhr gegeben habe, als die schweren Angriffe dieses Frühjahrs Nacht für Nacht auf das Ruhrgebiet stattfanden. Ich habe das Wort gegeben, daß das Ruhrgebiet nicht vom Reich im Stich gelassen wird, daß es immer wieder aufgebaut wird.

Und sie sehen hier das erste Beispiel der Einlösung dieses Wortes, und andere Beispiele werden folgen. Wenn ich hier diesen kleinen Haufen von deutschen Arbeitern sehe und daneben das große Werk, das entstanden ist, so freue ich mich, daß Deutsche sich als Führungskräfte so durchgesetzt haben. Das Verhältnis zwischen deutschen und ausländischen Arbeitskräften und die mühelose Bewältigung der

Arbeiten mit nur wenigen deutschen Arbeitskräften zeigt, mit welchem Eifer diese an die Arbeit gegangen sind.
Ich danke euch für die Leistung und bitte euch weiterhin, an der Ruhr eure Pflicht zu tun. Zweifellos stehen noch schwere Arbeiten bevor. Wir werden sie zusammen mit den Westfalen, die gezeigt haben, daß sie auch hier ihren Mann stehen und nicht verzagen, im Geiste der OT zu vollenden wissen.«
Aus dem Führerhauptquartier kam ein Fernschreiben an die OT-Einsatzgruppe Ruhr: »Ich habe mit großer Freude vernommen, daß es Ihrer unermüdlichen Arbeit gelungen ist, den Wiederaufbau der Möhnetalsperre fertigzustellen. Damit haben Sie für die deutsche Kriegswirtschaft einen entscheidenden Beitrag geliefert. Ich spreche Ihnen und all Ihren Führern und Männern zu diesem großen Erfolg meinen besonderen Dank und Anerkennung aus. Adolf Hitler.«
Im Jahre 1969 veröffentlichte Albert Speer seine Erinnerungen und erwähnt darin auch die Talsperrenkatastrophe:
»Vor der britischen Luftwaffe wurde der erste Versuch unternommen, durch Zerstörung eines einzigen Nervenzentrums der Kriegswirtschaft, gewissermaßen nach dem Prinzip der Querschnittslähmung, den Kriegsverlauf entscheidend zu beeinflussen. Wie man einen Motor durch Wegnahme eines kleinen Teiles unbrauchbar machen kann, versuchten am 17. Mai 43 nur 19 Bomber der RAF, durch Zerstörung der Talsperren des Ruhrgebietes das Zentrum unserer Rüstungsproduktion auszuschalten. Die mir in den ersten Morgenstunden überreichte Meldung war überaus alarmierend. Die größte der Talsperren, die Möhnetalsperre, war zerstört und ausgelaufen. Über die drei anderen Sperren lagen noch keine Nachrichten vor. In der ersten Morgendämmerung landeten wir auf dem Flugplatz Werl, nachdem wir das Bild der Verwüstung von oben betrachtet hatten. Das am Fuß des gebrochenen Dammes einst befindliche Kraftwerk war mit seinen schweren Maschinen wie wegradiert.
Der Bericht zur Lage, den ich bald darauf im Führerhauptquartier abgab, hinterließ, wie das Führerprotokoll festhält, einen tiefen Eindruck beim Führer. Er behielt die Unterlagen bei sich. Den Engländern war es jedoch bei diesem Angriff nicht gelungen, die drei anderen Talsperren zu zerstören, deren Ausfall die Wasserversorgung des Ruhrgebietes für die bevorstehenden Sommermonate fast völlig unterbunden hätte. Bei der größten von ihnen, der Sorpetalsperre, erzielten sie zwar einen Volltreffer mitten auf dem Damm,

den ich noch am gleichen Tag besichtigte. Der Bombentrichter lag jedoch glücklicherweise um wenig höher als der Wasserspiegel. Nur einige Zentimeter tiefer, und aus einem kleinen Bach wäre schnell ein reißender Strom geworden, der den aus Erde und Felsbrocken aufgeschütteten Damm mit sich gerissen hätte. Die Engländer standen in dieser Nacht bei einem Einsatz von wenigen Bombern vor einem Erfolg, der größer gewesen wäre, als sie ihn bis dahin, bei Tausenden von Bombereinsätzen, je erreicht hatten. Sie machten dabei nur einen, mir heute noch unverständlichen Fehler: sie teilten ihre Kräfte auf und zerstörten in der gleichen Nacht die 70 Kilometer entfernte Edertalsperre, obwohl diese mit der Wasserversorgung der Ruhr nicht das geringste zu tun hatte.
Wenige Tage nach diesem Angriff arbeiteten bereits 7000 Mann, die ich vom Atlantikwall ins Gebiet von Möhne und Eder beordert hatte, an der Wiederherrichtung der Dämme. Bei unserem Wiederaufbau versäumte die britische Luftwaffe ihre zweite Chance: mit einigen Bomben hätten die exponierten Einrichtungen der Baustellen zum Einsturz gebracht, mit einigen Brandbomben die hölzernen Baugerüste in Flammen gesetzt werden können.«
Den englischen Luftaufklärern waren die großen Wiederaufbauunternehmen an Möhne und Eder nicht verborgen geblieben, aber die deutsche Abwehr hatte sich neu formiert. In starker Anzahl schützte Vierlingsflak den Möhnedamm direkt, und 8,8-Zentimeter-Flakgeschütze lagen auf der Haarhöhe bei Theiningsen feuerbereit. Scheinwerfer verstärkten die Nachtabwehr, und sogar die neuen Schießkarrenbatterien waren für die Abwehr an der Möhne eingesetzt worden. Hinzu kamen Vernebelungsanlagen und auch Sperrballons für Hoch- und Tiefsperren. Auch für den passiven Schutz der Staumauer wurden erhebliche Aufwendungen gemacht. Im Strandbad von Delecke entstanden durch die Montage langer, starker Baumstämme riesige Flöße, die im Schlepp eines Möhneausflugsbootes zur Mauer gezogen wurden. Hier beschwerte man die zehn mal zwanzig Meter großen Holzflöße mit Beton und senkte sie schräg zur Mauer hin ab, was über Aufhängungen an Bojen erreicht wurde. Diese schräggestellte Schutzwand unter Wasser sollte verhindern, daß Bomben einen Kontakt mit dem Mauerwerk bekommen könnten. Eine abgeworfene Mine sollte möglichst weit vom Damm wegrollen, um erst in einer sicheren Entfernung von ihm zu explodieren. Denn inzwischen kannte man die Arbeitsweise

der Wallis-Bombe, die man an der unzerstört bei Haldern geborgenen Bombe hatte studieren können. Auch die beiden gefangenen Flieger hatten entsprechende Angaben gemacht.
Taucher untersuchten die neu angelegten Unterwasserhindernisse auf ihre Funktionstüchtigkeit.
Als Ergänzung zu diesen Sicherungen wurden 30 Meter oberhalb der Mauer im See schwere stählerne Torpedofangnetze, an Bojen hängend, 18 Meter tief unter der Wasseroberfläche angebracht. Diese Unterwassergardinen sollten Torpedos oder schwimmende Minen rechtzeitig abfangen. Auch die anderen westdeutschen Talsperren, wie Eder, Sorpe, Diemel, Ennepe und Agger erhielten jetzt eine für die damalige Zeit fast unüberwindliche Abwehr.
An Möhne und Eder begann man zusätzlich in einer Entfernung von 600 bis 800 Meter vom Damm beiderseits des Sees oben auf den Anhöhen mit der Errichtung zweier 100 Meter hoher Stahlmasten, zwischen denen sich ein schweres Stahlseil spannen sollte, von dem ein Netzvorhang aus Minenseilen zum Schutz gegen Tiefflieger hängen sollte. Hierbei handelte es sich um ein starkes Drahtseil, an dem in 15 Meter-Abständen Minenseile angebracht wurden, jedes Seil jeweils mit sieben Kontaktminen zu 3,5 Kilogramm.
Auch auf der Talseite der Möhnemauer begann man mit der Montage von Stahlnetzen, die zwanzig Meter lang und 15 Meter breit waren, um hieran Bomben abprallen zu lassen. Die in fast vierzig Meter Höhe arbeitenden Monteure sahen von unten aus, als seien sie in einem riesigen Spinnennetz gefangen. Kühne Kletterer wurden hier benötigt. Schon nach kurzer Zeit kündete ein Tannenbaum als Richtschmuck, daß die Stahlgardinen an der Möhnemauer fertiggestellt worden waren. Beide Türme auf der Möhnemauer wurden geschleift, damit sie nicht noch einmal als Anflugsziel für einen Angriff benutzt werden konnten.
Am Diemelsee liefen Versuchssprengungen mit neuartigen Seeminen, die in einer sogenannten »Aktion Blumentopf« an den Stauseen eingesetzt werden sollten. Eine vierfach gestaffelte Reihe von je 24 Minen zu je 1000 Kilogramm Sprengstoff, verteilt über den Möhne- und Edersee, waren zur Abriegelung der möglichen Anflugschneisen gedacht. Die Minen konnten elektrisch ferngezündet werden und sollten mit der durch den Detonationsdruck erzeugten Gischtwolke Tiefflieger zum Absturz bringen oder wenigstens deren Rollbomben vorzeitig explodieren lassen oder von der

Bahn abbringen. Die Techniker hatten diese Minenfalle zwar meisterhaft ausgeklügelt aber nicht mit den Naturgewalten gerechnet. Zum Schrecken der Anwohner von Möhne und Eder explodierten einige der Minen bei Gewittern, durch die Luftelektrizität gezündet. Daher war man gezwungen, die Minenfalle bei Gewitter auszuschalten.
Alle Verteidigungsbemühungen kamen jetzt zwar für Möhne und Eder zu spät, trotzdem hatten sie eine abschreckende Wirkung auf weitere Angriffe. Nur am Sorpesee versuchten im Oktober des Jahres 1944 die Engländer mit einer Lancasterstaffel erneut die Zerstörung des Dammes. Aus großer Höhe abgeworfene Fünf-Tonnen-Bomben sollten den Erddamm sprengen. Auch dieser zweite Versuch schlug fehl.
Die legendäre springende Wallis-Bombe kam in der an den Talsperren benutzten Form nicht mehr im Verlauf des Krieges zur Anwendung. Barnes Wallis betrachtete diese Bombe als noch nicht ganz ausgereift und kehrte deshalb wieder zu Versuchen mit den springenden Stahlkugeln zurück, die einen Hüpfbereich von 1600 Meter erreichten und zu einer so gefürchteten Seewaffe wurden, daß die Admiralität auf absoluter Geheimhaltung bestand. Auch die Konstruktion der Sperrmauerbombe wurde geheim gehalten. Erst im Jahre 1963 wurden erste Einzelheiten über sie bekannt.
Neue Gefahren erwuchsen den Talsperren des Sauerlandes erst wieder in den letzten Kriegstagen, als der Gedanke nahe lag, den amerikanischen Vorstoß ins Ruhrgebiet durch die Sprengung der Dämme zu stoppen. Diesen Versuch hatte man im Aachener Raum mit der Sprengung der Rurtalsperren bereits erfolglos unternommen. Allerdings konnten solche Pläne wegen des schnellen Vorrückens der amerikanischen Truppen nicht mehr verwirklicht werden, zum Glück für die Bewohner in den Flußtälern, muß man hinzufügen. Zudem hatte sich im März 1945 Rüstungsminister Speer bereits gegen den Führerbefehl der »verbrannten Erde« gestellt. In diesem Hitler-Befehl vom 19. März hatte es geheißen: »Alle militärischen, Verkehrs-, Nachrichten-, Industrie- und Versorgungsanlagen sowie Sachwerte innerhalb des Reichsgebietes, die in die Hand des Feindes fallen, sind zu zerstören!«
Die Gedanken der Talbewohner an Eder, Möhne und Ruhr gehen in jedem Jahr am 17. Mai zurück an jene Schreckensnacht, in der die entfesselten Fluten Tod und Elend über unzählige Familien

brachten. Damals, als die Dämme brachen, wurde in den offiziellen Berichten das Ausmaß der Katastrophe bewußt verschwiegen. Heute wissen wir, daß die Sprengung der Staumauern zu den größten Katastrophen zu zählen ist, die der zweite Weltkrieg brachte. Nicht nur Deutsche, auch Verbündete der Engländer kamen in den Fluten ums Leben, Russen, Franzosen, Holländer, Belgier. Sie fanden ihre letzte Ruhe in Massengräbern auf dem Waldfriedhof Neheim. »Inconnu« steht in französischer Sprache auf vielen der Grabsteine, »Unbekannt«, denn viele der Toten wurden nie identifiziert. Überlebende Holländer haben einen Gedenkstein für ihre ertrunkenen Kameraden gestiftet, die auf dem Neheimer Waldfriedhof die letzte Ruhe fanden.
Auch die Engländer hatten in dieser Nacht der großen Flut einen hohen Preis zu zahlen. Von den 133 Männern, die in den 19 Lancaster-Bombern nach Deutschland gestartet waren, sind 54 nicht zurückgekehrt. Auf den einsamen Soldatenfriedhöfen Hollands und Deutschlands liegen die sterblichen Überreste dieser Engländer. Auf ihren Gräbern steinerne Monumente, in die der Wahlspruch eingemeißelt wurde: »Per Ardua ad Astra« – »Durch den Himmel zu den Sternen«.

Nach den spektakulären Dammangriffen hatte man Gibson, den Chef der 617. Staffel, von weiteren Feindeinsätzen befreit. Man war der Meinung, daß er genug für sein Heimatland geleistet habe und wollte nicht, daß er doch noch dem Krieg geopfert würde. Er begleitete den Premierminister seines Landes, Winston Churchill, auf einer Good-Will-Tour durch Kanada und die USA. Churchill nannte seinen jungen Begleiter nur noch den »Dambuster«, den Dammknacker, ein Name, der auch in England schnell populär und auf alle Mitglieder der 617. Staffel übertragen wurde.
Churchill versuchte, Gibson für die Politik zu interessieren, aber für den war das Kriegserlebnis noch zu unmittelbar, als daß er sich vom Soldaten zum Politiker hätte entwickeln können. Die Schreibtischarbeit ermüdete und langweilte Gibson wohl auch. Er bat das Luftfahrtministerium um seine Rückversetzung zu einer Einsatzbasis. In dieser Zeit schrieb er seine Erinnerungen, die unter dem Titel »Enemy Coast Ahead« – »Feindküste in Sicht« erschienen. Gibsons alter Freund Martin zeigte ihm dann auf dem Flugplatz Coningsby, wie man eine Mosquito fliegt. Schließlich konnte

Gibson seinen höchsten Chef Harris dazu überreden, ihn noch einmal einen Angriff gegen Deutschland fliegen zu lassen, und zwar sollte mit 220 Lancaster-Bombern ein Angriff gegen die Stadt Mönchengladbach erfolgen, die relativ nahe zur alliierten Westfront lag. Es war 15 Monate nach dem erfolgreichen Angriff gegen die Talsperren. Aber dies sollte der letzte Flug von Guy Gibson werden. Auf dem Rückflug wurde er in seiner Mosquito abgeschossen. Seine letzte Ruhestätte fand er auf dem katholischen Gemeindefriedhof der niederländischen Gemeinde Steenbergen, wo sein Grab von den Holländern heute noch gepflegt wird.

Auch Flight Lieutenant Maltby, der die Möhnemauer zerstörte, und Pilot Officer Les Knight, der den Ederdamm traf, erlebten das Kriegsende nicht mehr. Sie starben bei weiteren Bombereinsätzen.

Längst sind über die Gräber hinweg die einstigen Feinde zu Freunden geworden, denn die Toten der Flutkatastrophe mahnen zum Frieden. In der Ortschaft Affoldern am Edersee steht heute ein Denkmal des Schweizer Professors D'Altri aus Zürich, eine Plastik, die eine Frau darstellt, die ihr Kind rettend über die tödlichen Fluten hinweghebt, eine beschwörende Geste an die Menschheit, sich endlich auf den Frieden und das knappe menschliche Dasein zu besinnen, damit nie wieder im Krieg oder im Frieden verderbliche Fluten die Täler überschwemmen.

29 Jahre nach der Katastrophe mußte die Möhnetalsperre erneut bewacht werden, wieder gab es eine Bombenwarnung, die leider ernst genommen werden mußte. Arabische Terroristen hatten neue Attentate nach dem Massaker von München und den Ereignissen von Fürstenfeldbruck in Deutschland angekündigt. Damals wurden die Sicherheitsvorkehrungen für den Kreis Soest auf Anordnung des Innenministers sofort verschärft. Natürlich stand der Schutz der Sperrmauer an erster Stelle. Die Mauer wurde jede Nacht taghell angestrahlt. Polizeistreifen kontrollierten die Umgebung.

Im März 1958 hatte es im nordrheinisch-westfälischen Landtag in Düsseldorf eine Anfrage gegeben, was zum Schutze der Bevölkerung im Falle einer Katastrophe wie der Zerstörung der Möhnetalsperre getan sei. Die Landesregierung erklärte dazu:

»Es gibt zur Zeit in NRW 60 Talsperren. Für das Gebiet der Bundesrepublik Deutschland steht fest, daß sich mit Ausnahme von kriegerischen Einwirkungen seit Beginn des Talsperrenbaus kein Katastrophenfall infolge eines Talsperrenbruchs ereignet hat. Dies ist auf die hohen Anforderungen zurückzuführen, die in den Genehmigungs- und Planfeststellungsverfahren zur Errichtung von Talsperren gestellt werden.....«

Weiter erklärte die Landesregierung:

»Insgesamt muß also davon ausgegangen werden, daß Katastrophenfälle nach menschlichem Ermessen in Nordrhein-Westfalen als unwahrscheinlich anzusehen sind, vor allem in Friedenszeiten.

Für den Kriegsfall kommt es aber darauf an, die Bevölkerung unterhalb der Dämme rechtzeitig zu warnen. Da Luftschutzsirenen ungeeignet sind, hat man in Niederense und Neheim-Hüsten unterhalb des Möhnesees und in Meschede unterhalb der Hennetalsperre sowie im Edertal netzunabhängige Pressluftwarngeräte installiert. In der ersten Zeit wurden sie durch Handauslösung betätigt, inzwischen aber an das Luftwarnnetz angeschlossen. Ein eigenes Warnsystem für die Talsperren allein in NRW würde Millionen Mark verschlingen, und diese zu investieren, ist die Landesregierung nicht bereit, zumal Luft- und Katastrophenschutz für den Kriegsfall zu den Aufgaben des Bundes gehören.«

Für Barnes Wallis war der »Dams Raid«, wie man in England den Talsperrenangriff in der Nacht zum 17. Mai 1943 bald allgemein nannte, einer der großen Momente des Krieges. Er hält ihn heute noch für die größte Tat der englischen Luftwaffe, die auch durch ein noch so wagemutiges Unternehmen nicht mehr übertroffen wurde, vor allem was die Kaltschnäuzigkeit, Kühnheit, Fluggenauigkeit unter Feuer bei gleichzeitig ständigem Funkkontakt mit der Flugbasis anbetrifft. Für Wallis war das Ärgerlichste an der ganzen Geschichte, daß er sich als Wissenschaftler nicht sofort an Ort und Stelle von der Wirkung seiner Bombe überzeugen konnte. Denn Luftbildaufnahmen, mochten sie noch so scharf sein, und Geheimberichte, mochten sie noch so zuverlässig sein, bedeuteten ihm nur Informationen aus zweiter Hand. Wallis wollte als Konstrukteur vor allem eine exakte Bestätigung darüber, daß tatsächlich jeweils nur eine einzige Bombe, richtig placiert, in der Lage gewesen war, die Dämme zu zerstören, wie es auch Augenzeugen der Sperrmauerbombardierungen bestätigten.

Als amerikanische Truppen den Möhneraum besetzten, bat Wallis daher das englische Luftfahrtministerium, ihn sofort nach Deutschland fliegen zu lassen. Am 22. April 1945 flog er mit einem Navigator, der den Angriff auf die Möhne mitgemacht hatte, von Hendon nach Paderborn. Dabei kreiste die Maschine mehrmals tief über der Möhnesperrmauer, und zum erstenmal begriff Wallis, wie groß die Aufgabe gewesen sein mußte, die er der 617. Squadron übertragen hatte.

Von Paderborn aus fuhr Wallis nach Bielefeld, um sich den zerstörten Eisenbahnviadukt anzusehen, der ein Opfer seiner 10 Tonnen Bombe »Grand Slam« geworden war. Von hier führte ihn dann sein Weg zur Möhne, entlang an endlosen Kolonnen heimwärts ziehender Fremdarbeiter, die ihre armselige Habe auf zum Teil selbstgebauten Handwagen hinter sich herzogen.

Mit zwei Offizieren der britischen Luftwaffe untersuchte Wallis den Möhnedamm auf die Auswirkungen seiner Bombe. Noch heute, Jahrzehnte später, kann man gut erkennen, wo das neue Stück in die Mauer eingesetzt wurde.

25 Jahre nach dem Angriff versammelten sich überlebende Mitgleider des »DAMS RAID« am Möhnedamm, allerdings unter strengster Geheimhaltung vor der Öffentlichkeit. Am 19. Mai 1968 kamen in London die ehemaligen Flieger der »DAM BUSTER«-Staffel mit ihren Familienangehörigen zu einem Treffen zusammen. Zunächst gab es in der Kirche der RAF, St. Clemens Danes, einen Gottesdienst und später einen großen Empfang im Waldorf Astoria Hotel für die Teilnehmer, die aus Kanada, Neuseeland und Australien angereist waren.

Von den 133 »DAM BUSTERS« haben 47 den Krieg überlebt. Zur Zeit des Treffens in London, zu dem 35 aus allen Teilen des Commonwealth kamen, lebten noch 40 von ihnen. Heute gehen die »Dammknacker« friedlichen Berufen nach, sind Farmer, Anwälte oder Versicherungsmanager. Nur zwei stehen noch im Militärdienst, J. McCarthy, der als Operation Officer in der kanadischen Luftwaffe Dienst tut, und »Mickey« Martin, der als einziger bei der Royal Air Force geblieben ist. Sir Harold Martin wurde inzwischen Air Marshal, K.C.B., D.S.O., D.F.C., A.F.C.....

Die Talsperren des Sauerlandes sind heute ein beliebtes Ausflugsziel für Tausende von Besuchern, die vor allem aus dem Ballungsraum Ruhrgebiet an den Wochenenden hier Abwechslung und Erholung suchen. Allein der Möhnesee mit dem imposanten Bauwerk seiner Sperrmauer lockt jährlich eine Million Touristen an. Wer an sonnigen Tagen mit den Ausflüglern über die Mauerkrone spaziert wird häufig Gespräche hören, die sich um die Zerstörung des Möhnestaudammes drehen. Bei solchen Unterhaltungen über den Hergang der Katastrophe mischt sich Bekanntes mit Halbwahrheiten und Erfundenem, denn nur wenige sind darüber informiert, wie die Zerstörung des Dammes systematisch vorbereitet wurde.

An den Kiosken auf der Mauerkrone kann der Besucher gegen geringes Entgelt kleine Broschüren kaufen, die über die Nacht zum 17. Mai 1943 berichten, jedoch nur unvollständig. Eine der am meisten geforderten Ansichtskarten in den Gaststätten und Ausflugszielen rings um den See zeigt die zerstörte Mauer, durch die eine tödliche Flutwelle ins Tal hinabstürzt, ein koloriertes Schwarz-Weiss-Foto, kurz nach dem Bruch der Mauer aufgenommen.

Die bisherige Berichterstattung in den Tageszeitungen, in Hörfunk und Fernsehen über die Hintergründe, die Vorbereitung und Durchführung sowie die Auswirkungen der Bombardierungen war nicht ohne Fehler und oft lückenhaft, da offizielles Informationsmaterial fehlte.

Schon 1946 erschienen die Memoiren des Chefs der 617. Staffel, Guy Gibsons, als Buch unter dem Titel »Enemy coast ahead« – »Feindküste in Sicht«, in dem er seine Erlebnisse über den »DAMS RAID« schildert. Darin mußte noch vieles aus Geheimhaltungsgründen verschwiegen oder anders dargestellt werden.

Die zweite Buchveröffentlichung »THE DAM BUSTERS« – »Die Dammknacker« von Paul Brickhill, 1951 verlegt, wurde im englischen Sprachraum zu einem großen Erfolg mit hohen Auflagen, inzwischen ein Kriegsklassiker, der die Zerstörung an den deutschen Talsperren als eines unter anderen Kapiteln dieser Geschichte der 617. Staffel darstellt.

Abschnitte dieses Buches lieferten die Vorlage für einen Spielfilm aus englischer Sicht, der auf eine ausführliche Schilderung der Zerstörung in den Tälern und die Auswirkungen für die deutsche Wehrwirtschaft nicht eingeht.

Die erste umfassende Filmdokumentation, die nach jahrelangen Recherchen entstand und sich neuester Informationen bedienen konnte, die nicht mehr unter militärische Geheimhaltung fielen, hatte 1973 zum 30. Jahrestag der Dammzerstörungen in dem betroffenen Gebiet Premiere. Aus Tausenden bisher unbekannten

Fotos und Filmen, zum Teil unter Lebensgefahr belichtet, sowie Dokumenten und Tonbändern aus Privathand, Interviews mit Augenzeugen entstand eine objektive Darstellung der inzwischen Geschichte gewordenen Möhne-Ederdammzerstörungen, unter dem Titel: »GEHEIME KATASTROPHEN«, vom Autor Helmuth Euler.

Die zahlreichen Publikationen, auch die, die Halbwahrheiten berichteten, verschafften den Talsperren weit über Deutschland hinaus eine gewisse Berühmtheit und verhalfen dem Fremdenverkehr zu einer unbeabsichtigten Werbung für diese Landschaft. Jährlich besuchen auch viele Ausländer das Gebiet der Möhne- und Edertalsperre, obwohl hier nichts mehr an die Zerstörungen des Krieges erinnert.

Bilanz der Todesnacht im Möhne-Ruhr-Tal

a) *Eingetretene Schäden:*
Personenschäden

Kreis	Zahl der erkannten deutschen Toten				Zahl der unerkannten deutschen Toten				Deutsche Tote
	Gesamtzahl	Männer	Frauen	Kinder	Gesamtzahl	Männer	Frauen	Kinder	Gesamtzahl
Soest	139	31	72	36	6	1	5	–	145
Arnsberg	88	33	35	20	45	7	38	–	133
Unna	120	30	47	43	20	4	10	6	140
Iserlohn	49	18	18	13	–	–	–	–	49
Schwelm	5	2	3	–	–	–	–	–	5
Bochum	2	2	–	–	1	–	–	1	3
Dortmund	–	–	–	–	–	–	–	–	–
Hagen	–	–	–	–	1	–	1	–	1
Gesamtzahlen	403	116	175	112	73	12	54	7	476

Kreis	Zahl der vermißten Deutschen				Ausländische Tote, die bestattet sind	Vermißte Ausländer
	Gesamtzahl	Männer	Frauen	Kinder		
Soest	32	9	17	6	5	1
Arnsberg	34	9	16	9	557	155
Unna	2	–	–	2	24	–
Iserlohn	–	–	–	–	6	–
Schwelm	–	–	–	–	1	–
Bochum	–	–	–	–	–	–
Dortmund	–	–	–	–	–	–
Hagen	1	–	–	1	–	–
Gesamtzahlen	69	18	33	18	593	156

Zahl der Toten	1069
Zahl der Vermißten	225

b) Gebäudeschäden

Kreis	Wohnhäuser				Bauernhöfe			
	total besch.	schwer beschädigt	mittelschwer besch.	leicht besch.	total besch.	schwer besch.	mittel besch.	leicht besch.
Soest	37	50	–	98	2	–	–	–
Arnsberg	40	9	20	117	2	2	1	–
Unna	11	122	19	84	–	5	–	7
Iserlohn	2	28	48	48	1	1	–	–
Schwelm	–	33	37	162	–	–	2	7
Bochum	5	6	10	70	1	–	–	–
Dortmund	–	–	–	–	–	–	–	–
Hagen	–	–	–	10	–	–	–	1
Gesamtzahlen	95	248	134	589	6	8	3	15

Kreis	Fabriken total zerstört	schwer beschädigt	mittelschwer beschädigt	leicht beschädigt
Soest	8	–	–	4
Arnsberg	2	–	12	7
Unna	–	7	19	7
Iserlohn	1	17	–	–
Schwelm	–	11	6	11
Bochum	–	3	3	4
Dortmund	–	–	–	–
Hagen	–	3	–	–
Gesamtzahlen	11	41	40	33

Zahl der betroffenen Wohnhäuser	1066
Zahl der betroffenen Bauernhöfe	32
Zahl der betroffenen Fabriken	125

c) Schäden an Ackerland, Wiesen und Weiden

Kreis	total zerstört ha	schwer beschädigt ha	teils beschädigt ha
Soest	280	--	153
Arnsberg	486 im ganzen	--	--
Unna	530	15	1083
Iserlohn	1000 im ganzen	--	--
Schwelm	351 im ganzen	--	--
Bochum	165 im ganzen	--	--
Dortmund	--	--	--
Hagen	10	--	--
Gesamtzahlen	2822	15	1236

d) Verlust an Vieh

Kreis	Großvieh	Kälber	Schweine	Kleinvieh	Bienenvölker
Soest	245	--	350	--	--
Arnsberg	151	4	51	286	--
Unna	69	3	64	2911	33
Iserlohn	86	--	115	400	--
Schwelm	2	--	36	906	--
Bochum	7	--	7	302	--
Dortmund	--	--	-	--	--
Hagen	11	--	2	308	--
Gesamt-zahlen	571	7	625	5113	33

e) zerstörte Brücken

	total zerstört	schwer beschädigt	leicht beschädigt
Eisenbahnbrücken	7	2	--
Straßenbrücken	18	7	12
ingesamt	25	9	12

Im Möhne- und Ruhrtal wurden schwer beschädigt oder ausser Betrieb gesetzt: 15 kleinere Kraftwerke, 7 Stauanlagen und Wehre, 25 Wasserwerke, 3 Kläranlagen. Völlig zerstört wurden 30 km Eisenbahnlinie, darunter 20 km zweigeleisige Hauptstrecke mit 2 Bahnhöfen, schwer beschädigt 20 km Straßen.

Die zerstörten und beschädigten Eisenbahnbrücken wurden soweit behelfsmäßig hergestellt, daß der Personenzugverkehr auf der Strecke Neheim-Hagen am Nachmittag des 7.6.1943 eingeleisig wieder aufgenommen werden konnte.

Flugzeug Code-Buchstabe	Kommandant	Bord-Ingenieur	Navigator	Funker	Bombenschütze	Front-Bordschütze	Heckschütze
G	Wing Cdr. G.P. Gibson	Sgt. J. Pulford	Pilot Officer H. T. Taerum	Flt./Lieut. R. E. G. Hutchison	Pilot Officer F. M. Spafford	Flt./Sgt. G. A. Deering	Flt./Lieut. R. D. Trevor Roper
M	Flt./Lieut. J. V. Hopgood	Sgt. C. Brennan	Flying Officer K. Earnshaw	Sgt. J. Minchin	Flt./Sgt. J. W. Fraser	Pilot Officer G. H. Gregory	Pilot Officer A. F. Burcher
P	Flt./Lieut. H. B. Martin	Pilot Officer I. Whittaker	Flt./Lieut. J. F. Leggo	Flying Officer L. Chambers	Flt./Lieut. R. C. Hay	Pilot Officer B. T. Foxlee	Flt./Sgt. T. D. Simpson
A	Sqdn./Leader H. M. Young	Sgt. R. Horsfall	Sgt. C. W. Roberts	Sgt. L. Nichols	Flying Officer V. S. MacCausland	Sgt. A. G. Yeo	Sgt. L. Ibbotson
J	Flt./Lieut. D. J. H. Maltby	Sgt. J. Hatton	Sgt. V. Nicholson	Sgt. A. J. Stone	Pilot Officer J. Fort	Sgt. E. Hill	Sgt. D. Simmons
L	Flt./Lieut. D. J. Shannon	Sgt. R. Henderson	Flying Officer F. R. Walker	Flying Officer B. Goodale	Flt./Sgt. L. J. Sumpter	Sgt. B. Jagger	Pilot Officer J. Buckley
Z	Sqdn./Leader H. E. Maudslay	Sgt. J. Marriott	Flying Officer R. A. Urquhart	Sgt. R. Cottam	Pilot Officer M. J. D. Fuller	Flying Officer W. J. Tytherleigh	Sgt. N. C. Burrows
B	Flt./Lieut. W. Astell	Sgt. J. Kinnear	Pilot Officer F. A. Wile	Sgt. A. Garshowitz	Flying Officer D. Hopkinson	Sgt. F. Garbas	Sgt. R. Bolitho
N	Pilot Officer L. G. Knight	Sgt. R. Grayston	Flying Officer H. S. Hobday	Flt./Sgt. R. G. Kellow	Flying Officer E. C. Johnson	Sgt. R. Sutherland	Sgt. H. E. O'Brien
W	Flt./Lieut. K. L. Munro	Sgt. F. Appleby	Flying Officer F. G. Rumbles	Sgt. P. E. Pigeon	Sgt. J. H. Clay	Sgt. W. Howarth	Flt./Sgt. H. Weeks
T	Flt./Lieut. J. C. McCarthy	Sgt. J. Radcliffe	Flt./Sgt. D. A. McLean	Sgt. R. Eaton	Sgt. G. L. Johnson	Sgt. R. Batson	Flying Officer D. Rodger
H	Pilot Officer G. Rice	Sgt. H. Smith	Flying Officer R. MacFarlane	Sgt. G. B. Gowrie	Flt./Sgt. W. Thrasher	Sgt. T. Maynard	Sgt. S. Burns
K	Sgt. V. A. Byers	Sgt. A. Taylor	Pilot Officer J. H. Warner	Sgt. R. Wilkinson	Sgt. A. Whittaker	Sgt. R. Jarvie	Sgt. H. McDowell
E	Flt./Lieut. R. N. G. Barlow	Sgt. S. L. Whillis	Flying Officer P. S. Burgess	Flying Officer C. R. Williams	Sgt. A. Gillespie	Flying Officer H. S. Glinz	Sgt. D. Liddell
C	Pilot Officer W. H. T. Ottley	Sgt. R. Marsden	Flying Officer J. K. Barrett	Sgt. J. Guterman	Flt./Sgt. L. Johnston	Sgt. R. Rees	Sgt. H. Strange
S	Pilot Officer L. J. Burpee	Sgt. G. Pegler	Sgt. T. Jaye	Pilot Officer L. G. Weller	Sgt. R. Arthur	Sgt. N. Long	Flt./Sgt. J. G. Brady
O	Flt./Sgt. W. C. Townsend	Sgt. D. J. Powell	Pilot Officer C. L. Howard	Flt./Sgt. G. Chalmers	Sgt. C. E. Franklin	Sgt. D. E. Webb	Sgt. J. Wilkinson
F	Flt./Sgt. K. W. Brown	Sgt. H. B. Feneron	Sgt. D. P. Heal	Sgt. H. J. Hewstone	Sgt. S. Oancia	Sgt. D. Allatson	Flt./Sgt. G. MacDonald
Y	Flt./Sgt. C. T. Anderson	Sgt. D. Paterson	Sgt. L. Nugent	Sgt. D. Bickle	Sgt. S. Green	Sgt. A. Ewan	Sgt. R. Buck

Verlustliste des 617 Geschwaders in der Nacht 16/17 Mai 43

Pilotenname	Ort des Absturzes
Squadron Leader H. M. Young, DFC und Spange	Absturz in die Nordsee vor Holland auf dem Rückflug, in der Nähe von Ijmuiden
2 Flight Lieutenant J. V. Hopgood, DFC und Spange	Ostönnen, beim 2. Angriff gegen die Möhnemauer
3 Flight Lieutenant W. Astell, DFC	Flugunfall, in Marbeck beim Anflug gegen Hochspannungsmasten gerast.
4 Flight Lieutenant R. N. G. Barlow D.F.C.	Haldern, Flugunfall beim Anflug, gegen Hochspannungsmasten gerast.
5 Pilot Officer L. J. Burpee, DFM	Abschuß durch leichte Flak in Gilze Rijen, beim Anflug.
6 Pilot Officer V. W. Byers	Abschuß durch schwere Flak beim Anflug der Insel Texel
7 Pilot Officer W. Ottley, DFC	Abschuß durch leichte Flak nördlich Hamm bei Heessen, beim Anflug.
8 Squadron Leader H. E. Maudslay, DFC	Abschuß durch leichte Flak in Netterden bei Emmerich, beim Rückflug.

Mit jeder Maschine gingen 7 Mann Besatzung verloren, insgesamt 56 Flieger, 54 starben bei den Abstürzen, zwei gerieten in Gefangenschaft.

Quellennachweis

An dieser Stelle danke ich folgenden Personen, Firmen und Instituten für die Unterstützung bei der Beschaffung des dokumentarischen Materials:

Informationen und Dokumente:

Dr. Sir Barnes Wallis C.B.E., F.R.S., Dr. A.R. Collins., Dr. H. Wilhelm, Dr. Richard Litterscheid, Dr. Kegel, E. Hine, G.J. Zwanenburg, C.J. Middleton, Christian Kohl, Willy Haupthoff, Klaus Leber, Wilfried von Rüden, Rektor B. Bahnschulte, Karl Kleinenbroich, Otto Grünewald, Hubert Stolle.
Associated British Pathé Limited. British Aircraft Corporation Limited. Ministry of Defence, London. Public Record Office, London. British Legion, London. The British Museum, London. Australian War Memorial, Canberra Australien.
Institut für Zeitgeschichte München. Bundesarchiv-Militärarchiv Freiburg im Breisgau. Institut für Geophysik, Göttingen. Institut für Weltwirtschaft, Kiel. Institut für Zeitungsforschung, Dortmund. Ruhrtalsperrenverein, Essen. Wasser- und Schiffahrtsamt Hann.-Münden. Radio Canadian Army in Europe, Werl.

Fotos

Imperial War Museum. Australian War Museum. Ruhrtalsperrenverein. Wasser und Schiffahrtsamt Hann.-Münden. Foto Hahn. Foto Fritz. Friedel Junker. Alfred Müller. Anton Riediger. Sammlung Foto- und Filmstudio Euler, Werl. 3 Negativzeichnungen des Autors.

Literaturnachweis

Guy Gibson, *Enemy coast ahead,* Michael Joseph LTD., London 1946

Sir Charles Webster und Noble Frankland, *The Strategic Air Offensive against Germany 1939–45, Volume 2: Endeavour,* Her Majesty's Stationery Office, London 1961

Albert Speer, *Erinnerungen*, Propyläen Verlag, Berlin 1969

Paul Brickhill, *The Dam Busters,* Evans Brothers LTD., London 1951

Fritz Hahn, *Deutsche Geheimwaffen 1939–45*, Erich Hoffmann Verlag, Heidenheim 1963

Constance Babington Smith, *Evidence in Camera,* Chatto und Windus, London 1958

Die Möhnetalsperre, Festschrift zur Einweihung des Möhnestaudamms 1913

Dr. E. Juethe und Dr. H. Eversberg, *Hattingen im zweiten Weltkrieg*, Selbstverlag des Heimatvereins, Hattingen 1960

Norbert Kaufhold, *Gedenkbuch der Stadt Schwerte*, 1954

Bestseller und spannende Dokumentationen zur Jagdfliegerei

Holt Hartmann vom Himmel!

Die Geschichte des erfolgreichsten Jagdfliegers der Welt. Ein Bestseller! Von Toliver/Constable

344 Seiten, 44 Abbildungen. Statt DM 32.– (Originalausgabe) als ungekürzte Sonderausgabe nur DM 18.–

Raketenjäger Me 163

Ein Tatsachenbericht von einem der überlebte. Von Mano Ziegler.

248 Seiten, 95 Abbildungen. Gebunden DM 25.–.

Der Jagdflieger Erich Hartmann

Die Geschichte des erfolgreichsten Jagdfliegers der Welt. Bilder und Dokumente. Nach dem großen Erfolg des Bestsellers »Holt Hartmann vom Himmel« jetzt – in Ergänzung – der attraktive Bildband.

296 Seiten, 600 Abbildungen. Gebunden DM 48.-.

Turbinenjäger Me 262

Die Geschichte des ersten einsatzfähigen Düsenjägers der Welt. Von Mano Ziegler. Dieses Buch berichtet über die gefährlichen Erprobungsflüge der Testpiloten und den dramatischen Einsatz deutscher Jagdflieger gegen die schnellsten und stärksten Jäger und Bomber der Gegner.

228 Seiten, 54 Abbildungen. Gebunden DM 26.–.

Die schnellsten Flugzeuge der Welt 1906 bis heute

Von Erich H. Heimann. Hier werden die 41 Rekordmaschinen, die den Geschwindigkeitsrekord über eine gerade Meßstrecke von 1906 bis heute innehatten, mit ihren Varianten vorgestellt.

216 Seiten, 160 Abbildungen. Gebunden DM 34.–.

Kampfflugzeuge – vom Starfighter zur Hornet

Von Hans Redemann

Die sachkundige Entwicklungsgeschichte der gegenwärtigen, bekanntesten Kampfflugzeuge.

320 Seiten, 360 SW-Abbildungen, 45 Strichzeichnungen. Gebunden DM 56.–.

Selbstverständlich aus dem Motorbuch Verlag

MOTORBUCH VERLAG · POSTFACH 1370 · 7000 STUTTGART 1